모성의 재양육

모성의 재양육

초판 1쇄 발행 2025년 12월 10일

지 은 이 박신웅
펴 낸 이 김봉윤
펴 낸 곳 씨이오메이커(ceomaker)
출 판 등 록 제2013-23호

편 집 장 민보윤
편집디자인 김혜민
교 정 교 열 김봉수

주 소 서울특별시 관악구 국회단지 20길 16, 101호
전 화 02-877-7814
팩 스 02-877-7815
이 메 일 ceomaker79@gmail.com
홈 페 이 지 www.ceobooks.kr

ISBN - 979-11-91157-17-8
값 18,000원

양가적 모성에 상처 입은 자를 위한
치유와 회복의 심리학

모성의 재양육

Reparenting of Mothering

박신웅

프롤로그

모성은 철학, 문학, 사회학, 심리학, 신학 등 다양한 분야에서 오랜 세월 탐구되어 온 주제이다. 인류의 문화와 사유의 역사 속에서 모성은 언제나 인간의 삶과 공동체를 이해하는 핵심적인 키워드였다. 어머니는 생명의 기원을 상징하고 동시에 인간 존재의 근본적 의존성과 취약성을 드러내는 자리이기도 하다. 그러나 모성에 대한 담론은 단일하고 일관된 모습으로만 존재하지 않았다. 오히려 숭고와 고상, 보호와 헌신이라는 긍정적 의미와 더불어, 억압과 통제, 학대와 파괴라는 어두운 그림자 또한 함께 드리워져 왔다.

특히 심리학과 신학의 영역에서 모성은 대체로 이상화된 채 다루어졌다. 지그문트 프로이트(Sigmund Freud), 윌프레드 비온(Wilfred Bion), 도널드 위니캇(Donald Winnicott)과 같은 심리학자들은 모성의 돌봄과 헌신을 자아 발달과 정신적 건강의 토대로 삼았고 신학 전통은 '하나님의 모성적 품'이라는 숭고한 언어를 통해 위로와 보호의 상징으로 모성을 높여왔다. 하지만 현실 속 모성은 언제나 이중적이다. 문학 작품 속에서 반복적으로 등장하는 '양가적 모성'의 이미지(안식처와 감옥, 보호와 옥죄임)는 어머니라는 존재가 단순히 이상화될 수 없음을 보여준다.

오늘날 우리 사회는 그 이중성이 드러나는 참혹한 현장들을 목격하고 있다. 끔찍한 아동방임, 학대, 심지어는 생명을 앗아가는 범죄의 상당수가 '모성의 파괴적 얼굴'과 연결된다. 보호해야 할 자리에서 오히려 상처를 주고 생명을 지켜야 할 손길이 죽음으로 내모는 사건들이 반복될 때 우리는 '모성'이라는 주제를 더 이상 숭고의 자리에서만 이야기할 수 없음을 깨닫게 된다. 모성은 본질적으로 양가적이며 이 양가성은 개인의 내면뿐 아니라 사회적 현실 속에서도 강렬하게 드러난다.

그렇다고 해서 모성을 단순히 범죄와 파괴의 상징으로 치부할 수는 없다. '충분히 좋은 어머니'가 제공하는 지지와 공감, '되어가는(becoming) 모성'이 가능하게 하는 자기의 확장, 신학이 말하는 '하나님 품의 모성적 환대'는 여전히 인간이 살아가는 데 없어서는 안 될 토대이기 때문이다. 문제는 어떻게 이 양가적 모성을 이해하고 동시에 치유하고 재구성할 것인가 하는 데 있다.

이 책은 바로 그 지점을 탐구하려 한다. 모성은 선과 악, 빛과 어둠이 얽혀 있는 복합적 현상이다. 우리는 그것을 단순히 미화하거나 악마화하는 대신, 양가적 실재 자체를 직면해야 한다. 그리고 그 안에서 어떻게 새로운 가능성을 열어갈 수 있을지, 어떻게 '재양육(reparenting)'의 과정을 통해 상처 입은 내면과 관계를 다시 회복할 수 있을지를 묻는다.

'양가적 모성의 재양육'은 모성을 다시 배우고 다시 경험하며 다시 살아내는 과정을 의미한다. 문학과 심리학, 신학의 언어를 교차시키며 이 책은 독자들로 하여금 모성의 빛과 그림자 속에서 자신과 타인의 삶을 성찰하도록 초대할 것이다. 나아가 상처와 왜곡을 넘어 새로운 돌봄과 환대의 길을 함께 모색하고자 한다.

모성은 한 개인의 문제가 아니라, 사회 전체의 문제이며, 세대와 세대를 잇는 역사적 문제이기도 하다. 그렇기에 '모성 재양육'은 개인적 치유를 넘어 공동체적 회복을 지향한다. 이 책을 여는 독자 모두가 양가적 모성으로 인해 겪은 깊은 상처를 새롭게 바라보고, 그 속에서 자신의 참 자기가 다시 길러지고 세워지는 치유와 회복을 경험하기 바란다.

2025년 12월 10일

박신웅

Reparenting of Mothering

| 목차 |

**모성은
선과 악, 빛과 어둠이 서로 얽혀 있는
복합적 현상이다.**

Motherhood is a complex phenomenon
in which good and evil,
light and shadow are intertwined.

Reparenting of Mothering

CHAPTER 1

모성을 다시 바라보다

모성의 양가성과 복합성 문제는 가정, 사회문제로 확대돼 나타나기도 한다. 어머니의 경우 가족과 사회로부터 전통적 모성을 요구받아 인내하며 희생하기를 강요받기도 하고, 반대로 어머니가 자녀를 소유물로 여겨 자녀를 조종하거나 통제하려 들고 그 과정에서 학대를 저지르기도 한다.

인류에게 전해지는 민담 속에서는 어둠의 모성에 대한 이야기가 있다. 어둠의 모성은 흔히 마녀나 계모로 표상된다.[1] 이 모성은 무조건 인간에게 해를 입히고 파괴하려는 속성을 갖고 있다. 종종 마녀는 식인종처럼 자신의 희생물을 요리해 잡아먹기도 하고 태우거나 얼게 만든다. 어둠의 모성이 가장 잘 쓰는 살해수단은 독이다. 흔히 어둠의 모성은 음식물에 독을 타서 죽음에 이르게 한다. 또한 이 모성은 마법을 사용할 수 있기 때문에 인간을 동물로 변화시키거나 돌로 만들어 버리기도 하고 때로는 벙어리나 장님으로 만들어 버리기도 한다.[2]

지난 2020년은 입양된 아이가 계모의 끔찍한 신체적 학대로 결국 죽음에 이르게 된 사건 등 유독 아동학대 범죄가 많았던 해였다.[3] 그들의 범죄는 민담에서 나오는 나쁜 모성의 잔인함과 매우 유사하고, 어떤 아동학대는 그보다 더 잔혹하다. 아기를 낳고 쓰레기통에 버리는 모성, 신생아 스트레스로 인해 영유아를 살해하는 모성, 재혼가정에서 의붓자식을 학대하여 죽게 한 모성 등은 현실에서 나타난 어둠의 모성의 대표적인 사례들이다. 자녀를 돌보고 양육하는 모성이 본능이라 여겨지지만, 그것이 그렇게 단선적이지 않다. 어머니노릇(mothering)이 통상적이지 않고 비정하며 기괴하기까지 한 사건들이 자주 발생하면서 한국 사회는 그때마다 어머니의 자질에 대한 논쟁이 뜨거워진다.[4]

상담자는 종종 살아있다고 여겨지지 않는 내담자들을 만나게 된다. 심지어 자신이 누구인지 혼란스러워 하는 내담자들도 있다. 그들이 안정된 모습으로 살아간다는 것은 요원한 일이다. 그들은 심리상담 회기에서도 상담자와 의미 있는 관계를 맺는 데 어려움을 겪는다. 그들의 정서는 매우 불안하고 자기 응집력이 떨어져 보인다. 어떤 경우는 자신에게도 소외되거나 버려진 것처럼 행동한다. 이들이 겪는 심리적 고통의 유발요인을 살펴보면 초기 어린 시절 어머니와의 관계경험이 매우 불우한 경우가 많은 비율을 차지한다. 이처럼 어둠의 모성은 자녀의 심리정서에 결정적 영향을 끼쳐 자녀의 일생동안 어두운 그림자를 드리우기도 한다.

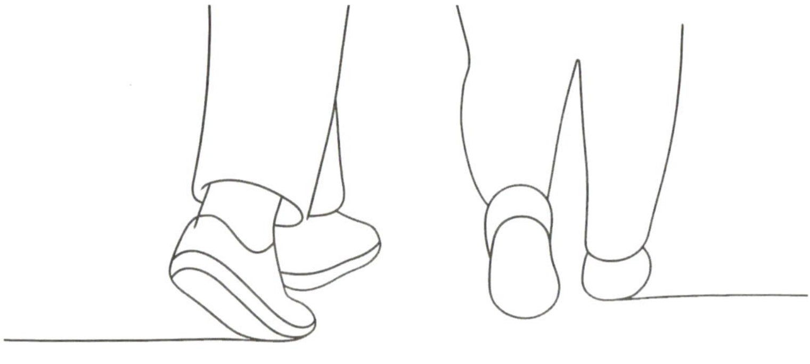

01

이 책의 집필 동기와 목적

본 집필은 다음 두 가지 경험에서 발전되었다. 한 가지는 필자가 어머니의 자녀로서, 이후에는 자녀의 어머니로서 몸소 겪고 씨름하고 근심했던 경험이며, 다른 하나는 심리상담을 공부하고 상담하며 임상 현장에서 쌓은 경험이다.

심리상담은 심리치료가 되었든, 정신분석이 되었든 우리가 알지 못하는, 또는 인식하지 못하는 그 무엇인가에 상처를 받아 그 영향을 받을 수 있다는 전제에 기초한다. 실제로 개인의 성격은 대부분 기억하지 못하는 초기 유아기 경험과 깊이 연관되어 있다. 그때의 경험과 관계들은 성인이 되어서도 계속해서 살아남아 영향을 미친다. 심리치료는 기억하지 못한 것들을 상담자와 내담자 사이에서 안전하게 다시 체험하면서 이해와 재처리를 돕는 것이다.

여러 여성 내담자들을 만나면서 필자는 자연스럽게 모성의 문제를 보다 잘 이해하기 위해 양가적 모성에 관하여 관심을 갖게 되었다. 상담 현장에서 만난 여성 내담자들은 신경증 문제나 성격장애, 또는 그 두 가지가 혼재된 경우가 대부분이다. 신경증적 문제를 가진 내담자들은 불안과 우울증 같은 징후를 보이고 과거의 기억, 생각, 무의식적 충동, 환상 등과 관련된 것들을 억압하거나 억제한다. 이들이 겪는 고통은 대부분 내면적이다. 그들은 스스로 공연히 괴롭히는 경향이 있다. 성격장애 내담자는 특유의 부정적 행동양식을 보이는데, 이는 대인관계 상의 적잖은 어려움과 고통을 야기하는 것이 특징이다. 그들은 자신의 고통스런 기분과 대인관계상의 문제를 해결하고자 애쓰지만 부정적 행동양식을 그대로 드러내고 자신의 고통을 조용히 견디지 못한다.[5]

임상에서 만난 내담자들의 호소문제는 다양하지만 본 연구의 동기가 되었던 여성 내담자들의 문제는 가까운 관계와 연관된 분노, 불만, 불안, 우울이었다. 이러한 문제들은 무엇보다 모성박탈, 모성부재, 그리고 어머니노릇과 관련된 것이었다. 이들 중에는 어머니와 양가적 또는 적대적 관계로 어려움을 겪고 있으면서, 동시에 자신들의 어머니노릇에 대한 죄책감과 수치심으로 인해 고통을 느끼며 이를 해소하려고 애쓰는 이들이 있다. 어머니노릇에 대한 두려움이 큰 경우, 결혼을 안 하거나 임신을 미루는 모습이 나타나기도 한다. 임신한 여성 가운데는 스스로 괴물 같은 자식을 낳을지 모른다는 생각에 두려움을 갖기도 한다.

우리가 '어머니'라는 단어를 연상할 때 통념적으로 떠올리는 이미지는 자식을 위해서 어떠한 어려움도 감내하고 자신을 온전히 희생하는 경이로운 존재다. 오늘날까지도 자식의 행복을 위해서라면 모든 것을 희생하고 인고하며 헌신하는 모성으로 그려지는 한국사회의 모성 담론은 예전과 크게 다르지 않다. 그러나 어머니 역할에 무한 책임을 요구하는 이러한 모성담론은 전반적으로 악화된 삶의 여건들과 맞물려 원치 않게 엄마가 된 이들을 더욱 힘들게 하고 있다.[6] 현재 모성담론의 문제는 이상화된 모성이 현실에서 접하는 어머니노릇과는 사뭇 많이 다르다는 점이다. 물론 현실의 모성도 인내와 희생으로 자녀들을 아끼고 사랑하려 한다. 그러나 때때로 분노의 감정과 행동을 표출하는 등 이상적 모성과는 다른 모습을 보일 때도 있다. 더군다나 매일 생활을 함께 하는 상황에서는 크고 작은 갈등과 충돌은 있을 수밖에 없고, 그 속에서 모성의 부정적 모습을 피하기란 쉽지 않다. 성인인 어머니에게는 자연스러운 반응일지라도, 이를 겪는 어린아이 입장에서는 낯설고 때로는 매우 두려울 수 있다. 한없는 사랑을 베풀면서 때론 분노와 미움을 표출하는 존재, 이러한 모성의 이중성 내지 양면성을 소화(metabolism)하기가 쉽지 않고, 소화하지 못한 아이들은 적잖은 정신적 혼란에 빠지게 되고, 모성에 의구심을 품게 된다. 이런 경험이 반복되면 어머니와의 관계에 문제가 생기며, 모성에 대해 의심을 하게 된 자녀들은 통념적으로 이상화한 모성상과 다른 모습을 보이는 자신의 어머니에 대해, '나쁜 엄마'로 단정하기 쉽다. 나쁜 엄마로 대두되는 엄마와 아이 관계의 문제는 앞서 언급한 바와 같이 신화적 모습으로 이상화된 모성과 현실적 모성 사이의 간극이 인류의 역사만큼 크다고 볼 수 있다.

모성의 양가성과 복합성 문제는 가정, 사회문제로 확대돼 나타나기도 한다. 어머니의 경우 가족과 사회로부터 전통적 모성을 요구받아 인내하며 희생하기를 강요받기도 하고, 반대로 어머니가 자녀를 소유물로 여겨 자녀를 조종하거나 통제하려 들고 그 과정에서 학대를 저지르기도 한다. 때로는 어머니가 자녀를 향한 분노와 적개심을 통제하지 못해 끔찍한 사건이 발생하여 사회적 이슈가 되기도 한다.

코로나 상황에서 아동학대와 아동살해 등 가정폭력 사건들이 끊이지 않았다. 이러한 가정폭력, 정서폭력 그리고 아동학대 등은 비단 한국 사회뿐 아니라 타문화 가족 내에서도 나타나는 폭력 형태 중 하나이다.[7] 근래에 가족 형태의 다양한 변화 속에서 가정폭력과 관련하여 매스컴과 대중매체에 보도되는 사건들은 매우 충격적이고 사회의 공분을 불러일으키기도 한다. 가정폭력과 관련된 끔찍한 뉴스를 시청하게 된 많은 사람들은 감정적 동일시가 되면서 사건들을 자신들의 삶의 경험과 연결하고 배치하게 된다. 무기력하고 연약한 어린 생명을 낳고 기르고 돌본 경험을 가진 부모라면, 내 아이가 아니더라도 어린아이의 고통과 죽음에 더 큰 안타까운 마음이 드는 것이 당연하다. 결혼 여부나 자녀의 유무와 상관없이, 어떤 사람들에게는 자신보다 연약한 생명을 향해 연민과 공감을 가지고 돌보는 일이 매우 어렵거나 실행 불가능하게 보인다. 이에 필자는 양가적 모성 안에 있는 어둠의 모성에 대해 관심을 갖게 되었다.

모성과 관련한 외국 연구는 국내 상황과 달리 활발하게 연구되어 왔다. 그중에는 훌륭한 연구 성과물로 평가받는 것들도 있다. 대표적 연구물에는 베티 프리단(Betty Friedan, 1921-2006)의 『여성의 신비』,[8]

낸시 초도로(Nancy Chodorow, 1955-)의 『모성의 재생산』,[9] 다프네 드 마르네페(Daphne De Marneffe, 1959-)의 『어머니의 욕구』[10] 등이 있다. 이 모든 연구들은 명시적으로나 암시적으로나 어머니의 양가감정에 관한 많은 것을 시사한다.

로지카 파카(Roszika Parker, 1945-2010)는 자신이 쓴 『어머니의 사랑, 어머니의 미움: 어머니의 양가감정이 지닌 힘』에서 클라인 학파의 정신분석적 관점에 기초하여 이 주제를 깊이 다룬다. 파커는 인간은 한평생을 살아가면서 양가감정을 느끼는 것이 불가피하고, 그것이 정상적 일임을 옹호한다. 특히, 어머니의 양가감정은 어머니와 아이의 서로 다른 필요에서 빚어진 것이라고 주장한다. 그녀는 양가감정이 만들어내는 공간으로 인해 양육자는 아이에 관해 더 깊이 생각할 수 있게 되고, 어머니와 아이의 긴장관계를 해소할 수 있는 보다 개인적이고 독창적 방법에 도달할 수 있게 된다고 주장한다. 또한 파커는 어머니들이 겪는 문제의 핵심은 양가감정 그 자체가 아니라, 양가감정들의 부정적 면에 대한 폭넓고 대중적 비난에서 비롯되는 죄책감과 불안이라고 지적한다.[11]

마르네프는 자신의 저서, 『Maternal Desire: On Children, Love, and the Inner Life』에서, 강력하고 긍정적으로 촉발된 어머니노릇의 욕구와 더불어, 그 역할을 가능케 하는 성장과 발전을 강조한다. 그녀는 아무리 헌신적이고 다정한 어머니라 할지라도 양가감정은 불가피하게 나타난다고 말하며, 양가감정의 유용성을 시사한다.[12]

바바라 알몬드(Barbara Almond, 1938-2016)는 『어머니는 아이

를 사랑하고 미워한다』에서 양가감정의 외현화에 대해 다루며, 모성의 가장 어두운 면인 자녀살해를 언급한다.[13] 자녀살해, 특히 영아살해는 인간의 역사만큼이나 오래된 문제이며, 모든 문화에서 나타난다고 한다. 알몬드는 영아살해라는 범죄가 자신의 고유한 시공간적 자리로 인해 빚어진 상황에서 자녀에게 부모노릇을 할 수 없는 어머니들에 의해 저질러진다고 주장하는 릴 마이어(Cheryl Meyer)와 미셸 오버만(Michelle Oberman)의 말을 인용한다.[14] 다시 말해, 영아살해는 생활환경에 극도로 짓눌린 어머니들의 정신질환과 자포자기에서 비롯된 결과라는 것이다. 영아살해 어머니의 경우, 좋은 모성경험이라고 말할 만한 것이 거의 없는 탓에 아이를 이해할 수 있다거나 공감할 수 있는 증거는 거의 보여주지 못한다.[15]

알몬드는 어머니들은 스스로를 용서하고 삶을 다시 영위할 수 있어야 하며, 아이들은 자신들의 부모를 한낱 인간으로 받아들이고 용시할 수 있어야 한다고 보았다. 물론 극단적 모성의 어두운 면에 대해서는 용서가 불가능할 수도 있다고 말한다. 양가적 모성의 극단적 면이 있음에도 불구하고, 알몬드는 어머니의 양가감정이 이후 삶, 즉 아이들이 성장하고 집을 떠나 결혼하고, 자녀를 낳아 부모가 조부모로 변화하는 가운데 겪는 다양한 우여곡절을 논한다. 어머니들이 자녀양육의 어려움을 겪는 단계는 저마다 다르지만, 성숙과 시간의 경과로 양가감정으로 인해 야기된 문제들은 완화될 수 있다고 말한다. 그녀에 따르면, 조부모가 되는 것은 어머니와 딸 사이의 어려운 감정적 상황들을 해소하는 데 특히 중요한 사건이 된다고 한다. 이때 경험하는 긴장상태의

해소는 딸들이 어머니라는 자기 정체성을 발전시키는 데 도움을 준다고 강조한다.[16]

에이드리언 리치(Adreinne Rich, 1929-2012)는 그녀의 저서, 『더 이상 어머니는 없다』에서 양가적 모성을 두 가지 의미로 해석한다. 하나는 자녀에 대한 잠재적 관계이고, 다른 하나는 제도적 모성이다. 리치는 부정적이고 파괴적 모성은 대부분 제도적 모성에서 비롯되었다고 주장한다. 제도적 모성은 여성뿐만 아니라 남성에게도 부정적 영향을 끼쳤고, 인간의 선택과 잠재성을 화석화시켰다고 말한다.

모성은 제도적 모성으로 인해서 여성들을 신체로부터 소외시키고, 어머니로서의 여성은 모든 여성에게 존경심, 심지어 경외심을 부여하는 작용을 했다고 한다. 리치는 제도적 모성이 여성의 잠재력을 구획화하여 그 능력을 저하시켰다고 말한다. 여기서 모성의 힘은 두 가지 양상으로 나타난다. 하나는 인간의 생명을 낳고 양육하는 생물학적 잠재력 또는 능력이고, 다른 하나는 여신 숭배든 혹은 여성에 의해 통제되고 압도당할지도 모른다는 공포의 형태든, 남자가 여자들에게 만들어 넣은 모종의 마력이다.[17] 리치는 사람은 위대한 어머니의 자애로운 면과 어두운 면, 이 두 양면과 창조적 관계를 이룰 때 성숙한다는 에리히 노이만(Erich Neumann, 1905-1960)의 말을 인용하면서, 온전한 사람이 되기 위해서는 궁극적으로 죽음과 같은 어떤 것과 새로운 관계로 들어가야 한다고 말한다.[18] 리치는 만약 사람이 양가적 모성과 창조적 관계를 이루지 못하면 자아가 무의식적이고 공허하고 바닥이 없는 불안정한 사춘기 자아에 머물게 된다고 한다. 결국 사춘기적 자아를 가진

어머니는 분노와 자기혐오를 경험하며 그것을 아이에게 투사하거나 표출하게 된다고 말한다.[19]

리치의 이중적 모성에 관하여 정리하면, 나쁜 모성은 모성 제도의 폭력과 냉혹함이 여성을 통하여 아이들에게 가해진 모종의 것이라고 말하는 것이다.[20] 물론 리치의 주장에 의구심을 갖고 있다. 왜냐하면 제도적 모성이 사라진다고 해서 파괴적 모성이 사라진다고 보지 않기 때문이다. 그럼에도 불구하고 앞서 논의한 모든 연구는 모성 안에 공존하는 애정과 혐오를 이해할 수 있는 중요한 시발점을 제공한다는 점에서는 높이 평가한다.

CHAPTER 2

대상관계이론과 모성

어머니가 유아를 돌본다는 것은 자신의 주체성을 배제하고 전적으로 아기의 필요와 리듬에 적응해야 함을 의미한다. 이는 어머니가 방해하지 않는 존재가 된다는 의미다. 어머니가 방해하지 않는 존재로서 모성을 제공하면 유아는 초기 삶의 단계에서 발달적 경향을 펼치게 되고 자발적 움직임을 경험하면서 점진적으로 자기감각들의 주체가 되어 성장하게 된다.

모성담론에 관한 연구에서 모성의 모호성에도 불구하고 모성의 실체가 무엇인지, 어떻게 형성되고 어떻게 구현되는지 질문하다 보면 필자는 모성담론을 더욱 구체화하고 고정된 실체가 있는 것으로 전제하고 싶은 충동을 느낀다. 그러나 모성은 불변하는 실체가 있기보다는 구현되어 가는 것이고 다의성을 띤 개념이기 때문에 한마디로 규정지을 수 없다.[21]

정신분석이론 계열에서 모성담론을 살펴보면 크게 세 가지 스펙트럼이 존재한다. 하나가 지그문트 프로이트(Sigmund Freud, 1856-1939)의 '부재된 모성'이고, 다른 하나가 유아의 발달과정에서 강조된 아버지의 존재감과 중요성을 어머니에게로 전향시키며 부재된 모성을 다시 재등장시킨 위니컷의 '충분히 좋은 모성', 그리고 마지막 하나가 프로이트의 아버지-아들의 주체계보를 어머니라는 모성중심적 계보로 바꾸어 놓은 후기구조주의자인 크리스테바의 '기괴한 모성'이다. 크리스테바는 모성의 결핍을 필연적 것으로 받아들임으로써 인간 주체로서의 새로운 모성담론을 이끌었다. 그녀의 삶과 사상은 경계선의 삶이며 철학이다. 이와 같은 경계선에 대한 관심은 바로 관계에 대한 관심이다. 이 관계에 대한 관심은 크리스테바의 독자적 개념인 '기호분석', '코라', '비체' 등을 만들어 냈는데 이 개념들은 모두 모성적 육체와 관련되어 있다.[22]

본 장에서는 대상관계이론에서 논의된 모성을 종합적으로 살펴보고, 이러한 모성 관점들이 어떻게 내재화되고 외재화되고 있는지를 살펴보고자 한다. 이 세 가지 모성담론을 비판적으로 고찰하기 위해 먼저, 여성주의를 배경으로 한 정신분석이론 학자들의 모성담론을 살펴보려 한다. 둘째, 여성을 어머니로 규정하는 모성이데올로기로 인해 강요된 모성(compulsory motherhood)에서 집중적 어머니노릇(intensive mothering)에 이르는 흐름을 살피고 이런 변천이 남성중심의 사회구조에서 소외되고 배제된 '타자'였음을 논의하고자 한다. 셋째, 대상관계이론에서 위니컷의 학문적 공헌에도 불구하고 어머니노릇에 담겨 있는 모성 신화적 부분을 비판적으로 고찰하고자 한다. 마지막은 후기구성주의자인 크리스테바의 모성을 살핀 후 크리스테바의 '다시 어머니 되기'와 '함께 어머니 되기'를 고찰하고 한다. 이 논의를 통해 우리가 다시 생각해봐야 할 깊은 의미들을 함께 나누고자 한다.

01

모아관계와 정신발달

대상관계이론은 전통 프로이트 학파와 달리, 전-오이디푸스 시기 중 모아관계를 집중연구하여 유아의 정신발달에 대한 가설을 세웠다. 이 두 학파의 차이점을 비유로 표현하자면, 프로이트 학파는 성인 안에 있는 아동의 모습을 추적했던 것과 달리 대상관계이론은 아이 안의 유아를 추적했다고 말할 수 있다.[23] 정신분석의 창시자인 프로이트는 오이디푸스 갈등의 시기에 뿌리를 두고 욕동추구를 인간의 기본 동기로 파악한 욕동이론을 주장하였다. 대상관계이론은 오이디푸스 갈등 이전 시기의 관계경험에 더 초점을 두고 프로이트의 욕동이론을 얼마만큼 수용하고 반대하는가에 따라 정통 프로이트학파, 클라인 학파, 독립학파, 이렇게 세 개의 학파로 나뉜다. 안나 프로이트를 중심으로 한 전통 프로이트 학파는 전적으로 본능-역동지향이라면, 클라인 학파는 욕동이론에 대상-지향 이론을 결합한 것이다. 독립학파 중 한 사람인 위니컷은 모아관계의 정서적 틀이 욕동발달에 결정적으로 중요하다는 주장을 펼쳤다. 한편, 비온은 의식과 무의식을 바라보는 관점에서 프로이트와 크게 달랐다. 프로이트는 의식과 무의식의 관계를 적대적인 것

으로 보았다면, 비온은 그것들을 유한과 무한으로 봐야한다고 주장했다.[24]

먼저 클라인의 이론을 살펴보면, 그녀는 당시 정신분석에서 일상적이지 않게 아동을 임상대상으로 삼아 치료를 진행하였다. 클라인의 임상목적은 아동기의 경험과 성인의 성격간의 연관성을 찾기 위한 것이었다. 이를 위해 그녀는 놀이치료를 하면서 아동의 모습을 관찰하였다. 이 과정에서 클라인은 아동들이 놀이치료 중 리비도 조절보다는 대인관계에 더 많은 에너지를 쏟는다는 것을 발견하게 된다. 이러한 관찰을 토대로 세운 유아의 무의식에 대한 가설은 현재 학문적으로 크게 인정받고 있지만 당시에는 많은 반대에 부딪혔다. 클라인은 모아관계에서 아이의 정신발달을 설명하는데 투사적 동일시(projective identification)라는 용어를 사용하였다. 투사적 동일시는 아이가 죽음의 공포를 견딜 수 없을 때 자신을 위협하는 '나쁜 대상'을 자신의 내번에서 분리해 내어 다른 대상에게 투사함으로써 그 대상에게 해를 가하거나 조종하고 소유하려는 정신작용을 말한다. 이는 한 사람의 마음속의 환상(intrapsychic fantasy)이라 할 수 있다.

유아의 정신발달에 관한 클라인의 이론은 원시적으로 타고난 파괴성이 유아의 삶의 동력과 갈등이 되고, 자신의 공격성을 기본 동기로 해서 대상과 공상적 관계 맺는다는 것이 핵심이다. 아기는 생활 속에서 엄마에게 자신의 부정적인 정서나 감정을 투사하고, 그것을 다시 내사하는 과정을 거친다. 이 과정에서 투사자인 아기는 투사 수용자인 엄마에게 공격성을 품게 된다. 이때 아기는 엄마를 자신에게 해를 가하려는 파괴적 의도를 가진 존재로 경험한다. 결국 투사 수용자인 엄마는 투사자인 아이의 공격적 충동을 해소시키는 기본 대상이라 할 수 있다.[25] 클라인은 임상에서, 아기가 자신의 존재를 타인으로부터 인정받지 못할 경우, 자기소멸로 갈 수 있는 파괴적 내적 힘이 아이에게 있음을 확인하였다.[26]

클라인은 아이의 세계가 좋음과 나쁨으로 이분화 되어 있고, 두 범주 사이의 역동적 상호작용에 주목하였다. 아이의 기본 갈등은 유아 내면에 있는 사랑과 미움을 보존하려는 마음과 파괴하려는 마음 사이에게 발생한다.[27] 이 현상이 생후 3~4개월에 두드러지는데, 클라인은 이를 편집-분열자리(paranoid-schizoid position)라고 불렀다. 이 시기는 아기가 자신의 느끼는 고통을 자신에 대한 학대로 인식하면서 자신의 파괴적 충동을 다루는 첫 시도가 된다. 편집-분열자리에서 중립지대는 존재하지 않고, 오로지 좋은 것과 나쁜 것만 있을 뿐이다. 이 자리에서는 부재와 상실의 경험도 없다. 왜냐하면 부재가 어떤 좋은 것이 없는 상태가 아니라 그 자체로 나쁜 것으로 경험되며, 안도감은 좋은 것으로 느껴지기 때문이다. 이 시기 아이는 금방이라도 파멸할 것 같은 두려움이 잠복된 상태이기 때문에 모든 나쁜 것을 좋은 것에서 분리시킴으로써, 아기는 전적으로 좋은 것을 경험할 기회를 갖는다. 이렇게 얻게 된 좋은 경험은 자기감의 기반으로 내사할 수 있게 된다. 하지만 불행하게도 아이는 사악한 외부의 힘에 의해서 파멸될 것이라는 두려움을 갖게 된다. 이것은 좋은 것만 누리려고 한 분열의 대가이다. 클라인은 이 두려움을 박해 불안(persecutory anxiety)이라고 불렀는데, 이것이 편집-

분열 자리에서 가장 두드러진 특징이다. 아이는 적대적 환경을 대처하기 위해 자신이 감당할만한 작은 것으로 분할하려고 시도한다. 이 분할 시도로 탄생한 것이 부분-대상(part-object)이다. 부분-대상은 자기나 타인의 한 부분이나 한 가지 측면을 뜻한다. 대표적 예가 '좋은 젖가슴', '나쁜 젖가슴'이다. 이것은 아기의 정신적 삶에서 최초의 중심점이다. 이것은 단지 실제 젖가슴뿐만 아니라 먹여주는 역할을 하는 엄마를 뜻한다.[28]

이 시기를 지나 생후 4개월에서 2년 동안 아기가 자신의 내면 안에서 좋은 대상을 만들어 투사하게 된다. 이 때에 아기는 엄마를 부분대상이 아닌 전체대상으로 관계를 넓힘으로써, 엄마를 향한 사랑과 믿음의 관계를 맺게 된다. 이 때의 경험조직을 우울자리(depressive position)라 한다. 우울자리가 반드시 우울한 기분을 암시하는 것은 아니다. 이는 죄의식이나 손실에 의한 우울증을 견디어 낼 수 있는 능력과 대상에 대한 애정을 경험할 수 있는 능력을 의미한다.[29] 유아의 파괴적 공격성과 그와 연관된 환상을 처리하기 위해 사용되는 편집-분열자리와 우울자리는 모성부재로 고통 받는 유아가 성장과정에서 거치게 되는 이론적 장치이면서 아이의 정신발달을 묘사하는 클라인의 은유적 방식이다.[30] 클라인에 따르면, 편집-분열자리와 우울자리가 출생 초기에 설정되면 남은 생애 전반에 걸쳐 존재하는 성격 특성이 된다고 한다.[31] 이 두 자리는 정상적 혹은 병리적으로 잠재되어 활동하고, 성인이 되면 사람은 이 둘 사이를 왕복한다. 그렇다고 해서 누구나 이 둘 사이를 왕복할 수 있는 것은 아니다. 두 자리 사이를 왕복하게 되는 수준과

빈도는 이 두 자리가 최초로 나타난 출생 초기에 양육자와 아기와의 관계가 어느 정도 바람직했느냐의 정도에 따라 결정된다.[32]

다음은 위니컷이다. 그는 유아의 자기개념 출현에 관한 임상적 가설을 세우며, 임상에서 모아관계적 접근과 유아의 정서발달에 있어서 환경의 중요함을 강조하였다. 아기는 태어난 후 어머니의 적절한 돌봄인 일차적 모성몰두(primary maternal preoccupation)를 통해 자신에 대한 주관적 느낌을 경험하면서 존재의 연속성(continuity of being)을 형성하게 된다. 이 과정에서 유아는 어머니에게 신호를 보내고 어머니는 그 신호에 따라 유아를 이해하고 성실히 반응해주면 유아는 주관적 전능감을 갖게 된다. 위니컷은 이것을 환상의 순간(moment of illusion)이라고 불렀다. 유아는 어머니의 성실한 반응 때문에 전능감을 반복적으로 경험함으로써 외부대상을 믿게 되고 점차 환상적 전능감을 포기하게 된다. 그 결과 유아는 전능한 창조와 통제의 환상을 즐길 수 있게 된다. 어머니의 바람직한 모성몰두가 계속되면 유아는 홀로 있으면서 자기를 경험하는 발달된 심리적 상태 즉, 자아관계성(ego-relatedness)이라고 불리는 상태에 이르게 된다. 위니컷에 따르면, 유아는 자기가 통합되지 않은 채 삶을 시작한다고 한다. 그러나 어머니의 모성몰두를 충분히 경험하면서 진정한 자기로 표현되고 성장한다고 보았다.[33] 여기서 위니컷의 '충분히 좋은 엄마'라는 핵심 개념이 등장한다. 이 개념은 유아의 욕구에 충실하면서 자아관계성을 느낄 수 있도록 아기를 감싸 안는 존재를 의미한다. 이 때 유아는 엄마를 별개의 존재가 아닌 자신을 감싸 안는 존재로 인식하며 '환경엄마'로 경험하게 된

다.[34]

반면에 엄마가 아기에 대한 반응도가 떨어지거나, 아기의 요구에 적절하게 맞추지 못한 경우, 유아는 현실적 자존감을 발전시키는데 어려움을 갖게 된다. 자율성을 침해당한 유아는 타인이 자신을 조종하려는 것을 두려워하거나 개인 영역을 개발시키지 못한다. 헌신적 모성 돌봄이 더해지면서, 유아는 주관적 전능감을 갖게 되고, 유아의 전능성에 반응해주는 참 좋은 어머니 역할은 유아가 자신을 만족시키는 외적 실체가 있음을 인식하게 된다. 그 결과 환경엄마와 연결된 유아의 자기는 유아로 하여금 삶을 생생하게 즐기게 한다. 이와 달리 유아에게 충분히 반응하지 않는 양육자를 둔 유아는 스스로 자신이 누구에게도 공감 받지 못할 것이라고 생각하여 자신의 요구를 표현하기보다 다른 사람의 요구에 맞추는 '거짓자기'에 더 편안함을 느낀다.[35] 위니컷은 영유아기 부모의 돌봄이 유아의 욕구(needs)를 충분히 채우지 못하면 유아에게 거짓 자아 기능이 생겨난다고 보았다. 왜냐하면 유아는 처음에 자기에 대한 기본감각을 확립하기 전이기 때문에 피상적으로 부모나 양육자의 기대에 순응하려는 것이 유아의 진정한 감정보다 우세하기 때문이다. 아이의 진정한 감정과 욕구를 부모가 부인하거나 인식하지 못하는 경향이 너무 강하면, 아이는 양육자와 친밀함을 유지하는 유일한 방법이 부모의 기대인 것처럼 동일시하게 된다. 위니컷은 이러한 과정에서 유아의 거짓 자기가 취약하고 약하고 격분한 '진짜 자기'를 감추고 보호하려는 아주 무의식적이며 은밀한 감각이 나타난다고 언급했다.[36]

환경 어머니가 수행하는 '일차적 모성몰두'와 '충분히 좋은 어머니'

의 역할은 아기의 '초기 자기'에 외부 세계를 결합시킴으로써 유아의 삶에 생명력을 부여한다. 이 책에서는 어머니들이 원가족에서의 폭력, 정서적 학대, 정서적 방치 등으로 '비존재'를 경험함으로써 그들이 모아관계에서 건강한 모성역할보다는 병리적 모성역할을 수행한다는 점도 살펴볼 것이다.

다음은 독립학파로 분류되는 존 볼비(John Bowlby, 1907-1990)의 애착이론을 살피려 한다. 볼비는 정통 프로이트학파의 욕동 이론과 클라인학파의 관계 이론에 대해 검증된 지식이 아니라 의미와 상상에 치중한 철학적 학문이 되어가고 있다고 비판하면서, 그는 이 두 이론의 틀에서 벗어나 독자적인 입장을 내세웠다. 대상관계이론은 부모-자녀에 형성된 상호작용이 자녀에게 어떻게 내재화되고, 그 이후 다른 사람과의 관계에서 어떠한 영향을 끼치는지 밝히고자 하였다. 즉, 내적 작동모델(internal working model)로 발전하는 과정을 밝히고자 한 것이다. 내적 작동모델은 유아가 성장함에 따라 변화하고 복잡해진다.[37] 이에 반해 애착이론은 대상관계이론의 내적 작동모델을 확장하여 부모-자녀관계에서 자녀의 애착욕구에 대한 양육자 반응으로 야기된 유아의 정서적 상태를 강조한다. 자녀의 애착욕구에 부모가 적절하게 알아차리고 반응하면 유아는 안정애착을 형성한다. 그러나 부모가 유아의 애착욕구를 적절하게 알아차리지 못하고 부모 자신의 욕구에 집중하느라 자녀를 돌보지 못하면, 유아는 불안정 애착을 형성하게 된다. 형성된 애착유형은 유아가 경험한 관계양식과 탐험양식을 포괄하는 유아 자신의 내적 기반이 된다. 이런 내적 표상은 일관성을 유지하려는 특성을

보인다.[38]

애착유형은 부모의 양육태도에 따라 차이가 있으나 모든 유아은 자신이 의지할 수 있고 소중하게 인정받을 수 있는 안전기지(secure base)로서의 최소 몇 사람을 꼭 필요로 한다. 여기서 볼비는 일차적 애착대상인 어머니가 '안전기지'로서의 역할을 감당할 수 있어야 한다고 역설한다. 그는 중요한 대상으로부터 일시적 또는 지속적으로 분리되는 경험을 위기상황으로 간주하고 '안전기지'의 필요성을 강조하는데, 충분한 안전기지는 발달단계에 있는 유아에게 안식처를 제공하고 세상으로 나아가는 힘을 제공한다. 만약 안전기지가 없으면 유아는 불안을 느끼며 관계를 위한 새로운 기회에 대한 경험이 내적 작동모델로 기호화되는 것을 방해한다.[39]

볼비의 클리닉 동료이자 애착이론을 함께 발전시킨 메리 아인스워스(Mary Ainsworth, 1913-1999)는 엄마의 행동 및 반응성에 따라 아이에게는 안정애착, 회피애착, 그리고 저항애착의 세 유형으로 분류하였다. 예를 들어, 회피애착인 아이는 부모가 자신을 밀어낼 때 자신의 갈망과 분노를 억압한다. 볼비는 이러한 행위를 방어적 배제(defensive exclusion)라 불렀다. 견딜 수 없는 고통을 포함하는 아이의 지각과 감정 및 초기단계 행동은 결국 분열되고 얼어붙은 인지와 감정 덩어리로 남게 된다. 심한 방어적 배제는 아이에게 극심한 신체적 혹은 감정적 충격에 따르는 마비상태를 초래하게 된다. 이러한 경험은 후에 아이가 양육자가 되었을 때 모성몰두와 양육태도에 큰 영향을 끼치게 된다.[40] 이러한 볼비의 시각은 현 핵가족 가정의 어머니들이 자신들의 양육에

대한 열정에도 불구하고 바쁜 현실에 내몰리는 바람에 모성부재를 초래하고 있는 상황을 잘 반영한다.[41]

마지막으로, 줄리아 크리스테바의 정신분석이론이다. 크리스테바의 이론은 관계에 대한 관심이다. 관계에 대한 관심은 그녀의 독자적 개념인 '기호분석', '코라', '비체' 등을 생산하는데, 이 개념들은 모두 모성적 육체와 관련되어 있다. 의미(sem)와 분석(analysis)의 결합인 기호분석(semi-analysis)은 언어학과 정신분석의 경계를 무너뜨리며 이들을 연결시키는 개념이다. 즉, 의미하는 주체는 의미를 생산하며 동시에 왜곡시키는 욕망하는 주체인 것이다.[42] 이와 함께 크리스테바는 라깡의 상상계와 상징계의 개념, 언어의 분열성이라는 이론적 틀을 이용하여 여성의 언어 이론을 구축한다. 크리스테바에 따르면 주체는 '기호계'와 '상징계'로 구성되어 있으며, 이 두 영역이 서로 교차하는 과정이라고 보았다. 누구든지 주체가 되기 위해서는 상징계 안으로 진입해야 하지만 여성은 어머니의 육체에 가깝게 남아 있어 아버지 중심적 상징 질서 내의 거부의 힘이자 상징질서가 재형성될 때마다 그것을 부수는 힘인 어머니 중심적 기호계의 담론을 갖는다. 어머니 중심의 기호계 담론은 상징언어 속의 침묵, 부재, 파열, 모순으로 존재하는 무의식적 혁명 세력이 된다고 보았는데 이것을 코라(chora)라고 부른다. 바로 이 모성적 육체의 공간인 코라의 언어가 여성성이다.[43] 따라서 코라 공간을 중심으로 한 '기호계'가 '어머니 몸'과 연결된다면, '상징계'는 '아버지의 이름'과 연결된다고 할 수 있다. 이 때 주로 언어의 습득을 통해 코라공간에서 상징계의 공간으로 이행함으로써, 기존 질서에 복종하게

되고 그것을 내재화하게 된다.[44]

크리스테바에게 있어 또 하나 중요한 개념이 바로 비체(abject)이다. 크리스테바가 말하는 경계선이라는 개념에서 비체는 주체도 객체(object)도 아닌, 주체와 주체 사이에 일어나는 관계의 물질적 양상이다. 모성적 육체와 관련된 비체는 특히 크리스테바의 이론에서 거부와 저항의 개념과 긴밀하게 연결된다. 기호계적 공간, 원형적 모성의 공간은 비천함과 연결된다. 비체는 몸의 분비물이나 배설물 등을 칭하는 말로 주체와 객체의 경계선에 주체도 객체도 아닌 어떤 것으로,[45] 이는 마치 몸속에 있는 배설물과 같이 몸의 일부를 이루면서 동시에 몸에 의해 밀려난다. 밀어내진 배설물은 주체의 신체에서 과잉의 존재로 여겨진 거부된 타자성이다. 그러나 비체는 그냥 밀어내짐을 당하는 존재만은 아니다. 오히려 적극적으로 스스로 거부하는 행위체이기도 하다. 예를 들어, 모체 속의 아이는 모체의 일부를 구성하기도 하면서 동시에 저항하기도 하고, 일정 기간이 지나면 모체를 밀어내고 파열시키고 밖으로 나온다.[46]

이와 같은 견해들은 타자에 대한 인식을 반영하고, 비천한 것으로 간주되는 것들에 대한 인정을 전제한다. 타자와 비천한 것에 대한 그녀의 관심은 타자화된 존재, 비천한 존재들이 어떻게 의미와 무의미를 나누는 경계선, 정상과 비정상을 구분하는 경계선에 가로막히지 않을 수 있는지를 우선 고려한 것이다. 이것은 잘못된 모성 이데올로기나 모성 부재로 야기된 심각한 사회문제를 목도하는 우리에게 많은 의미를 시사해준다.[47]

02

부재하는 모성

18세기 철학, 문학 저술에서 모성담론은 모성애를 찬미하고, 모성을 여성이 누려야 할 천부적 소명으로 미화하고 있다. 모성에 매겨진 교육적 역할은 모성을 이상화하여, 최초의 교육자인 어머니를 '사람을 만드는 주체'로 의미 부여하였다. 이러한 새로운 모성담론은 당시 여성들에게 매우 매력적인 것이었다. 여성들이 주체적 위상에 간접적으로나마 참여할 수 있는 의미였기 때문이다. 물론 모성담론이 실제 육아 현실과 일치되지 못하였다. 이는 담론이 현실로부터 유리되었기 때문이기보다는, 담론이 아직 일생생활에 충분히 적용되지 못했기 때문으로 보는 것이 자연스럽다. 새로운 여성담론이 역사적 현실이 되기까지 시간이 더 많이 걸렸다. 그 과정에서 새로운 모성담론은 전 계층으로 퍼져나가기 시작했고, 모든 어머니들의 몸과 마음에 자리 잡게 되었다. 그러나 남성중심의 사회는 어머니가 될 미래의 여성들에게 교양차원의 지식만 허용하려 했다. 이로써 사회는 모성이 사회적 지위를 획득하려할 때 명백한 한계가 되었다. 결국 여성은 아들과의 관계에서만 자신을 중요한 역할자로 인식할 수 있고, 어머니가 모성을 발휘하여 아들을 양육할 때만 주체의 위상에 편입할 수 있었다. 어머니는 아들을 돌보는 과정에서 비로소 주체로 여겨질 수 있었지만, 그럼에도 불구하고 주체의 대열에는 낄 수 없는 자기 분열적 상황이 일어나게 된다. 다시 말하면 남아는 어머니의 품에 있다가 아버지에게 넘겨져 지도를 받지만, 여아는 계속해서 어머니의 가르침을 받는다는 것이다. 이 때 언어습득은 모성담론의 결정적이고 획기적 시금석이 된다. 실제로 아이를 발달단계로 구분할 때, 말하지 못하는 아이와 말할 줄 아는 아이로 구별하였다. 예를 들어, 루소는 아이가 언어를 습득하기 전에는 과장된 주의와 통제를 해야 한다고 보았다. 그는 기표와 대상이 1:1로 상응하는 언어를 남성적 언어라고 규정하고, 반대로 기표와 기의의 불일치를 보여주는 표현들을 여성적이라고 하였다. 이러한 주장 때문에 사람들은 언어습득에서 기호적이며 유희적 요소를 추방하거나 억제하였다. 루소의 언어에 대한 예리한 관찰과 부정적 통제는 구조주의적 정신분석을 연상시킨다.

크리스테바는『시적 언어의 혁명』에서 언어의 이중적 층위를 모성적 세미오틱과 아버지가 이끄는 상징적 것으로 구분한다. 그녀는 언어로 대표되는 상징질서로의 진입을 위해 어머니와 분리되어야 한다고 주장하였다. 이는 루소의 주장과 매우 흡사하다고 볼 수 있다. 남성중심의 사회가 유아의 양육을 어머니에게 전담시키면서도 정작 어머니를 언어습득에서 소외시킨 것이다. 다시 말하면, 자신을 주체로 정립시켜야 할 남아는 애초부터 어머니를 상징적 의미에서 부정하게 된다. 이는 아이와 어머니와의 일치감이 아버지의 개입으로 깨어지고, 아이가 아버지의 금기를 받아들여 극복해야한다는 정신분석적 발달모델인 오이디푸스 콤플렉스와 상응하는 구조다. 모성은 최고의 도덕적 가치로 찬미되지만, 정작 그 찬미 속에는 언어를 빼앗긴 어머니가 있을 뿐이다. 언어를 결여한 어머니는 언어로 대표되는 상징계 속에서 재현되기 어렵다. 결국 모성담론에서 어머니는 중심부에 자리하지만 비어 있거나 혹은 부재한다.[48]

어머니로부터 언어를 박탈하는 모성담론은 어머니와 자녀관계를 대상화하고 수단으로 전락시킨다. 18세기 자연주의를 배경으로 한 모성담론에서 자연은 남녀의 사회적 차별과 불평등을 정당화하는데 근거로 동원되었다. 자연주의 철학에서 여성은 남성이 아닌 성으로 규정하며, 남성은 일차적으로 인간으로 존재하지만 특정한 순간에만 성적 존재가 된다. 반면 여성의 경우는 본질적으로 성적 존재라는 것이다. 그래서 성적 존재로서의 여성은 인간적 주체인 남성의 완벽함을 채워줘야 하고, 이를 위해 여성교육은 전적으로 남자와의 관계에서 이뤄져야 한다고 주장하기에 이른다. 이러한 주장은 어렸을 때부터 구속과 속박에 익숙해지도록 만들어 불평등을 못 느끼게 만들려는 시도였다. 그리고 이를 내면화시키기 위해 남성중심의 모성담론을 활용하게 되면서 결과적으로 여성 스스로 이를 자발적으로 수용하게 만드는 데 성공하게 되었다. 특히 모녀관계에서 자기 부정의 여인상으로 더욱 두드러졌으며, 자연스럽게 계승되었다.[49]

18세기 중기 이후의 모성담론은 어머니와 딸에 대한 상반된 담론이 특징적이다. 모녀에 대한 일상적 담론은 그 두 사람이 동일한 성 소유자라는 사실 위에 동형일체 같은 모녀관계를 만들어냈다. 어머니는 딸이 사랑하는 대상이면서 성적 정체성을 형성하는데 거울이 되고 성 역할의 모범이 된다. 이러한 담론에서 어머니와 딸의 관계는 매우 밀접하게 연결되어 어느 한 쪽이 사라져야 끝이 나는 관계로 묘사한다. 이는 지금까지도 영향을 미치는 여자 아이들의 전형적 성장 모델이다. 여기서 여자아이는 어머니의 비존재로 인해 자신의 정체성이 위협을 받고, 어머니 경우는 자아실현을 했음에도 불구하고 자신의 존재가 사라지는 경험을 하게 된다. 이 두 현상은 얼핏 서로 모순되어 보이지만 사실은 동전의 양면과 같다. 서구의 근대 모성담론도 이러한 모성담론의 연장선상에 있기 때문에 여전히 딸의 정체성 형성에 대한 책임을 어머니에게 전가시키면서 어머니의 상징적 의미는 지속적으로 부재하게 된다.

이 지점에서 정신분석의 이해와 통찰을 살피는 것은 중요하다. 정신분석 연구가 서구의 근대 모성담론과 함께 생성되었기 때문이다. 프로이트 이후 정신분석은 어머니 자리가 비어있는 모성담론을 본격적으로 해석하고 담론화하기 시작했다. 나아가 정신분석은 어머니 자리에 어머니가 부재한 모성담론을 이론화하고 공고화하였다. 여기서 모성담론이 양가적이기 때문에 전복될 가능성도 있고 재생산될 수도 있다.[50] 프로이트가 소개하는 어머니 부재는 어머니로부터의 분리다. 어머니로부터의 분리는 아이가 어머니와 분리하면서 심리적으로 성장하게 된다는 주장이다. 특히 여아의 경우, 성적 정체성을 형성하는 데 결정적이며 돌이킬 수 없는 단계로 평가한다. 프로이트에게 어머니는 거세된 존재로, 결함이 있어서 부정되고 부인되는 문제를 가지고 있다. 그는 자신의 연구, "성의 해부학적 차이에 따른 심리적 결과"에서 여아는 남아의 생식기를 보고 자신에게는 그것이 없음을 깨닫고 남근을 갖고 싶어 한다고 말한다. 여기서 소위 여성들의 남성 콤플렉스라는 것이 파생된다고 보았다. 여아는 어떠한 희생을 감수해서라도 언젠가는 남근을 갖겠다고 소망하지만, 결국 그것이 불가능하다는 것을 알게 된다. 결국 여아는 "그토록 불완전하게 자신을 낳은 어머니"가 자신의 남근 부재에 대해서 전적 책임을 져야한다고 생각한다고 한다.[51] 이로써 전오이디푸스 단계 동안 지속되었던 어머니와의 일치감이 깨어지고 어머니에 대한 애착은 실망과 원망 그리고 증오로 변하게 된다. 여성의 성욕에서 프로이트는 여아가 '어머니에게 돌아서'는 분리는 단순한 분리가 아닌 그 이상의 큰 의미를 지닌다고 한다. 이 때 여아는 어머니에게서 돌아서는 동시에 아버지에게로 향하면서, 아버지-남자가 새로운 사랑의 대상이 된다. 여아는 자신의 성 정체성 발달에 맞춰 대상을 바꾼 것이다. 프로이트는 이 변화를 여성의 정상적 발달 노정으로 간주하였으며, 여아는 전오이디프스 단계의 어머니에 대한 애착의 흔적에 의해 사로잡히지 않아야한다고 보았다. 이 현상을 달리 해석하자면, 여아는 어머니에 대한 애착이 증오로 바뀌는 경험을 해야 비로소 여성으로 정상적 발달을 이룬다는 의미다. 여아가 어머니에 대한 애착과 미움이 크고 강하여 여아의 오이디푸스 콤플렉스가 절대로 완전히 극복될 수 없다. 그 결과 여성의 어머니에 대한 실망, 분노, 증오 등은 일생동안 지속될 수밖에 없는 운명이 된다.[52]

프랑스 정신분석학자인 야닌 샤스게-스미르겔(Janine Chasseguet-smirgel, 1928-2006)은 여자아이가 어머니를 미워하는 이유를 어머니의 권력에서 찾았다. 그에 따르면 아이는 전오이디푸스 단계에서 어머니가 글자 그대로 전지전능한 힘을 지는 것으로 상상한다고 한다. 아이는 어머니의 돌봄에 전적으로 의존하기 때문에 아이의 유아적 나르시시즘은 필연적으로 상처받게 되고, 결국 아이는 어머니한테 무의식적 적대감을 갖게 된다. 그런데 아이는 어머니에 대한 무의식적 적대감을 어머니에게 투사하여 자신이 오히려 어머니에게 공격받아 파괴될 수 있다는 생각을 하게 된다. 이런 환상은 어머니의 사랑이 클수록 더욱 커질 수 있어서, 역설적이게도 가장 좋은 엄마가 아이의 마음속에 마녀 같은 존재를 만들어 놓을 수 있다. 그리고 스미르겔은 여아가 페니스를 선망하는 이유에 대해서 아버지의 페니스를 점유하여 어머니의 힘에서 벗어나려는 역동이라고 설명한다. 여기서 중요한 해석은 여아의 페니스 선망이 남자처럼 되고 싶다는 의미가 아니라 권력, 자주, 완전을 표상하는 페니스를 소유하여 어머니의 힘에서 벗어나 완전히 자주적 여자가 되고 싶은 것이다.[53] 이러한 이해는 프로이트의 거세된 존재에 상응하지 않는다. 다만 여아에게 전능한 어머니에게서 벗어나는 일은 자신의 자아형성에 필수과업이 된다. 이 과정보다 더 이른 단계에 주목한 정신분석학자도 있었다. 대표적 학자로 클라인이 있다. 클라인은 전오이디푸스 단계에서 생기는 어머니 상을 주목한다. 아이는 어머니를 젖가슴으로 인식한다. 클라인에 따르면, 아이는 본능적으로 젖가슴을 양분 얻을 수 있는 곳인 동시에 생명의 근원으로 느낀다고 한다. 태어난 아이는 자신의 생존욕구와 애착욕구로 어머니 젖가슴을 찾고 거기에 머물면서 자궁 안에서 있었던 공생관계가 지속되고 있다는 환상을 하게 된다. 그러나 얼마 지나지 않아서 어머니 젖가슴에서의 공생이 태내에서의 공생과 다름을 깨닫게 되면서 모아일체의 환상은 깨지게 된다. 왜냐하면 결코 "메마르지 않는 젖가슴이 항상 곁에 있어야 한다"는 아이의 환상은 현실에서 이뤄질 수 없기 때문이다.[54] 아이는 젖가슴에서 만족과 불만족을 경험하면서 아이의 무의식에 '좋은 젖가슴'과 '나쁜 젖가슴'이라는 분열된 어머니상이 생기게 된다. 어머니 젖가슴은 현실적으로 아이의 자기중심적이고 독점적 욕망을 만족시킬 수 없는데도 불구하고 아이는 오히려 젖가슴이 젖과 사랑을 다 가지고 있으면서 자신에게 숨기고 주지 않으려고 한다고 상상하여 젖가슴을 공격하고 싶어 한다. 클라인은 이 마음을 시기(envy)라고 부르고, 이 시기는 정신분석적 의미에서 어머니의 창조하는 힘 또는 창조로의 힘을 파괴하려는 행위로 본다. 아이에게 젖은 생명의 근원으로 감지되기 때문에 어머니의 젖가슴은 창조력의 원형이 된다.[55]

창세기에 비춰진 여성의 창조의 힘은 아담과 하와의 이야기 속에서 오히려 부정되는 것으로 나타난다. 아담이 창조되는 동안 하와는 없었고, 아담의 갈비뼈로 하와를 만들었다는 서술은 여성의 창조적 힘에 대해 남성중심의 사회가 시기하여 그것을 부정하려는 기록으로 볼 수도 있다. 지금까지 남성중심 사회가 모성담론에서 어머니를 박탈해왔다면, 이 박탈된 모성의 상징적 의미는 정신분석에서 나쁜 어머니 상으로 재등장하게 된다.

1970년에 들어서면서, 신여성해방운동이 유럽과 미국에서 활발하게 전개되었고, 모성, 어머니와 딸 간의 관계를 그린 많은 작품들이 나오게 되었다. 작품 속 어머니는 신경질적이고 우울과 무기력에 빠진 모습이었고, 그 어머니 품에서 벗어나려는 딸들은 자신의 어머니를 인정할 수도 부정할 수도 없는 인질과 같은 존재로 나타났다. 또한 어머니와 딸이라는 관계 속에 억제되어 있던 모순과 아버지의 딸로 성장하는 모델 역시 그 허구성이 폭로되었다. 프로이트는 이러한 아버지로의 전환을 여성이 정상적으로 성장하는 발전을 의미한다고 했지만 여기서 정상적이라함은 히스테릭적이고 피가학적이며 자의식이 억압된 여성을 의미할 뿐이다. 이 시기에 페미니즘에 의한 모성의 재발견은 모성담론의 비판뿐만 아니라 모성 자체에 대해서 반감으로 나타났다. 여기서 여성에게 각인된 전능한 어머니와 현실의 나약한 어머니 사이에서 발생한 큰 실망과 분노를 사회적으로 문제화했다는 점은 큰 의미가 있다.

여성담론 중 여성 영웅여정을 살펴보면, 많은 여성들이 남성들처럼 독립, 명성, 돈, 권력 등을 얻기 위해 남성 조력자들과 함께 외부로 향하는 남성 영웅여정을 떠난다. 남성 영웅여정을 하면서 육체적으로나 정신적으로 피폐해지는 느낌과 함께 절망에 빠지며, 또 다른 방황을 하게 된다. 메마름과 절망은 암흑의 여성성(dark feminine)이 존재하는 지하세계로 내려갈 수밖에 없다. 이 암흑은 여성성의 깊은 상처인 모녀분리(mother-daughter split)를 치유하라고 요구한다. 여성은 그

지하세계에서 돌아오는 길에 여성적 가치를 재규정하고 승인하는 과정을 통해 여정의 전반부에 익힌 남성적 기술과 가치를 통합한다. 흔히 영웅여정을 떠날 때 대부분의 여성들은 아버지의 딸로 출발한다. 어머니를 거부하면서 주로 아버지와 동일시하고 아버지와 남성적 가치로부터 관심받고 인정받기를 갈구한다. 여성성의 상실에서 오는 공허감은 남성성과 결합한다고 해서 치유되는 것은 아니다. 오히려 그것보다는 여성 안의 각 부분들끼리 통합, 내적 결합, '어머니'와 분리되지 않고 한 몸을 이루었을 때를 기억해내거나 회복하는 방법을 통해 치유할 수 있다.[56] 모성담론을 논하기 어려운 이유는 심리적 현실과 사회적 현실의 간극이 존재하기 때문이다. 이는 딸이 어머니와 맺은 관계가 상당 부분 환상에 의해 지배되고 부분적으로만 실제 어머니의 실제 행동과 연관되기 때문이다.

현재 우리가 인식하고 있는 자애로운 모성은 근대적 창안물이라 할 수 있다. 모성은 역사적 맥락이나 사회적 상황에 따라 달리 정의되었을 뿐 아니라 어머니노릇에 부과하는 의무와 기대도 변해왔다. 근대 이후 모성담론은 강요된 모성(compulsory motherhood), 과학적 모성(scientific motherhood), 집중적 어머니노릇(intensive mothering)으로 계속 바뀌었다. 강요된 모성은 성역할을 남자 아이의 경우는 '남자는 남다르다'라는 메시지를, 여자 아이에게는 '여자는 엄마가 된다'라는 메시지를 주면서 남성우월주의와 강요된 모성을 의미한다. 다시 말하면 강요된 모성은 어머니 역할을 운명으로 보며, 모든 여성을 예비적 어머니로서 간주한다.[57] 과학적 모성은 과학의 합리성을 신뢰하여 자녀양육에 과학적 원리가 있다고 믿는다. 그래서 육아에 과학적 담론을 적용하여 노동집약적이고 감정소모적인 어머니노릇을 뜻한다.[58] 집중적 어머니노릇은 어머니를 아이의 일차적 양육자로 보고 어머니가 전문적 지도, 정서적 열중과 수고, 높은 비용을 투입하며 아이를 양육하는 것이다. 일반적으로 모성은 전형적인 어머니노릇을 수행하지 못하면 어머니는 죄책감을 느끼고 자책하지만 모성역할을 수행하는 것 자체를 모성의 일부로 간주하기도 한다.[59]

과거에는 여성들이 어머니 역할에 고착되어 어머니 역할을 성실히 수행하는 것에 성취감을 느끼고 의미를 찾았다. 하지만 이러한 어머니노릇은 여성들을 수동적 존재로 만들어 여성의 독자성을 위축시키고 자기소외를 낳는 부정적인 영향이 있었다. 인류의 가장 큰 변혁의 시대인 19세기, 20세기를 지나면서 사회는 여성의 불평등 해소와 권리 회복을 위한 다양한 노력을 기울였고, 그 결과 오늘날 여성들은 모성을 다양한 방식으로 발휘하고 있다. 예전의 모성이 생명을 낳고, 먹이고, 돌보고, 양육하고 보호하는 어머니노릇이었다면 오늘날의 모성은 모든 살아있는 것을 사랑하고 돌보며 보호하는 다양한 활동으로 나타난다. 그래서 어떤 여성은 모성을 어머니노릇으로 발휘하며 거기에 몰두하는 것을 소명이라고 생각하기도 하고 어떤 여성은 모성을 다른 방식으로 표현하기도 한다.[60]

03

충분히 좋은 모성

위니컷은 환상이 지닌 긍정적 역할과 파괴성의 변형, 그리고 창조적 삶의 가능성을 강조했다는 점에서 다른 정신분석학자들과 구별되는 독특함을 갖는다.[61] 특히 그의 안아주기(holding) 개념은 윌프레드 비온(Wilfred Bion, 1897-1979)의 담아주기(containing)와 함께 현대 정신분석적 사고에서 창의적 개념이면서 동시에 정신분석치료에 큰 진전을 가져왔다.

위니컷이 모성적 돌봄에 대해서 언급한 것은 1996년 논문, 「부모-유아 관계」에서 찾을 수 있다. 그는 이 논문에서 "우리가 유아를 발견할 때면 모성적 돌봄을 발견하며, 모성적 돌봄이 없으면 유아도 존재할 수 없다"고 말하며 모성적 돌봄을 강조하였다. 초기 유아기에 유아와 모성적 돌봄은 하나의 단위를 이루고 서로에게 속해있으며 따로 분리되지 않는다. 유아와 모성적 돌봄은 차츰 서로에게서 벗어나 분리되기 시작하고 건강한 관계일 때 유아는 독립적 존재로 성장한다.[62]

위니캇의 부모-유아 관계에 대한 이론에서 반은 유아, 또 다른 반은 모성적 돌봄과 관련되어 있다. 유아와 관련된 내용은 절대적 의존에서부터 상대적 의존을 거쳐 독립으로, 쾌락원리에서 현실원리로, 그리고 자체성애에서 대상관계로 발전하는 유아의 여정에 관한 이론이다. 모성적 돌봄 내용은 유아의 특수한 발달적 욕구에 부응해주는 어머니의 자질과 그 변화에 대한 이론으로 요약된다.[63]

위니캇은 인간의 본성이 대상을 추구하는데 있다고 보았기 때문에 관계의 질을 중요하게 여겼다. 그는 개인 정신건강의 기초가 형성되는 초기 유아기에서 타고난 잠재력을 촉진할 수 있는 양육자의 '안아주는 환경'(holding environment)의 중요성을 강조하였고, 어머니노릇이 어떠했는지가 유아의 성장에 큰 영향을 끼친다고 보았다. 유아는 의존이라는 특정한 조건 없이는 존재할 수 없는 절대적 무능의 의존적 존재다.[64] 위니캇은 유아는 어머니의 돌봄이 없으면 존재할 수 없기에 유아에게 어머니의 모성적 돌봄은 필연적 것임을 지적한다.[65] 이 때 중요하고 독특하게 강조되는 개념 중 하나가 '충분히 좋은 어머니'다. 충분히 좋은 어머니는 초기에는 거의 완벽하게 능동적으로 몰두해주고 시간이 지나면서 유아의 자라나는 능력에 맞추어 점진적으로 덜 몰두해주는 돌봄이다. 이는 유아에 대한 어머니의 헌신에 달려있지 지적 수준이나 영리함에 달려있지 않다.[66]

위니캇에 따르면, 충분히 좋은 어머니는 처음부터 유아의 욕구에 맞춰줄 수 있으며 또 아주 잘 맞춰주기 때문에, 유아가 유아-어머니 관계의 모체로부터 하나의 존재로 출연하게 될 때 유아로 하여금 짧은 기간 동안 전능경험을 가질 수 있도록 돕는다. 반면,[67] 충분히 좋은 어머니가 아닌 경우, 그 어머니는 유아의 진능경험을 돕지 못하고 반복해서 유아의 몸짓에 반응해주지 못한다. 오히려 어머니는 유아의 몸짓을 자기 자신의 몸짓으로 대체하는데, 결국 유아는 어머니에 순응하여 어머니 몸짓을 자신의 것인 양 받아들이게 된다.[68]

유아의 성격이 왜곡되지 않고 발달하기 위해서 처음에 어머니가 거의 정확하게 유아의 욕구에 반응해주어야 한다. 그렇지만 어머니는 반응에 실패할 수 있어야 하고 그 실패는 점진적으로 이루어져야 한다. 이런 식으로 아이의 정신은 엄마와 연합하여 엄마의 기능 일부를 떠맡게 된다.[69] 위니컷은 자신이 말한 충분히 좋은 어머니는 완벽하지 않을 뿐 아니라, 일상적 일들을 수행하는 평범한 어머니임을 강조한다. 그는 이러한 어머니를 '헌신적 보통의 어머니'라고 말했다. 헌신적 보통의 어머니는 자신의 아이를 미워할 수밖에 없는 여러 이유를 가진 현실 속에 존재하지만, 그럼에도 불구하고 아이를 향한 자신의 증오를 처리할 수 있는 여러 가지 방법을 스스로 가지고 있는 존재다.[70]

위니컷은 엄마가 아기를 돌보는 일을 묘사하면서 사용한 '자연스러운'이라는 단어에 큰 의미를 두었다. 엄마가 아기를 돌볼 때 제도적이고 형식적 교육, 책 등에서 얻은 조언들이 초기 아기에게 몰두하는데 방해되어 자연스러운 관계를 해친다고 보았다. 그는 아이와의 관계에서 그 어떤 것보다 어머니의 헌신적 참여를 중요하게 여겼다.[71]

1) 일차적 모성몰두

위니컷은 어머니와 아기와의 관계에서 나타나는 특별한 상태에 관심을 가졌다. 그는 임신 말기에서 출산 후 몇 주 동안 엄마가 경험한 특별한 심리적 상태를 '일차적 모성몰두'라는 자신의 언어로 정의하였다. 이 시기 엄마는 아기에게 아주 헌신적으로 몰두한다. 엄마는 아기와 매우 동일시되며 아기가 어떻게 느끼는지 잘 알고 있다. 그는 여성이 자신의 탁월한 여성적 요소의 잠재성 때문에 충분히 좋은 엄마가 될 수 있다고 생각했다. 여성의 이러한 잠재력은 일차적 모성적 몰두를 발달시키는 과정의 일부며, 생의 초기에 안아줄 수 있고 자아를 지원할 수 있는 능력의 밑바탕이 된다.[72] 일차적 모성몰두는 임신기간 동안 점차로 발달하여, 특히 임신말기에 고도로 민감한 상태가 된다. 이러한 상태는 아이 출산 후 몇 주 동안 지속된다.[73]

그러나 이러한 능력이 모든 엄마에게 있는 것은 아니다. 그렇지 못한 모성장애도 존재한다. 첫째, 다른 면에서는 좋은 엄마로 풍성한 삶을 살면서도 유독 초기 아기의 욕구에 대해 예민하고 섬세하지 못한 엄마가 있다. 그리고 한 아기에 대해서는 초기 모성몰두가 되나, 다른 아기에 대해서는 그렇지 못한 엄마들이 있다.[74] 이들의 특징에 대해 위니컷은 '완벽한 정신건강으로의 도피상태에 있는 사람들'이라고 정의했다. 그들은 자신의 다른 관심을 쉽게 포기하지 않거나 첫아이를 졌을 때에만 자신의 다른 중요한 관심을 포기한다. 이들은 강한 남성적 동일시를 가지고 있을 때, 이들은 엄마됨의 기능 중 일차적 모성몰두가 수행하기 가장 어려운 부분이 된다. 일차적 모성몰두에 실패한 엄마는 다음 단계에서 이를 만회해야하는 과제에 직면하게 되어 오랫동안 세심한 반응을 보이면서 힘을 쏟음에도 불구하고 초기에 놓쳐버린 것을 성공적으로 되찾을 수 있을지는 확실하지 않다고 한다. 둘째, 정신적으로 모성장애를 가진 엄마들이 있다. 엄마가 초기 일정기간 동안 자신의 관심을 아이에게 허락하는 것은 정상적 과정이나 이들은 아기와 오랫동안 계속 동일시되어 있다가 갑자기 몰두 이전으로 돌아간다.[75]

이처럼 위니컷은 아기의 발달 초기의 환경에 대해 매우 강조하고 있다. 그 중에서도 최초의 사건이라고 할 수 있는 모성적 몰두의 중요성을 반복적으로 강조한다. 이는 단순히 정상적 모성에 관한 것이 아니라 아기에게 최고로 좋은 것과 삶을 풍성하게 해줄 수 있는 엄마노릇이 무엇인지를 설명하고 있는 것이다.[76]

유아의 최초 경험은 본능적 경험이나, 나 아닌 존재로서 어머니를 지각하는 것보다 앞서서 살아있음을 경험한다. 유아의 살아있음은 존재의 개념이라기보다는 살아내기에 가깝다. 위니컷은 유아가 주체가 되기 전에 살아있음을 설명하기 위해 'going on being'이라는 표현을 사용했다.[77] 이 때 '살아있음'의 경험은 절대적 독립이면서 절대적 의존상태다. 왜냐하면 유아 스스로는 자신이 의존하고 있다는 느낌 자체가 없기 때문이다.[78] 유아는 어머니가 자신에게 지원해주는 것을 당연하게 여기고, 거기서 편히 쉴 수 있는 상태 또는 모와 통합되어야 할 필요를 느끼지 못하는 상태로 있게 된다. 다시 말하면, 유아는 통합의 필요

도, 침범에 대한 방어도 할 필요가 없는 비통합의 상태로 있게 되는 것이다.[79]

그러나 유아의 살아있음은 취약해서 언제든 해체 불안을 경험할 수 있다. 유아의 원시적 존재감은 허기와 같은 작은 본능적 긴장에도 위협받을 수 있다. 유아는 경고신호인 불안을 다룰 수 있는 자기가 존재하지 않기 때문에 아이는 작은 불안 자극도 멸절불안으로 경험할 수 있다.[80] 이 불안은 절대적 의존기의 유아로 하여금 생각할 수 없는, 생각지도 못한 불안(unthinkable anxiety)의 가장자리에 놓이게 한다. 결국 유아는 자신의 존재가 파편화되거나 끝도 없이 추락하는, 또는 몸과 정신이 분리될 것 같은 두려움에 직면하게 된다. 이 상황에서 어머니는 멸절불안을 막아주고 감당할 수 있는 작은 양의 현실만을 맛보도록 적응적 환경을 제공할 수 있어야 한다.

위니컷은 자신의 논문 "부모-유아관계"에서 모성의 안아주기를 유아 존재의 연속성을 보호해주고 유아를 자기가 아닌 것들부터 감싸주는 모성 돌봄으로 설명한다. 특히 최초의 존재 상태인 유아를 안아주는 어머니의 정서적 상태를 일차적 모성몰두라고 불렀다.[81] 유아 존재의 연속성은 유아 자신이 아닌 것들로도 위협을 받지만 시간이라는 가차 없고 무자비한 타자성으로도 위협을 받는다. 유아에게 시간의 타자성이란 인위적으로 규정된 시간들의 경험을 말한다. 모성은 유아의 시간감각 안으로 들어가, 시간의 타자성이 유아에게 미치는 영향을 변형시킴으로써 유아의 신체적, 심리적 리듬에 따라 시간이 들어맞도록 적절한 환상세계를 만들어줄 수 있어야 한다. 이 리듬은 자고 싶을 때 자고, 먹고 싶을 때 먹고, 편히 쉬고 싶을 때 쉬는 것을 모두 포함한다. 어머니는 아기 옆에서 유아의 요구에 따라서 반응하고 어떤 것도 강요하지 않으면서 아기가 고요와 흥분의 상태를 자연스럽게 옮겨갈 수 있도록 허용해준다. 또한 어머니는 아기의 변화무쌍한 요구에도 주의 깊게 외부 세계를 조절해줌으로써 외부세계가 아기에게 무리 없이 수용되도록 돕는다. 이 과정에서도 뜻밖의 충격들이 있을 수 있는데 이것들로도 어머니는 유아를 보호하여 존재의 연속성을 지켜야 한다. 무엇보다도 어머니는 유아가 어머니의 헌신적 돌봄을 받을 권리가 있음을 믿고 유아에게 발달을 재촉하지 않으면서 유아가 자신의 시간을 갖고 자신만의 속도에 따라 전진해도 괜찮다는 느낌을 제공해야한다.[82]

어머니가 유아를 돌본다는 것은 자신의 주체성을 배제하고 전적으로 아기의 필요와 리듬에 적응해야 함을 의미한다. 이는 어머니가 방해하지 않는 존재(unobstructive presence)가 된다는 의미다. 어머니가 방해하지 않는 존재로서 모성을 제공하면 유아는 초기 삶의 단계에서 발달적 경향을 펼치게 되고 자발적 움직임을 경험하면서 점진적으로 자기감각들의 주체가 되어 성장하게 된다.[83]

2) 안아주기

위니컷은 자신의 논문에서 안아주기를 더 깊이 발달시킬 필요가 있다고 말하였다. 안아주기 단계에서 유아는 유아-어머니 관계에서 아직 분리되지 못한 자기(self) 상태에 머물러 있는 존재다.[84] 아기에게 안아주기 경험은 차츰 자기를 경험하게 될 존재로 성장하는 데 기초가 된다. 이 경험은 태어난 이후로 연속적이어야 하고 신뢰할 수 있는 것이어야 한다.[85] 위니컷의 말을 빌리면, 안아주기는 생리적 수모로부터 보호해 주는 것이다. 또한 어머니는 유아에게 피부 촉감, 체온, 목소리, 얼굴 등의 감각을 제공한다. 이 경험은 어머니가 아이에게 한동안 밤낮을 가리지 않고 제공하는 전반적 돌봄이다. 경우에 따라서, 아기는 자신만의 독특한 안아주기를 요구하기도 한다. 왜냐하면 모든 아기는 저마다 고유한 존재기 때문이다. 안아주기는 고정된 것이 아니고 유아의 신체적, 정신적 발달에 따라 매일의 작은 변화들을 수반한다.[86] 어머니의 안아주는 능력은 어머니의 교육수준과는 상관없고, 어머니 자신이 충분히 좋은 돌봄을 받은 경험이 있는가에 달려있다. 어머니가 충분히 좋은 돌봄을 받았다면 어머니는 유아의 생각을 잘 이해하고 아기의 요구를 잘 알아차려 반응해줌으로써 아기를 편안하게 해준다.[87]

아기는 충분히 좋은 안아주기를 경험하면서 자아의 통합을 이루고, 첫 대상관계를 안정적으로 확립하게 되며, 만족의 첫 경험에 이르게 된다. 특히 수유 같은 본능 만족과 젖가슴이라는 첫 대상관계는 아기 자아형성과 자아의 특징을 결정한다. 젖을 만들어 배고픈 아기에게 먹이고 싶은 어머니의 욕구와 젖을 먹고 싶다는 아기의 환상적 욕구가 서로 겹쳐질 때 아기의 환상이 현실에서 이루어지는 일이 발생한다. 아기와 어머니가 함께 만들어낸 경험은 아기에게 전능성을 부여하고, 아기로 하여금 중간대상과 중간현상을 창조하는 단계로 나갈 수 있도록 촉진한다.[88] 아기는 자신의 어머니와 분리되어 있기 때문에 스스로 욕구를 충족하는 것이 불가능하다는 인식을 감당해야한다. 이때 아기는 이러한 불안을 감당하기 위해서 중간대상과 중간현상을 사용한다.[89] 중간현상의 경험은 마치 "내 것인 동시에 내 것이 아닌 것"을 모두 포함한다. 이 현상은 현실적이지도, 망상적이지도 않다. 이는 환각적 것으로 현실과 무의식적 환상 사이에 있는 경험의 중간영역으로 창조된다. 이는 아기의 분리불안을 크게 완화시켜준다. 이러한 시도는 현실을 수용하기 위한 아기의 중요한 시도로 잠재적 공간이 된다. 이 공간에서 놀이가 일어나고 의미 있는 의사소통이 일어난다.[90] 아기는 중간대상과 중간현상을 통해 건강하고 탄력적이며 안정감이 있는 편안함에 이를 수 있게 된다. 아기가 탐험과 분리를 반복적으로 시도할 즈음에 어머니는 일차적 모성몰두에서 벗어나 다른 차원의 안아주기 할 준비를 해야 한다. 이 시기에 유아는 전보다 커진 공격성을 보이기 시작한다. 아이는 점점 '나는-이다(I am)'의 순간을 경험하면서 '내가 아닌 것'을 감지하게 되는데, 이 때 아이는 '나 아닌 것'으로 박해받을 것이라는 불안을 예감하게 된다. 이는 아이에게 무서운 순간이다.[91] 이 두 경험을 반복하면서 아이는 일련의 통합되지 못한 상태, 욕구, 좌절 등을 경험하면서 공격성이 커지게 된다. 이때 어머니는 아기의 이유 없는 공격에도 아기의 바깥에서 버텨주고 살아남아야한다. 살아남는다는 것은 보복하지 않는다는 것을 의미한다.[92] 아이에게 항상성이 있는 대상은 오직 살아남는 것으로 제한된다. 대상이 살아남게 되면, 아이는 자신이 공격했는데도 불구하고 파괴되지 않고 그 자리에 있는 모습을 보게 된다. 아이는 여전히 살아남은 대상을 보면서 그 대상을 환영하고 자신의 사랑하는 대상, 가치 있는 대상으로 여기게 된다. 이 대상이 바로 아이의 최초 항상성 대상이 된다.[93]

유아는 더 많은 욕구충족을 위해 어머니에게 신호를 보내며 의사소통하려한다. 어머니는 아이의 의사표현을 알아차리고 아이의 필요를 채워주려고 노력한다. 하지만 어머니가 완벽한 기계가 아닌 이상 실패가 발생하게 되고, 그것으로 인해 아이는 좌절하게 된다.[94] 이러한 어머니의 실패로 아이에게 좌절이 생기고 결국 아이의 전능성에 구멍이 나게 된다. 역설적으로 유아의 좌절과 어머니의 실패는 아이에게 현실을 알게 하는 결정적 요소가 된다. 어머니의 적응은 완벽할 수도 없고 완벽해서도 안 된다. 그것은 유아가 마침내 현실에 안착하는데 '환경적 실패'가 필수적이기 때문이다. 영유아 시기에는 아기의 필요를 충족시켜주지 못하는 어머니의 무능력이 침범이라면 유아기에서는 반대로 어머니의 완벽에 가까운 적응이 침범이 된다.[95]

절대적 의존기에 만족스러운 안아주기와 충분히 좋은 어머니 경험이 결핍되었다면 유아는 절대박탈을 경험하고 병리적 모습을 띠기도 한다. 전능환상이 현실에 의해 침범 당하고 멸절공포를 느끼게 된다. 그것은 유아에게 존재의 연속성을 갖지 못하게 하고 연약한 자기를 형성하게 한다. 결국 유아는 의식에서 분리된 참자기와 타인의 요구에 성급하게 맞추려는 거짓자기를 갖게 된다. 이때 유아는 지루함과 공허감을 느낀다. 이러한 감정은 내적 경험과의 연결이 결여된 데에서 유래된 것이다. 이러한 진정성 없는 삶은 자기(self)가 왜곡되었다는 것을 드러낸다.[96] 심한 경우, 인격구조가 방어적 반응으로 이루어져 환경과 진정한 접촉을 차단한 채 살아가는 정신증으로 나타나기도 한다. 이 상황에서 유아는 전능환상에 사로잡혀 자신을 보호하려 한다. 이러한 작용은 전능방어로 유아의 정신이 마술적 사고수준에 고착되어 현실과는 점점 더 멀어지는 결과를 초래한다. 상대적 의존기에 어머니의 안아주기와 적절한 거리두기가 된 안아주기가 되지 않았을 때 유아는 이미 획득한 것을 다시 잃어버리는 박탈을 경험하게 된다.[97]

위니컷은 안아주는 환경에서 좀 더 나아가 신체적 협력 관계와 환경 제공으로 아기의 신체적 몸 다루기(handling)를 이야기한다. 아기는 어머니의 적극적이고 적응적인 몸 다루기 없이는 자신의 내부로부터 오는 과제를 해결하기 어렵고 적절한 정신내적 관계발달을 이루어내는 것이 불가능하다. 어머니가 제공하는 몸 다루기를 통해 아기는 자신의 몸을 자기의 일부로 받아들이게 되고 자기가 몸 안에 그리고 몸 전체에 거주하게 된다. 동시에 몸 다루기는 나와 나 아닌 것의 경계를 제공해준다. 반대로 심리적 문제가 생기면, 몸과의 접촉 상실 또는 몸으로부터의 해리를 일으킬 수 있다. 이는 아기가 현재 신체의 한계를 현실로 받아들이고 있다는 의미와 현실 적응에 어려움을 겪고 있다는 것을 의미한다. 이러한 경험은 어머니의 태도로 일어나는 경우가 많다. 어머니는 아기에게 몸 다루기를 통해서 몸과 정신을 계속해서 소개해야한다. 이 능력은 어머니의 자연스러운 기술 중 하나다. 아기가 자신의 목과 팔 다리를 가누지 못할 때 어머니는 몸 다루기를 통해서 아기의 지체는 모아지게 되고 어머니의 손에서 하나의 통합된 존재로 느끼게 한다. 이러한 '하나됨'은 아기에게 신체활동의 즐거움을 제공하고, 세련된 동작을 하는데 기초가 된다. 아기는 이와 같은 경험을 통해서 끊임없이 자기를 발견하게 된다.[98]

어머니의 모성은 아기에게 적절한 대상제공을 해줄 수 있어야 한다. 대상제공은 어머니 자신뿐만 아니라 공유하는 현실세계를 제공해 주는 것까지 포함한다. 특히 현실세계를 제공한다는 것은 어머니가 현실세계를 어떻게 사용하는지를 보여주는 데 달려있다.[99] 아기의 어머니와의 최초 대상관계는 오직 어머니 편에 의해서 시작된다. 엄마가 수행해야하는 가장 중요한 역할에는 엄마의 젖가슴과 수유를 제공하는 것이다. 첫 수유는 아기의 첫 식사다. 이 경험은 선험적 경험은 아니지만 아기는 무엇인가를 기다리고 어떤 것이 앞에 나타나고 형체를 갖추면 본능적으로 그 대상을 향해 손을 뻗게 된다. 이 때 어머니는 아기에게 일관적 돌봄 세계를 제공한다. 이것은 사고에 의해 기계적으로 되는 것이 아니라 한 인간, 어머니의 돌봄과 관심으로 이뤄진다. 어머니는 아기가 발전하는 과정에서 아기가 당황스럽지 않을 만큼의 크기로 세계를 계속 제공해야하고, 아기가 그 세계를 즐길 수 있는 능력이 조금씩 자랄 수 있도록 그 세계를 확대시켜줄 필요가 있다. 또한 어머니는 아이의 혼란을 최소화하기 위해 아이에게 환상적 삶과 현실적 세계 틀을 모두 제공해야한다. 이를 통해 아이는 자기가 상상하는 환상과 현실은 서로 다르다는 것을 조금씩 이해하게 된다.[100]

위니컷은 유아의 심리적 상처를 환경으로부터 오는 침범이며, 동시에 예측 불가능한 것을 가능하게 하는 기제, 즉 전능성이 발달하기 이전에 발생하는 환경에 대한 개인의 방어반응으로부터 오는 침범으로 설명한다. 안아주기 단계에서 아기를 돌보는 방식이 일관적이지 못하거나 큰 소음, 방치 등으로 어머니의 자아지원이나 보호가 부족하고 침범적일 때 아이는 원초적 고통 또는 극심한 불안을 느낄 수밖에 없다. 여기서 위니컷이 사용한 환경에 의한 침범이라는 개념은 리비도 억압과 갈등이라는 신경증보다 한 층 깊은 병리들을 이해하는데 큰 기여를 하였다. 모성이 아기의 자아 발달을 방해하는 침범으로부터 보호하지 못하면 유아는 외상 및 치명적 자기결손을 초래한다.[101] 아기는 존재의 연속성을 방해하는 반응을 반복경험하게 되면 존재의 파편화 유형이 고정될 수 있고 그런 파편화 유형을 가진 유아는 어린 시절부터 정신병리 쪽으로 발달할 수 있다. 위니컷은 정신병을 극심한 불안에서부터 온 심리적 상처에 대한 방어기제로서, '환경 결손의 병'으로 보았다.[102]

유아는 발달초기 안아주는 환경을 통해 만족을 경험하며, 동시에 유아에게 적당한 전능경험이 침범하지 않는 방식으로 환경 또는 대상이 제공될 때 자아의 통합이 일어나게 된다. 출생 후 아기는 얼마의 시간이 흐르면 주변을 살피고 엄마의 얼굴을 주목하는 것이 특징이다. 이는 아기가 엄마의 관심을 얻기 위한 방법이다. 이때 아기와 동일시된 엄마는 아기의 표정에 반응하게 된다. 출산 후 초기에 엄마는 자신의 아기를 마음속에 온전한 인간으로 간직하고 있기 때문에, 아기는 엄마의 반응을 통해 거울로 자신을 보듯이 자기 자신을 보는 것이다. 이것을 양육자 어머니의 '거울 역할(mirror-role)' 또는 '반영하기(mirroring)'라고 말한다. 유아는 어머니 얼굴에서 자신을 보게 되는데

이 반영을 받지 못한 경우, 유아는 어떻게든지 자신을 반영해 줄 무엇인가를 찾기 위해 환경을 살피게 되고 결국 아이는 시각이 아닌 다른 감각을 사용해서라도 엄마의 반영을 얻고자 노력한다. 아기의 다양한 노력에도 불구하고 엄마가 아기 자신의 얼굴을 반영해주지 못하면, 아기는 통각(apperception)으로 소통할 자리에 지각(perception)이 대신 자리하게 된다. 즉, 반영하지 못하는 엄마는 아기에게 보여질(looked-at)뿐 내면을 반영해주지 못한다.[103]

생후 6개월 정도가 지나면서, 어머니는 이전에 거의 완벽하게 수행했던 모성몰두에 실패하게 된다. 역설적으로 이때 아기는 외부세계를 탐색하면서 어머니와 다른 사람을 구별하고 아기 자신이 어머니를 의존하고 있음을 인지하기 시작한다. 동시에 어머니와 분리되는 것을 두려워하는 분리불안을 느낀다. 이때 아기는 최초의 자기감과 상실감을 경험하게 된다. 이 시기에 아기는 절대적 의존 단계의 전능성이 무너지면서, 현실을 받아들이고 전체대상을 향한 양가감정도 갖게 되는 발달과정을 거치게 된다.[104]

지금까지 위니컷의 안아주기를 살펴보았다. 어머니의 안아주기는 유아의 성장과 발달에 중요한 역할을 하여 대인관계를 맺는데 건강하고 활력 있는 삶으로 이끌어준다. 또한 대상항상성을 가지고 대상에 대해 공감할 수 있게 하고 홀로 있을 수 있는 능력도 어머니의 안아주기를 통해 이뤄진다. 이처럼 관계성과 친밀성의 속성을 가진 모성이 인간에게 얼마나 중요한지 위니컷의 연구를 통해 살펴볼 수 있다.

3) 홀로 있을 수 있는 능력

유아는 자라면서 점점 더 독립적으로 변해간다. 이때 어머니는 아이와의 또 다른 유형의 관계를 발달시켜야 한다. 그 방편으로, 어머니는 아이에게 안전한 환경을 제공하고, 아이가 환경을 탐구하고 조작하며, 방해받지 않고 놀이할 수 있도록 허용해줌으로써 아이의 자라나는 독립욕구가 필요로 하는 자아지원을 제공해야한다. 이때 어머니가 이뤄야하는 과업이 바로 아이의 '홀로 있을 수 있는 능력'을 키우는 일이다. 혼자 놀이할 수 있는 시간은 아이의 커지는 독립욕구가 필요로 하는 자아지원을 제공해 주어야 한다. 즉, 홀로 있을 수 있는 능력의 발달에서 어머니의 과제는 아이가 편안한 상태에서 어머니 옆에 있을 수 있도록 자아관계를 제공해주는 것이다. 여기서 어머니는 철수하지 않은 채, 아이가 자신의 존재를 잊을 수 있도록 허용해주어야 한다. 어머니가 아이와 함께 현존하면서 자아관계를 제공할 때, 그 경험은 홀로 있을 수 있는 능력으로 내재화될 수 있다.[105]

위니컷은 정신분석학적 연구에서, 홀로 있는 것을 공포와 같은 부정적 것으로 다루려는 경향이 많았다고 말하면서, 홀로 있을 수 있는 능력에 대한 긍정적 논의가 많이 늦었다고 지적했다. 실제로 정신분석 문헌에서 홀로 있는 능력에 대한 논의는 별로 없었다. 그보다는 홀로 있는 것에 대한 공포 또는 홀로 있고자 하는 소망에 대해 더 많이 논의되어 왔다. 홀로 있는 능력을 형성하려면 많은 유형의 경험들이 포함되지만, 그 중에서도 가장 기본적인 것이 있다. 바로 유아가 어머니와 함께 있으면서도 홀로 있는 경험이다. 이것이 충분하지 않으면 홀로 있을 수 있는 능력은 생기지 않는다. 따라서 홀로 있을 수 있는 능력의 기초는 하나의 역설이다. 그것은 누군가가 곁에 있을 때의 홀로 있는 경험이기 때문이다.[106]

위니컷은 클라인의 언어를 빌려 홀로 있을 수 있는 능력을 설명하기도 했다. 그에 따르면, 홀로 있을 수 있는 능력은 개인의 심리적 실재 안에 좋은 대상이 존재하는가에 달려있다. 이 능력은 좋은 내적 젖가슴 또는 좋은 내적 관계들이 충분히 잘 확립되어 있는 것을 의미한다. 어머니와 아이 사이에 충분한 신뢰와 에너지를 제공받았다면, 개인의 내적 대상과의 관계는 일시적으로 대상으로부터 자극이 없더라도 만족스럽게 편히 존재할 수 있다. 결국, 홀로 있을 수 있는 능력은 충분히 좋은 어머니의 돌봄을 통해 좋은 환경에 대한 믿음을 확립할 수 있는 기회를 가졌다는 것을 의미한다. 이런 믿음은 기본적 욕구충족을 반복해서 경험함으로써 확립된다.[107]

위니컷은 비록 진정으로 홀로 있을 수 있는 능력이 고도로 정교화된 것이라 할지라도, 그 근원은 결국 누군가 곁에 있으면서 홀로 있었던 초기 경험에 기초한다고 주장한다. 누군가가 곁에 있으면서 홀로 있는 경험은 유아의 미성숙한 자아가 어머니가 제공한 자아지원에 의해 자연스럽게 균형을 이룰 때인 아주 초기 단계에 발생한다. 시간이 지나면서 개인은 자아 지원적 어머니를 내사하고, 그 결과 어머니 또는 어머니의 상징물과 관계없이 홀로 있을 수 있게 된다.[108]

위니컷은 충분히 좋은 엄마가 아기 곁에 있을 때 아기는 홀로 있을 수 있는 능력을 발휘하는데, 이 순간을 '나는 홀로 있다(I am alone)'의 단계라고 불렀다. 이 단계에서 아이는 어머니 존재에 대한 인식이 정교하지는 않지만, 어머니 존재를 어렴풋이 인식한다. 이는 어머니가 충분히 좋은 엄마로서 아기에게 좋은 돌봄을 제공함으로써 환경에 대한 믿음을 갖게 되었다는 의미다. 그렇다고 해서 이것이 반드시 의식적 자각이 있음을 의미하지는 않는다. '나는 홀로 있다'는 감각은 발생적으로 '나는 이다)'에서 발달한 것이다. 이때 아기는 제한된 시간이기는 하나, 홀로 있을 수 있을 뿐만 아니라 그것을 즐길 수도 있다. 달리 표현하면, 아기는 홀로 있음을 즐기고 심지어 홀로 있음을 소중하게 여기기도 한다는 말이다.[109]

아기는 자신에게 모성몰두하는 엄마 곁에 있을 때, 통합되지 않은 채 빈둥거리며 아무런 형태 없이도 평온함과 편안함을 누릴 수 있다. 이때 아기는 외적 침범에 방어적으로 반응할 필요도 없고 의도를 갖고 대응할 필요도 없이 잠시 동안 그냥 존재할 수 있다. 위니컷은 이를 유아의 원본능 경험을 위한 예비단계라고 말한다. 시간이 좀 더 흐르면 아이에게는 어떤 감각이나 충동이 일어나게 되고, 어떤 상황에서 아기는 감각이나 충동이 더욱 생생해지면서 살아있는 개인적 경험이 된다. 이 살아있는 경험의 축적은 허망한 대신에 현실감 있는 삶의 기초를 형성한다. 홀로 있을 수 있는 능력을 키운 아기는 개인적 충동을 재발견할 수 있다.[110]

위니컷은 후에 '홀로 있음'의 개념을 '본질적 홀로 있음(essential

aloneness)'의 개념으로 발전시킨다. 그는 인간은 본질적으로 혼자 있으며, 그것은 인식하지 못하는 지지에 의해 가능하다고 말한다. 어머니를 절대적으로 의존하는 아기는 자기와 구별되는 다른 존가 자신의 생명을 유지시켜주고 있다는 사실을 인식하지 못한다. 다시 말하면, 절대의존기의 유아는 분명한 자기-타자에 대한 인식이 있기 전에 홀로 있다는 의미다. 위니캇은 전-원시적(pre-primitive)이라는 어휘를 사용하여 정신적 삶의 초기상태(primary state)를 설명한다. 위니캇은 클라인의 개념인 '편집-분열자리'나 '우울자리' 등은 오히려 아기의 공격성이 좀 더 안정적으로 조직화된 지점에 이를 때 나타난다고 보았다. 그는 전-원시적 단계를 설명하면서 아기가 편집-분열자리에 도달하기 전에 깊은 홀로 있음과 평화 등의 많은 경험을 하는데, 이것들이 매우 중요하고 근본적 경험이 된다고 주장한다. 이 지점은 프로이트나 클라인이 생각하지 못한 영역이며, 이 두 사람이 도달한 곳보다 더 깊다고 말할 수 있다. 위니캇은 '본질적 홀로 있음'의 개념을 통해서 프로이트와 클라인이 놓치거나 왜곡시킨 것에 관해 자신이 중요한 무엇인가를 제시했다고 생각했다.[111]

홀로 있음의 질은 알려지지 않은 무한 지지(boundless supporting unknown)의 질에 달려있다. 아이는 알려지지 않은 무한 지지의 후광과 연결된 성스러움의 느낌과 접촉을 필요로 한다. 만약 본질적 홀로 있음의 전제조건인 알려지지 않은 무한지지에 금이 가거나, 사라지거나, 위협받으면, 자기-감정(self-feeling)은 점점 격변을 경험하게 된다. 위니캇은 아기의 본질적 경험으로 흥분되는 순간과 옴(om), 샬롬의 요소를 강조한다. 그는 아이에게 평온과 흥분의 순서가 어떻든 간에, 평온이 보다 더 일차적 것으로 간주한다.[112] 건강한 상태에서 온전한 생명력을 갖고 있는 최적의 상황에서도 아이의 내면에서는 엄청난 힘들이 건강하든, 병들었든 간에 고요함과 흥분이 변증법으로 작용한다. 결국, 의사소통되지 않는 홀로 있음은 공유된 인간성의 최초 상태로, 홀로 있음 안에서 우리 모두가 하나며 형제자매가 된다. 역설적으로 이는 존재의 소중한 상대와 타자들 사이에 있을 때 가능하다.[113]

04

기괴한 모성

어떤 시대나 문화든지 기괴스럽고 충격적 모성담론들이 있어 왔다. 예를 들어, 세계적으로 많은 어린이들에게 널리 읽혀지고 있는 동화, '백설공주'에서도 기괴한 계모가 등장한다. 계모는 독으로 공주를 죽이려 시도한다. 독은 마녀가 가장 즐겨 쓰는 파괴적 도구다. 독살은 알아차릴 수 없게, 비밀리에 간접적 방식으로 파멸시키는 것을 의미한다. 흔히 독은 강자보다는 약자가, 남성보다 여성이 더 많이 사용하는 것으로 나타난다. 특히 자신의 목적에 방해가 되는 대상을 제거하는데 독을 자주 사용하였다. 모성이 생명의 제공자이면서 동시에 죽음도 제공할 수 있다는 점에서 그것은 기괴한 것이다. 기괴한 모성 역시 독이 든 수프를 먹고 자신도 죽고 만다.[114] 이러한 기괴함은 포스트모던시대의 미학에서 중요한 개념이다. 그 용어가 갖는 표상이 인간의 미학과 심리에 작용하기 때문이다. 다시 말하면, 기괴함은 예술과 문학에 적용하게 되면 서 정적인 것의 파괴, 동일성의 상실, 자연스러운 균형의 파괴, 질서의 해체, 개성적 개념의 파괴, 역사적 순리의 분열 등으로 기존의 진부함을 해체하고 재구성하여 새로움을 제공하게 되었다.[115] 이에 초기 정신분석이론을 바탕으로 한 모성담론에 새로운 관점과 이해를 더하기 위해 후기 정신분석이론에 나타난 기괴한 모성에 관하여 살펴보고자 한다.

기괴함(uncanny)은 정신분석에서 명확하고 고정된 의미가 없다. 기괴함은 무의식적 억압으로 회귀(recur)한 것에서 나타난 것이기 때문이다. 그래서 고정된 의미는 그리 중요하지 않다.[116] 프로이트는 이 개념을 독일어 unheimlich(기괴함)의 어원을 통해 heimlich(친밀함)이 내포되어 있다는 것과 단순한 '낯섬'이 아니라 '친밀함'이 배제되면서 발생하는 '낯섬'이라고 제안한다.[117] 기괴함은 오래 전부터 잘 알고 있던 것이 한순간 불길한 두려움을 안겨주면서 유령, 수수께끼 같은 것으로 변하는 것이다. 그것은 지적 불확실성이 주는 불안하고 불길한 현상이며, 뫼비우스 띠처럼 낯익은 것이 어느 순간 낯선 것으로 전복되고 변형되는 것을 의미한다. 기괴함은 감추어진 것을 노출시킴으로써 낯익은 것을 낯선 것으로 교란키시고 전복시키는 효과가 있다. 장 라플랑슈(Jean Laplanche, 1924-2012)와 장-베르트랑 퐁탈리스(Jean-Bertrand Pontalis, 1924-2013)에 따르면 기괴함은 마음속에 형성되어 있는 오래되고 낯익은 것이 억압과정을 통해 마음으로부터 소외되어 있는 것이다. 악마, 유령, 괴물, 흡혈귀, 드라큘라 등 뭐라고 불리든지 간에 이 기괴함을 마주치는 것은 무의식의 투사와 비슷하다. 이 경우 투사는 주체가 그 자신의 속에서 인정하기를 거부하거나 거절한 것으로, 자아로부터 추방되어 다른 사람이나 사물들 속에서 자리하게 된 특성이나 느낌,

소망, 대상 등을 의미한다.[118]

장 프랑수아 리오타르는 기괴함을 숭엄한 것으로 재해석한다. 그에 따르면, 숭엄한 것은 비결정적 요소로서 낡고 오래된 범주에 도전하도록 해주는 신선한 충격을 제공한다는 것이다. 이러한 해석은 기괴함이 지니고 있는 강력한 전복적 요소를 읽어내는 독법이자 오래된 욕망의 구조를 교란시킴으로써 제도화된 자아와 세계를 전복시키는 새로운 출발점이다. 동시에 기괴함은 재현의 장에서 재현불가능성을 말하는데 여기서 재현불가능성이란 무엇이 일어났지만 재현의 그물망에 포착되지 않는다는 의미다.[119] 기존의 표상체계로서 재현불가능한 영역, 숭엄한 영역을 이리가라이는 여성적 것과 등치시킨다. 다시 말해, 기존 남성중심의 담론질서에서는 주변화되고 비가시화된 영역, 즉 재현불가능성의 영역은 여성적 공간이 되는 셈이다. 크리스테바가 기괴함을 비체의 시공간성에서 찾았다면 이리가라이는 기괴함의 효과로 인한 억압된 것의 회귀를 재현불가능이라는 공간성에서 찾고 있다. 그녀는 동일성의 경제에 사로잡힌 가부장적 담론에서 재현불가능성으로 주변화되어 있는 것이 여성적이라고 주장한다. 이리가라이는 서구철학이 남성의 대립, 반영, 보완으로서 여성을 재현해왔다고 비판한다. 하지만 재현불가능성으로서의 여성성은 무의식처럼 내 안에 있는 타자로서 어김없이 되돌아온다. 그러므로 이리가라이에게 여성성은 그 자체가 기괴한 것이다. 동일성의 논리에 사로잡힌 남근 나르시즘을 뒤집어놓은 승화의 과정에서 더욱 그러하다.[120]

정신분석에서 어머니 몸은 오이코스(oikos)이자, 아늑한 생명 공간임과 동시에 예측할 수 없는 낯선 죽음이 공존하는 기괴한 공간이다. 가스통 바슐라흐(Gaston Bachelard, 1884~1962)는『공간의 시학』에서 집이라는 공간을 모성의 현상학으로 분석한 바 있다.[121] 집은 우리를 감싸주는 공간으로 아늑함과 친밀함이 강조되는 곳인데 그 공간이 언제라도 이해할 수 없는 감옥으로 바뀌는 기괴한 현상이 일어나기도 한다. 가부장제 아래 집은 낯설고 두려운 공간이 되며, 수염 난 사나이가 사는 기괴한 집이 된다. 기괴한 집은 얼음 폭풍(폭력)과 대조되는 따뜻한 벽난로가 있는 공간이지만 그 집안에 괴물이 산다는 것이 기괴한 것이다. 이처럼 친숙하지만 낯설다의 의미인 기괴함과 관련하여 크리스테바는 그녀의 저서,『Strangers to Ourselves』에서 기호계를 환상의 공간으로 연결하고 "우리는 우리 자신에게 이방인이다"라는 점을 강조했다. 그녀에 따르면 낯섦은 인간 안에 이미 존재했다는 것이다.[122] 너무나 낯익은 공간이 순간 낯선 공간으로 변한 최초 공간이 어머니 몸이었던 것이다. 어머니 몸은 너무나 잘 알고 언제까지나 친숙한 땅으로 남아있을 것이라고 확신했는데 언제부터인가 금지된 영토가 된 것이다. 어머니 몸은 아이에게 환상과 쾌락의 공간이었지만, 상징계로 편입된 이후로 이제는 추방된 땅이 된다. 결국 아이는 출생한 곳으로 돌아갈 수 없는 난민이 된 것이다. 이 낯섦은 개인의 정체성 안에 감춰진 이면으로 내면 안에 있는 것을 투사한 것이다. 어머니 몸으로부터 영원한 망명과 집 안에 있는 이방인의 존재 때문에 개인의 집은 유령이 출몰하는 고딕적 공간(gothic space)이 된다.[123]

프로이트 이후, 인간 발달은 단계(stage)를 거쳐 가면서 그 시기에만 획득할 수 있는 중요한 특성과 자질을 성취해나가는 것을 '정상적 발달'이라고 주장되었다. 그러나 멜라니 클라인(Melanie Klein)의 자리(positioning) 개념에 크게 영향을 받은 크리스테바는 인간 발달을 계단식의 기계적 일방향 성숙이 아니라 가변적이고 과정적 것으로 설명한다.[124] 크리스테바는 서구적 이원론이 여성을 '몸', '자연' 또는 '충동' 같은 부정적 것으로 치환해왔지만 모성적 경험에 기반을 둔 여성은 오히려 인간의 의미화와 주체화 과정에서 새로운 담론형성에 기여할 수 있다고 주장했다. 크리스테바는 여성을 '몸', '자연', '충동'에서 큰 상징적 질서(언어, 정치, 문화)를 잇는 교량으로 보았고 인간의 의미화, 주체화 과정에서 모성의 자리를 긍정적으로 피력하였다.[125] 여기서 크리스테바의 모성담론을 살피는 것은 모성에 관한 새로운 통찰을 찾기 위함이다.

1) 아브젝트한 모성

크리스테바의 모성담론에는 '자아', '주체', '아브젝트(비체)', '아브젝시옹(비체화)'이라는 용어가 자주 등장한다. 그녀가 사용한 용어의 개념을 살펴보면, 먼저 자아는 개체에게 타자의 욕망을 주입하는 과정에서 강제적으로 개체의 존재 안으로 침범해 들어오는 것들로 인해 만들어진다. 이에 반해 주체는 개체가 받아들이기 싫은 이질적 요소들을

'구토물'로 분류하고, 이를 부정성의 경계로 배치하는 과정과 이 경험에 언어를 부여하는 끊임없는 의미화 작업 가운데 단생한다. 주체는 개체가 선호하고 추구하는 의미와 그렇지 않은 것을 분류하는 작업이기에 주체가 되는 가장 기초적 출발이다. 달리 말하면, 개체가 존재하기 전에 이미 있는 세계, 그 세계의 질서와 상징들이 개체 안으로 들어오려는 순간, '이질감'으로 느껴지는 것을 뱉어버림으로써 개체의 경계를 구축하려는 치열한 과정이 '주체화'다. 크리스테바는 이러한 구토물, 이물질, 혐오를 일으키는 것을 '아브젝트(abject)하다'고 불렀다. 아브젝트는 부적절하거나 건강하지 않은 것이라기보다 기존의 동일성이나 체계, 또는 질서를 교란시키는 것에 더 가깝다.[126] 크리스테바는 아브젝트한 것을 뱉어버리거나 뱉어버리는 과정을 '아브젝시옹(abjection; 비체화)'이라고 명명했다. 크리스테바에 따르면, 아브젝시옹 과정을 수행하는 사람은 자신의 본질적 자아에 대한 물음보다 지금 내가 어디에 배치되어 있는가에 주목하게 된다고 한다. 배치(disposition)란 내가 관계하고 있는 사람들과의 문제고, 이에 따라 아브젝시옹의 내용물과 치열함이 달라진다. 아브젝시옹이 혐오스러운 것을 내뱉는 작업이라는 점에서 분명 부정성을 갖지만 그것이 아브젝트한 것들을 개체 존재로부터 완전히 몰아내는 '부정', 즉 '아브젝시옹'의 과정은 아니다. 아브젝트한 것을 개체로부터 완전히 몰아낼 수는 없는 현실, 그것이 인간의 실재이기 때문이다. 개체는 그것과 더불어 세계 안에서 살아야하기 때문에, 결국 가능한 주체화 방법은 개체의 중요한 일부가 아니라 이물감을 갖는 것으로 분류된 것들을 가능한 개체 자아의 경계선 가장자리에 배치한 채 공존한다. 따라서 아브젝시옹은 연결과 거부를 다 가지고 있는 과정이다. 정말로 모호한 경계선이다. 개체가 밀어낸 아브젝트한 것들은 여전히 개체와 연결된 채 개체를 위협한다. 어떤 면에서 아브젝트한 것과 공존을 인정하되 완전히 포섭당하거나 침식당하지 않기 위한 여러 노력들이 주체화의 핵심이다.[127]

아브젝시옹은 단순한 부정(objection)도 아니지만 타자화(objectification)도 아니다. 크리스테바에게 '타자화'는 아브젝시옹 수행에 실패하고 아브젝트한 것을 강제로 받아들여 타자의 욕망대로 자아가 되는 것이기에 아브젝시옹은 타자화의 반대라고 볼 수 있다. 주체(subject)와 대상(object)이 양분된 상황에서 이루어지는 타자화는 언어를 가진 주체가 누구냐에 따라 대상이 되는 존재의 사회적 실존적 자리를 불공평하고 부당하게 배치하는데 정당성을 제공해왔다.[128] 다시 말하면 아브젝시옹은 단순한 부정(objection)도 타자화(objectification)도 아닌 '연결'과 '거부'라는 이중 묶음을 수행하는 변증법적 주체화 과정이다. 크리스테바는 주체화를 향한 치열한 아브젝시옹이 일어나는 존재의 경계를 '기호계'라고 보았다. 크리스테바에게 기호계(semaion)는 육체적 에너지와 정동이 언어 속으로 침투해 들어가는 비언어적 방식을 의미한다.[129] 개인의 주체화 과정은 기호계가 기존의 상징계와 중첩되는 과정에서 발생하는 것인데 결국 '말하는 주체'는 기호계와 상징계 사이의 끊임없는 갈등 사이에서 만들어진다. 이 역동성에 주목한 크리스테바 연구가인 올리버는 기호계를 상상계를 거쳐 상징계로 집입하는 실재계라고 설명하였다.[130]

생후 초기 유아의 심리구조에 관한 깊이 있는 연구를 한 클라인으로부터 여러 통찰을 얻은 크리스테바는 기존 주장과 달리 아기들은 처음부터 진정한 사랑과 지적 노력으로 어머니와 관계할 수 있다고 믿었다.[131] 그녀는 이를 언어(문법과 통사를 갖춘 기호체계)에 의존하는 의미화 방식인 상징계 안으로 진입하기 이전부터 아기는 의미화 과정을 활성화시키는 에너지(기호적 코라)로서의 어머니, 정확히 말하면 어머니-몸과 교감한다.[132] 생후 몇 개월밖에 되지 않은 아기에게 어머니는 인격체라기보다는 몸이고, 아기는 아직 자기와 어머니를 구별하지 못하는 상태에서 자기애적 결합을 이룬 존재일 뿐이다. 그러나 점차 시간이 지나면서 아기는 어머니와의 자기애적 결합에 대한 열망과, 주체가 되기 위해서는 이를 포기해야 하는 필요 사이에서 점차 갈등하게 된다. 아기는 "어머니는 더 이상 내가 아니다"라는 사실을 인지하고 수용해야 한다. 그러면서도 여전히 그 어머니가 자신을 사랑하고 믿을만하다고 확신하기까지 치열한 시간을 참아내야 한다. 결국 '어머니를 잃어버리게 되는 경험'을 통과하면 아기는 우울자리(depressive position)를 만들어 낸다. 환언하면, 아기가 젖 떼고 엄마와 자신을 구별하는 과정을 통해 '엄마상실'을 경험한다. 이 상실은 아기의 정신 발달에 큰 영향을 끼친다. 아기는 어머니의 부재와 상실을 경험함으로써 그것을 의미 있게 해석하고 그 결핍을 채워나가려고 한다. 이 과정에서 아기는 사유능력을 획득하게 된다. 이를 크리스테바는 상징계로 진입하는 언어 습득의 전조라고 보았다.[133]

크리스테바는 정신분석 관점에서 모성에 대한 새로운 틀과 해석을 제공하면서 그동안 배제되었던 어머니를 복원시킨다. 크리스테바의 주된 관심은 주체가 상징계 질서에 진입하기 이전과 이후의 어머니 몸에 관한 것이다. 그녀는 아이가 주체가 되기 위해서는 전오이디푸스 단계에서 어머니에 대한 공포에서 어머니를 살해하고 자신만의 새로운 상징세계를 획득해야한다고 주장했다.[134] 크리스테바는 이러한 끔찍한 모성경험을 아브젝트(abject)라고 명명한다. 프로이트가 초자아 발달의 한 은유로 삼는 '부친살해'와 비교하여 '모친살해'가 '모친숭배'보다 아이의 발달에 더 유익한 역할을 한다고 주장한다. 모성적 육체와 관련된 아브젝트는 오이디푸스화된 깨끗하고 고상한 몸에 대한 저항과 거부로 여겨진다. 즉, 주체와 객체에서 주체도 아니고 객체도 아닌 그 어떤 것이다.[135]

크리스테바는 여성들 중에 히스테리 신경증 환자가 많은 까닭을 여성의 기호계와 상징계 사이의 간극에서 찾는다. 지금까지 상징계는 가부장적 언어와 제도가 몇 천 년 동안 장악하고 있었다.[136] 그렇다 보니 여성들이 자신들의 기호적 체험을 언어화하는데 있어 남성보다 더 큰 간극과 긴장을 경험할 수밖에 없었다. 주체와 대상을 나눌 수 없는 임신과 출산이라는 여성의 독특하면서 아브젝트한 경험을 상징계 안으로 가져오기 위해서는 죽음이나 정신이상도 각오해야 한다.[137] 가부장적 언어가 정상성의 권력을 독점한 상징계 안에서 자신의 주체화를 담보할 수 있는 의미 있는 언어를 가지지 못할 때, 완벽한 탈출방법은 죽음이다. 죽음은 존재하기를 그치기 때문이다.[138] 이러한 이유 때문에 크리스테바는 역설적으로 상징계 안에서 자신의 기호계적 의미를 설명할 만한 적합한 언어를 획득하지 못한 개인이라면 자신의 주체화를 성공적으로 수행하기 위해서는 '아버지의 법' 안으로 들어가야 한다고 말했다. 이 주장으로 인해 동시대 다수의 페미니스트들에게 비판을 받았다. 하지만 크리스테바가 아버지의 법으로 받아들여야 한다는 의미는 전통적 상징계를 수동적으로 수용해야 한다는 뜻은 아니다. 아직 아버지의 법안에 존재하지 않는 기호적 경험을 상징계 안으로 가지고 들어가 상징계를 확장하거나 흔드는 방식으로 재구성해야 한다는 뜻이다. 요약하면, 의미화 과정 중에 있는 주체는 '옹알이'가 아닌 '언어'를 가져야 한다는 주장이다. 크리스테바는 기호정신분석학자답게 아버지의 법을 흔들어 확장하거나 폐기할 수 있는 힘은 결국 언어라는 것을 역설한 것이다.[139]

크리스테바가 『공포의 권력』에서 논의한 아브젝트(abject), 아브젝시옹(abjection) 개념은 괴기소설이나 괴기영화 속 여성인물을 분석하는 중요한 틀로 사용되고 있다. 크리스테바 논지의 핵심을 다시 쉽게 정리하면, 아기는 라깡적 의미에서 상상적 자아를 형성하기 위해 어머니와의 이자관계를 끊어야 하고, 이를 위해 어머니를 아브젝트로 설정하게 된다. 어머니를 아브젝시옹하는 과정을 거치지 않고서는 아이 스스로 독립적 정체성과 주체성을 설립하기 어렵기 때문이다. 이는 어머니도 마찬가지다. 크리스테바의 아브젝트 개념은 소설이나 영화 속 아이의 독립적 정체성 형성을 가로막는 어머니, 아이와의 합일을 포기하지 않는, 그리하여 종국에는 아이를 잡아먹어 버리는 어머니와 그 일련의 알레고리들에 적용되어 분석되는데, 핵심은 어머니가 아이의 정체성을 크게 위협한다는 사실이다. 이는 아브젝트한 경험의 부정적 측면이다. 이 아브젝트한 경험으로 박탈당하는 것은 아이들뿐만 아니라 어머니들 역시 이미 굳어진 상징계 안에 갇혀서, 그리고 사회문화적, 제도적 억압에 순응하면서 주체로서의 의미화 작업을 수행하지 못하게 된다. 어머니에게 아이는 뱉어버릴 수 없는 아브젝트한 존재면서 어머니 주체에게 상당한 긴장과 갈등을 일으키는 실재다. 그렇다고 이물질적 아브젝트한 경험이 나쁜 것만은 아니다. 이 이물적 경험 때문에 어머니는 자신의 정체성이 완전히 잠식되지 않으면서 자신의 경계를 구성하고, 동시에 아이를 억압하거나 독점하지 않게 된다. 이것은 현실적이고 실재적 모성경험이다. 이 아브젝트한 경험 속에서 엄마면서 주체인 한 개인은 자신의 의미화 작업을 성취하기 위한 새로운 언어를 창조할 기회를 얻게 된다. 동시에 모성적 경험이 창출한 새로운 언어는 기존의 상징계를 흔들어 확장하거나, 폐기할 수 있는 강력한 도구가 된다.[140]

아브젝시옹 과정에서 어머니는 아이의 주체형성에 도움이 되고자 자기 자신을 비천하게 만든다. 어머니는 자신의 몸에서 태어난 또 다른 나, 즉 아이를 거부하고 아이의 정체성을 위해 자기 자신을 비천하게 만든다. 아브젝트하게 재현된 어머니는 주체에 의해 '부정'되거나 '거부'되고, 모성은 '불순'하거나 '추방'의 대상이 된다.[141] 하지만 어머니를 완전히 제거한다는 것은 불가능하기 때문에 곧 어머니를 찾는 승화과정이 일어난다. 요컨대 재현된 어머니는 불순과 추방의 대상이면서 동시에 승화되고 성스러움의 대상이 된 것이다. 증상이 나타날 때 아브젝트는 주체를 침투하면서 주체는 아브젝트가 된다. 하지만 승화과정을 통하면 어머니가 아브젝트를 보유하게 된다.[142] 결국 아브젝트는 숭고함의 경계를 이루고, 한 때는 친밀했지만 이제는 자신의 경계의 외부이자 타자가 된 어머니는 비천한 것이 되고 기괴한 것이 된다. 크리스테바의 아브젝시옹을 아이가 어머니와의 분리를 위해 어머니를 비천한 대상으로 상정한다는 무의식적 태도로 분석하고 있다. 어머니를 비천하게 함으로써 아기는 어머니로부터 분리되어 독립을 허용 받는다. 하지만 만약 어머니가 단지 비천하기만 하다면 공포의 대상이 되고 아이 자신도 비천해진다.[143] 크리스테바는 여성적 색정을 아브젝트의 극단적 형태와 유사한 것으로 설명한다. 그것은 아기가 자신을 아브젝트하지 않기 위해서 반드시 모성적 육체를 살해해야 하며, 이 사실을 부모와 아이 모두가 받아들이고 수긍해야 한다. 크리스테바는 어머니를 살해한다는 것이 여성에게 더 어렵기 때문에 여성의 색정은 우울한 색정일 가능성이 더 크다고 말했다. 여성은 모성적 육체와 동일시하는 경향 때문에 아이와 함께 살해하지 않고서는 모성적 육체를 살해하기는 쉽지 않은 일이다.[144]

그동안 여성과 모성에 대한 담론들은 여성과 어머니를 동일시함으로써 왜곡되어 왔다. 크리스테바는 여성성과 모성성이 중복될 수 있지만, 그럼에도 불구하고 두 성격은 서로 다른 주체로 취급돼야 한다고 말했다. 물론 여성이 임신하여 아이를 출산하는 기능을 감당하고 있지만 여성이 반드시 어머니가 되는 것도 아니고 계속해서 어머니로 이해되어서도 안 된다는 것이다. 크리스테바는 여성의 기능을 임신과 출산

등으로 축소시키려는 시도에 대해 '강제적 모성'이라고 부르며 비판하였다. 정신분석이론은 여성을 남성에 비해 불완전한 존재 또는 남성에 의해 완전해지는 존재로 치부하면서 지금까지 남자들이 만들어 놓은 담론을 계승한 식이었다. 크리스테바는 눈물 흘리는 성모 마리아에 대한 이야기를 통해서 모성에 대한 잘못된 인식을 지적하면서 여성의 성적 억압에 대해서도 언급하였다. 성모상의 이미지는 아기 예수에게 수유하거나 아들을 보면서 비통해하는 모습이다. 이것이 성모의 전형적 기호가 되었고 이 기호는 유럽인들에게 여성과 모성의 보편적 표상이 되었다. 이러한 표상은 모성에 피학성을 요구할 뿐이다.[145] 뤼쉬 이리가라이(Luce Irigaray, 1930-)는 성모상에 나타난 모성에 대해 가부장제적 사랑이라고 비판하였다.[146] 이리가라이는 남성중심 사회에서 모성은 가족 안에 유폐되어 여성 자신의 독자적 욕망을 배제하고 남성에 의해 정의되는 보편적 욕망을 실현하는 추상화된 노동이라고 생각했다. 그녀는 아버지와 아들로 이어지는 남성중심의 계보에서 탈피하려면 여성 계보와 문화를 구축해야 한다고 주장한다. 이를 위해 여성간의 자매애라는 횡적 관계와 더불어 모녀로 이어지는 여성 계보의 종적 구조가 필요하다고 보았다.[147] 현재까지 상징적 질서 내부에는 여성의 언어가 여전히 부족한 실정이다. 여성의 언어는 '다의성', '모호성', '비논리성'을 갖지만, 남성의 언어는 '단일성', '명료성', '고유성'을 갖는다. 그렇다 보니 여성의 언어는 부정적 것 낯선 것으로 무시되어 왔다. 기괴한 모성도 이러한 질서의 연장선에 있다고 볼 수 있다.[148]

2) 어머니 숭배에서 어머니 살해로의 역전

주체의 상징적 능력이 조직되는 것은 바로 어머니의 상실로부터다. 어머니의 상실은 상상계에서 어머니의 죽음을 의미한다. 젖가슴은 좋은 것이든 나쁜 것이든 오직 먹어 삼켜지고 파괴된다는 사실을 상기하자. 전체대상으로서 어머니는 오직 우울자리 동안에 상실될 때에만 편집-분열자리의 악화된 사디즘을 경감시킬 수 있다. 아이가 젖 떼었을 때, 즉 젖가슴과 분리될 때 그 젖가슴을 벗어나며 그것을 상실한다. 물론 환상적 삶에서 이러한 분리나 상실은 죽음에 상응한다. 클라인에게 어머니 숭배는 모친살해의 구실이다. 그러나 사랑 속에서 어머니 상실을 수용하는 것은 우울자리의 발달을 가능케 한다.[149]

크리스테바는 어머니 숭배와 모친살해가 모두 발달에 있어 유익한 역할을 하지만, 모친살해가 어머니 숭배보다 더 유익한 기능을 한다고 말한다. 모친살해가 없다면 내적 대상이 형성될 수 없고, 환상이 구성되지 않으며, 회복도 불가능하고, 자기 내사가 일어날 때 수반되는 적대성을 극복할 수 없기 때문이다. 모성에 대한 부정성은 환상을 경유해 충동을 지성으로 인도하고, 결국 어머니를 목표로 삼는다. 사고할 수 있기 위해서는 먼저 어머니로부터 벗어나야 한다. 아기는 분열, 분리, 우울 등의 다양한 방식으로 어머니로부터 벗어나려 하는데 가장 성숙한 방식은 순수한 긍정성이다. 순수한 긍정성이란 어머니에 대한 선천적 사랑의 능력이다. 하지만 이러한 선천적 사랑의 능력도 어머니에 대

한 시기심이라는 우연성, 혹은 어머니에 대한 시기심으로부터 벗어날 수 있는 능력에 의존한다.[150]

서양의 예술사에서 메두사의 잘린 머리는 서양인들의 심리내면과 분열에 대한 표현으로, 여자의 거세 형상일 뿐만 아니라 아기가 우울자리 동안에 실현한 태고적 어머니 상실의 이미지다. 어머니 살해 상징은 어머니를 죽이는 것과 동시에, 어머니에 대항해 어머니와 더불어 하늘로 날아오르는 것을 의미한다. 이것은 주체의 심리적 자유를 위한 필수적 조건이 된다. 이러한 공격성과 죽음충동은 어머니에게도 동일하게 일어난다. 모아 모두에게 공격성과 죽음충동이라는 부정성은 매우 강렬하기 때문에, 이 부정성을 제어할 필요가 있다. 이를 위해 필요한 것이 감사다. 감사는 잠시라도 그 부정성을 응고할 수 있다. 하지만 이것이 일시적 것이기 때문에 감사의 능력은 끊임없이 배양하고 보호되어야 한다. 크리스테바는 이를 면밀히 돌보기 위해서는 먼저 사랑과 감사를 시기심으로 전복시키고, 쉬지 않고 작용하는 파괴적 불안에 주목해야 한다고 말한다. 또한 그녀는 개인의 자기(self)는 최초의 투사적 동일시를 통해 결합된 어머니로부터 분리될 때에만 회복에 참여할 수 있고, 분리를 통해 획득하게 되는 자유를 통해 끊임없이 어머니를 재창조한다고 주장한다. 이 과정을 거치면서 주체를 회복한 사람은 자신이 창조한 이미지와 그의 말 속에서 어머니를 새롭게 다시 존재하게 한다고 설명한다.[151]

지금까지 대상관계이론의 관점에서 모아관계에서의 정신발달, 부재하는 모성, 충분히 좋은 모성, 기괴한 모성을 고찰해 보았다. 다음 장에서는 양가적이고 파괴적 모성이 어떻게 외현화되는지 살펴보려 한다. 이를 위해 외현화 현장을 다음 세 가지, 즉 양육에서 나타난 모성, 심리현상에서 나타난 모성, 상담의 장에서 나타난 모성으로 범주화하여 모성의 다양한 작용과 양상을 확인하고 그 특성을 기술할 것이다. 이를 통해 양가적 모성에 대한 이해를 넓히고, 초기장애와 모성장애로 어려움을 겪고 있는 어머니들을 재양육할 수 있는 실질적 정보를 찾아보려 한다.

Reparenting of Mothering

CHAPTER 3

모성의 외현화 현상

인간의 모성은 본질적으로 도덕적 역설의 문제를 가지고 있다. 모성은 한편으로는 선량하고 도움을 주는 모습으로, 다른 한편으로는 파괴적이고 독을 품은 마녀처럼 외현화되기도 한다. 모성의 외현화를 이해하는 데 필요한 것은 모성이 매일 부딪치는 상황과의 관계, 소위 상대적으로 드러나는 체험과의 관계에서 이해되어야 한다.

인간의 모성은 본질적으로 도덕적 역설의 문제를 가지고 있다. 모성은 한편으로는 선량하고 도움을 주는 모습으로, 다른 한편으로는 파괴적이고 독을 품은 마녀처럼 외현화되기도 한다. 모성의 외현화를 이해하는 데 필요한 것은 모성이 매일 부딪치는 상황과의 관계, 소위 상대적으로 드러나는 체험과의 관계에서 이해되어야 한다.[152]

모성은 독이 든 음식이나 음료를 주는 마녀로 경험되기도 하고, 생명의 위기에서 구해주는 요정으로 경험되기도 한다. 오늘날 우리는 정신분석과 대상관계이론 등의 이해를 통해, 과거에 마녀나 마법사처럼 독으로 사용될 수 있었던 모성의 힘을 창조적 것으로 사용하는데 큰 도움을 받고 있다.[153] 모성과 연결되어 있는 사람은 본성적으로 모성원형에 의해 각인된 존재다. 그러한 기질적 특성이 파괴적으로 작용하느냐, 혹은 창조적 활동의 에너지로 작용하느냐는 그 사람이 자신 안에서 모성에 대해 어떠한 경험을 하였느냐에 좌우된다.[154] 유아와 어머니에 대한 초기관계의 특성은 자기감, 이후의 대상관계, 어머니와 모성에 대한 일반적 느낌에 뚜렷하게 영향을 미친다. 모성의 지속성은 아이가 자기라는 감각을 발달시킬 수 있게 한다. 모성과의 특별한 관계의 질은 유아의 성격과 자기 정체성에 영향을 준다. 예를 들어, 아기가 모성과의 관계에서 만족스러운 먹기와 안기기 경험을 했다면 아이는 사랑받는 자기의 느낌을 발달시키게 된다. 하지만 유아가 거부당하고 사랑받지 못한다고 느낀다면 아이는 자신을 부정적으로 규정하기 쉽다. 이런 상황이 개선되지 못하면 아이는 자신의 필요와 관심사를 억압하게 되면서 중심자기로부터 경험적으로 분리된다.

유아는 신체적, 정신적 생존을 어머니에게 의존하고 실제로 그러한 경험을 하면서 어머니와 하나임의 느낌을 누리게 된다. 하지만 시간이 지나면서 아이는 자신이 어머니와 분리된 존재라는 것을 자신에게 확인시킴으로써 자신을 발달시킨다. 아이는 모성경험을 통해서 두 사람 관계의 중요한 측면들을 내면화함으로써 자신을 규정한다. 유아의 자기감과 세계에 대한 태도들은 모두 초기 모성과의 관계에서 파생된다고 봐도 과언이 아니다. 초기 유아시절 모성과의 관계 질은 유아 이후의 삶에서 일차적 친밀감과 합일감의 문제에 몰두하는 것으로 이어진다. 일차적 친밀감과 합일감은 양가적이어서 때로는 회피로 이어질 수 있다.

이에 본 장에서는 일상생활에서 드러나는 모성의 다양한 얼굴들을 살펴보기 위해, '양육에서 나타난 모성', '심리현상에서 나타난 모성', '치료적•회복적 모성'으로 유형화하였다. 먼저 양육에서 나타난 모성은 '상호주관적 모성', '양가적 모성', '몽상적 모성'으로 살펴볼 것이다. 그리고 심리현상에 나타난 모성은 '전이와 역전이로 공모하는 모성', '투사적 동일시로 몰두하는 모성', 'O를 모성'으로 알아볼 것이다. 끝으로, 상담의 장에서 나타난 모성은 '안아주고 담아주는 모성', '함께 꿈꾸며 놀아주는 모성', '되어가는 모성'으로 살펴보려 한다.

01

양육에서 나타나는 모성

1) 상호주관적 모성

상호주관성은 애착과 함께 인간의 심리적 탄생과 발달의 이중나선을 표상한다. 이것은 모아관계에서 아주 분명하게 드러난다. 애착과 상호주관성은 새로운 것의 발견, 신비로움, 즐거움 그리고 마음속에 떠오르는 정서와 의미에 대한 강한 신속성으로 가득 찬 아이의 일상에 스며들어 있다. 애착과 상호주관성의 영향은 전 생애를 통해 유지되고 죽음에 직면하게 되었을 때 다시 분명하게 드러난다.[155] 양육자가 아이에게 어떠한 행동패턴을 보여주었는가에 따라 아이의 신체적, 심리적 안정감을 획득하는 데 차이가 생긴다. 모아관계에서 애착과 상호주관성이 잘 이뤄지기 위해서는 먼저 부모가 아이의 다양한 표현에 언제나 접근가능하고, 민감하게 즉각적으로 반응할 수 있어야 한다. 이러한 부모는 아이의 안전기지와 같은 역할을 하여 아이에게 세상을 탐구하고 세상과 소통하기 위해서 필요한 안정감을 제공한다. 안정 애착과 상호주관성을 가진 부모는 세상의 낯설고 이상한 것들이 아이에게 두려움을 불러일으켰을 때 언제든 되돌아올 수 있는 안전한 피난처가 되어준다. 이러한 경험을 통해 아이는 두려움을 스스로 조절할 수 있게 된다. 어머니와 아이가 서로에게 정서적, 인지적으로 존재할 때, 서로의 정서상태가 잘 맞을 때, 동일한 사건이나 대상에 인지적 초점을 맞추고 있을 때, 또는 서로의 의도가 잘 맞을 때 상호주관성은 서로에게 잘 공유된다. 모아관계에서 상호주관적 관계를 맺고 있을 때 그들의 정서는 공동조절되고, 모아가 주의를 기울이는 대상과 사건의 의미를 공동으로 창조해내게 된다. 상호주관성과 애착은 서로 뚜렷하게 구별되지 않지만 서로 겹쳐지는 부분이 있다. 그래서 상호주관성이 없다면 애착 안정성의 형성과 그 의미 또한 제한될 것이다. 반대로 애착이 없다면 상호주관적 경험의 발달 범위, 그리고 상호주관성의 영향력이 크게 제한될 것이다. 이를 달리 말하면, 모아관계가 상호주관적일 때 양육자는 애착대상으로 남아있게 된다. 그러한 관계를 유지하는 동안 양육자는 자녀의 경험을 공동조절하면서 그것의 의미를 공동창조하기 원한다. 자신의 아이에게 언제나 접근가능하고 즉각적 반응을 보이는 어머니의 헌신은 모아의 주기적 관계균열을 인내심 있게 수용하고 치유한다.[156]

아이의 주관적 경험의 내적 상태에 대해 어머니가 자신의 주관적 경험의 내적 상태를 표현하면서 반응할 때, 공동의 의사소통은 상호주관적 경험이 된다. 아기는 자신의 주관적 경험에 대해 어머니의 주관적 경험을 하는 것이다. 모아관계는 단순히 행동을 모방하는 것이 아니다. 아기의 내적 상태는 부모의 내적 상태 안에서 존재하는 것이다. 이것은 부모의 주관적 경험 속에서 존재하는 동안 주목받고, 가치가 부여되며, 수용되고, 의미를 갖게 된다. 이 상호주관적 경험이 없다면 아기는 자신의 주관적 경험을 확인할 수 없고 자신의 경험에 중요성을 부여할 수도 없다. 상호주관적 모성경험은 아기의 일관된 자기감 발달의 최초 구성요소가 된다.

어머니와 아이는 상호주관적 경험을 통해 자신들의 정서적 삶을 확인하고, 조절하고, 표현할 수 있게 된다. 그러한 경험들을 통해 상대에 대한 공감을 발달시킬 수 있으며, 공유되고, 상호적이고, 사회적인 경험에 성공적으로 참여할 수 있다. 상호주관성을 통해 자신의 생각, 소망, 의도를 확인하고 표현할 수 있게 되는 것처럼 타인의 생각, 소망, 의도를 이해할 수 있다. 타인의 내적 세계는 개인의 내적 세계의 중요한 부분이 된다. 그 결과 어머니와 아이는 주관적 세계를 더욱 활기 있고 흥미로운 것으로 만들며 모아관계 안에서 뿐만 아니라 외부 세계와도 효과적으로 관계를 맺게 된다. 모아관계에서 어머니의 가장 높은 우선순위는 아기의 기본욕구를 만족시켜주는 일이다. 그 다음이 아기의 일상적 바람이다. 어머니는 때로는 훈육이나 상황적 이유 때문에 아기에게 기다리라고 하기도 하고 거절하기도 한다. 실제로 어머니는 늘 민감할 수 없고 늘 반응할 수도 없다. 어머니에게도 다른 일과 책임 때문에 상호주관적 관계를 맺을 수 없을 때가 있기 때문이다. 이러한 상황에서 모아관계에는 균열이 발생하게 된다.[157]

여러 이유로 모아관계에서 균열이 발생했을 때 상호주관적 모성은 위기가 발생한 지 얼마 지나지 않아 이를 살펴보고 회복시키려고 시도한다. 훈육이나 상황적 이유로 발생한 아이의 분노나 불안을 이해하고 받아드리며 자신이 공동조절할 것이라고 아이에게 말하고 행동을 취한다. 어머니는 아이 옆에 머무르면서 아기가 상호주관적 상태로 다시 돌아오기를 권하면서 아이에게 발생한 균열과 관련된 정서들을 조절하고, 지금의 균열은 영원한 모아관계 맥락에서 발생한다는 사실을 알게 한다. 모아관계에서 균열이 발생했을 때 상호주관적 모성 제공은 빠른 회복뿐만 아니라 어머니와 아이, 각자의 주관적 현실을 확장시켜준다. 주관적 현실이 확장되면서 아이는 짧은 분리나 잘못된 조율, 서로 다른 의도, 훈육 등을 흔히 있는 일로 받아들이게 된다. 이러한 일을 통해 모아관계가 약해지기보다 오히려 견고해진다. 이 경험을 통해 아이는 모아관계에 균열이 발생할 수 있지만 균열은 곧 회복될 것이라는 믿음을 갖게 된다. 이러한 과정이 무수히 반복되면서 모아는 진실로 서로에 대해 알게 된다. 상호주관적 모성은 아이의 다양한 정서적, 생리적 상태를 알아차리거나 자신의 정서적, 신체적 반응을 아이에게 맞춰서 아이의 상황을 가장 잘 공동조절할 수 있게 된다. 아이 역시 어머니의 정서적, 신체적 리듬과 각성상태를 알아차리고 반응하는 데 능숙해 진다. 이런 과정에서 생겨난 모아관계는 고유한 특징을 띠며 독특한 애착행동과 상호주관적 활동이 출현할 수 있는 훌륭한 밑바탕이 된다. 어머니는 아기 반응을 알아차리고 아기는 어머니를 알아차리면서 모아는 상호주관적으로 존재하게 된다.[159]

모아가 서로 정서적 경험을 주고받는 것을 '공동조율'이라고 한다. 대니얼 스턴은 이 조율을 '정서의 상호주관적 나눔'이라고 말했다. 그에 따르면 조율은 상호주관적 경험에 스며들게 되고, 상호주관적 경험 내에서 영아의 주의와 의도된 행동은 이와 연관된 정서에 의해 매우 큰 영향을 받게 된다고 한다. 아이가 바라는 것을 비언어적으로 표현하면 부모는 이를 알아차리고, 의미 부여하며, 그것에 반응해준다. 그로 인해 아이는 타인도 이해하고, 자신도 이해받을 수 있는 의사소통 기술을 얻을 뿐 아니라 자신의 내적 삶과 어머니의 내적 삶에도 흥미가 생긴다고 한다.[160] 상호주관적 경험에서 자연적으로 발생하는 정서의 공동조절은 아이의 정서상태가 최소상태로 줄어들어 있다면 이를 높여주기도 하고, 반대로 최대상태로 높아져 있다면 낮춰주기도 한다. 이러한 과정은 긍정적, 부정적 경험에서 모두 발생하는데 이 과정을 통해 아이는 정서를 더 잘 이해하고 조절할 수 있게 된다. 또한 아이는 다양한 정서를 마음에 더 많이 담아낼 수 있고 다른 사람과도 더 많이 나눌 수 있게 된다.[161]

모아관계에서 아기가 부정적 경험을 하고 있을 때 어머니가 아이와 조율을 유지한다면, 아이의 정서, 행동, 인지상태 등에 조절장애가 일어나는 것을 막을 수 있다. 상호주관적 모성은 여러 이유로 아이의 바람을 채워주지 못하는 경우라도 아이가 따뜻한 시선과 조율된 행동으로 아이가 여전히 특별하다는 확신을 제공한다. 이때 아이는 자신의 고통이 감해지는 것을 느끼고 자신의 정서에 어머니가 공명하고 있다는 사실과 자신의 정서를 어머니가 적절히 마음속에 받아내고 있다는 것을 알게 된다. 이처럼 상호주관적 모성은 아이로 하여금 자신과 타인의 정서상태에 접근할 수 있고, 확인하며, 개념화할 수 있는 능력을 키워준다.[162]

2) 양가적 모성

모성은 어머니에게 본능으로 존재하지만 온전한 것으로 타고나는 것은 아니다. 오히려 모성은 발달한다고 보는 것이 더 맞을 것이다. 본능적 모성은 길잡이 역할만 할 뿐이다. 아기가 태어나 두 달쯤 되면 웃음 짓는 반응으로 어머니를 유혹하거나 어머니의 수고에 보답한다. 그러한 아기의 반응은 많은 어머니들로 하여금 힘들었던 분만과 초기 수유의 어려움, 아기의 까다로움 그리고 불면의 나날들을 견딜 수 있게 만든다. 그즈음에 아기는 자신의 생리적 혼란으로부터 안정화되면서, 모아관계에서 긍정적 상호작용의 피드백 고리가 형성되어 안정 애착관계를 발전시키는데 도움이 되었다. 애착이론의 창시자인 존 볼비(John Bowlby)는 아기는 자신이 엄마에게 속한다고 느낄 필요가 있으며 마찬가지로 어머니도 자신이 아이에게 속한다고 느낄 필요가 있다고 말한다. 그는 이런 느낌이 충분히 만족스러울 때에야 비로소 어머니는 아이에게 전념하기가 용이해진다고 강조했다.[163] 모아관계에서 애착은 이따금 정상수준 이상으로 가깝거나 소원하기도 하고 또는 혼란스럽기도 하다. 어떤 모아관계에서는 아기가 오히려 부정적 행위를 유발하는 경우도 있다. 예를 들어, 아무리 어머니가 노력해도 어머니의 사랑을 거부하거나 공격하는 경우다. 모성의 양가감정은 만족할 줄 모르고 좀처럼 달래지지 않는 아기, 그럴 때만 아니면 즐거운 마음으로 젖 먹을 수 있는 아기에게 가끔씩 느껴지는 정상적 미움으로부터 시작되어 더 나아가 다양한 정도와 형태의 모성장애에 이르기까지 그 스펙트럼이 넓다.[164]

좋은 어머니라 할지라도 자신의 욕구가 전혀 없는 어머니란 존재하지 않는다. 문제는 그 욕구가 자녀의 필요와 항상 딱 들어맞는 것은 아니기 때문에 이런 필요의 충돌이 어머니의 양가감정으로 이어진다. 어떤 어머니들은 그만하면 괜찮은 정도로 충분하지 않다고 생각해 완벽한 어머니가 되고자 몸부림친다. 이는 현실적으로 이루어질 수 없는 일이다. 이들은 너무 좋은 어머니(too good mother)로, 무의식적 자기기대감 속에는 양가감정을 품지 말아야 한다는 생각도 한다. 그러나 이 또한 불가능하기 때문에 어머니의 양가감정은 아주 미묘한 형태를 띠며, 종종 아이를 위해 최선을 다해야 한다거나 어머니노릇을 빈틈없이 올바로 해내야 한다는 깊은 우려로 가장하여 나타난다. 모성의 이중성에 있는 부정적 면을 제한하는 문화에서는 완벽하려는 어머니가 더 많다. 너무나 좋은 어머니는 그들 안에 양가감정이 감춰져 있다는 공통된 특징이 있다. 이들은 자신들 내면에 있는 양가감정을 해결하고자 애쓴다. 너무나 좋은 어머니의 양가감정은 내면화되거나, 반대로 외면화되어 다른 사람들에게 감춰지거나 드러날 수도 있고, 또는 두 가지 양상을 다 보일 수 있다. 이러한 모습은 어머니 자신들이 엇갈린 감정으로

발버둥치고 있을 수 있다는 사실을 부인하는 태도에서 비롯된다.[165]

모성이 지닌 양가감정 중 피해망상적 반응을 보이는 어머니들의 경우, 자녀를 탓하면서 자신들의 양가감정을 처리한다. 그들은 자신들의 성나고 언짢은 감정을 아이의 잘못으로 여기면서 죄책감보다는 분노를 느끼며 자신들의 감정을 마음속에 가둬두지 않는다. 오히려 그들은 그런 감정을 공격적 행동으로 표출하고, 자신들의 내적 문제가 아이들에게서 비롯된다고 생각한다. 그들은 자신이 괴물로 여기는 아이들이 사실은 자신들의 나쁜 자아의 투사인 것을 지각하지 못한다.[166] 어머니노릇의 실패를 아이들 탓으로 돌려야할 필요가 있는 어머니들은 끊임없이 자신 외의 타인을 탓함으로써 심리적 평정을 유지하고 어머니노릇의 문제를 이야기하는 데 두려움을 느끼다. 또한 아이들이 자신과 분리된, 스스로 생각과 감정을 지닌 존재로 바라보는데 어려움을 겪는다. 이들은 엄격하고 용서 없는 초자아의 지배를 받는다. 그래서 자기 자신과 다른 사람들의 좋은 점과 나쁜 점을 단편적인 기준으로 판단하는데, 가상의 처벌은 가혹하고 현실의 용서는 매우 드물다. 이 중에 어떤 모성은 '자녀증오'라는 금지된 주제와 관련이 있다. 이러한 모성은 자신의 자녀를 일종의 처벌로 여긴다. 물론 이 사실은 그들에게 가장 강력하게 부인되는 부분이다. 자녀를 증오하는 모성에는 어떤 형태의 공격성이나 자기애, 또는 무자비함이 포함되어 있다. 이러한 어머니의 양면적 모성을 받아들이기 어려워하는 이유는 "모성은 올바르다"라는 끈질긴 확신 때문이다. 모성에 대한 이러한 심리적 화장(psychological makeup)은 단순히 어머니 자신의 문제를 외면화하고 투사하는 것에서 극심한 외상으로 인해 분열할 정도로 악화되기도 한다.[167] 어머니들 중에는 도저히 수용할 수 없는 자신의 부분들이 너무 괴로워 자신에게서 떼어내 자녀에게 투사하는 경우가 있는데, 이렇게 되면 자녀들을 괴물로 지각하게 된다. 하지만 그 괴물은 어머니 자신의 탐욕과 무자비함을 드러낼 뿐이다. 물론 아버지도 자신을 반영한 괴물이 태어날까봐 두려워한다. 그럼에도 불구하고 괴물 출산의 두려움은 자신의 몸속에서 아기를 키우는 어머니의 경우에 더욱 문제가 된다. 모든 아이가 어머니에게서 나오듯이 모든 괴물 또한 어머니에게서 나온다는 세상의 시각 때문에 더욱 그렇다.[168]

모아의 유대는 모든 인간관계 가운데 가장 심오하고 특별한 가치를 지닌 관계로 경이, 갈망, 부러움을 일으키지만 양면적으로 두려움과 공포를 일으킨다는 점도 분명하다. 이 두려움과 공포는 어머니의 어둡거나 감춰진 면에 관한 사람의 감정을 반영한다. 흔히 사람은 성난 마녀와 그녀의 탐욕스러운 괴물 자식이 아니라, 아낌없이 주는 성모 마리아와 행복한 아이를 보고 싶어 하고, 또 믿고 싶어 한다. 하지만 현실에서는 동화 속의 이야기가 실제가 되기도 한다. 어머니들은 어느 날 크고 성숙하며 아름다운 딸을 갑작스럽게 맞닥뜨리게 되는데 그 일로 양가적 모성은 타격을 입기도 한다. 백설공주와 신데렐라, 잠자는 숲속의 미녀, 라푼젤 이야기의 공통점은 나이든 여자, 마녀, 노파가 어린 여자 아이의 상장과 발달을 저지하고 해치려 한다는 것이다.[169]

양가적 모성의 극단은 뱀파이어 모성장애와 자녀살해 모성장애가 있다. 뱀파이어 모성장애는 엄마의 자기애적 필요에 따라 아기에게 엄마 자신의 양식과 자신에 대한 충성을 강제로 주입하여, 아이의 자율성을 완전히 통제하고, 창의적 노력을 좌절시켜 아이를 피해망상적 세계관으로 이끈다. 이 모성장애는 아이의 가장 기본적 필요와 현실감을 묵살하는 정서적 학대에 해당한다. 또 다른 모성장애로 자녀살해가 있다. 이는 극단적이고 충격적 행위로 인류 역사만큼이나 오래되었으며, 모든 문화권에서 나타난다. 대부분의 자녀살해는 어머니가 절망적 상황, 즉 사회적 또는 정신 내적 여건이 부모노릇을 할 수 없는 처지에서 발생한다. 이 점이 아이러니하게도 어머니가 아이의 정신과 의지를 빼앗아 좀비처럼 만들어 자신의 정신적 생존을 유지하려는 뱀파이어 모성보다는 좀 덜 끔찍하다고 한다. 자녀살해는 영혼살해든 신체살해든 외상을 입은 모성과 직접적으로 관련이 있다. 심각한 모성실패는 바로 어머니노릇을 감당하기 어려울 정도로 깊은 상처와 상해를 입은 결과이기 때문이다.[170]

정신분석에서 모성의 양가성과 관련한 허구적 실재는 오이디푸스 개념이다. 고전 정신분석에서 인간의 양가적 감정은 오이디푸스 콤플렉스에서 비롯되었다고 본다. 프로이트 정신분석을 재해석했다고 평가받는 라깡의 오이디푸스를 통해 모성의 양가성을 살피려 한다. 개인의 정신적 성장에 있어서 중요한 역할을 하는 모성과의 관계에 주목한 라깡은 아이가 욕망하는 대상은 언제나 어머니며, 아버지는 그것을 방해하면서 욕망에 법과 질서를 부여하는 상징계의 대리자라고 강조한다. 라깡이 재해석한 오이디푸스를 살펴보면, 크게 세 단계로 설명한다.[171]

오이디푸스 첫 단계는 아이가 어머니와 강한 유대감을 통해 한 덩어리처럼 결합되어 있는 상상계적 합일의 단계다. 이 시기 아이는 어머니가 자신만을 사랑한다고 믿으며, 자신은 어머니의 결여를 채워주는 절대적 존재라고 믿는다. 어머니는 무언가 결여된 존재이기 때문에 아이를 욕망하며, 같은 이유에서 아이도 어머니를 욕망한다. 이때 모아는 상상적 남근(phallus)으로 매개되고, 특히 아이는 자신을 어머니의 상상적 팔루스(phallus)로 믿는다. 오이디푸스 첫 단계에 아이는 능동적 욕망의 주체가 아니라 어머니의 욕망에 전적으로 사로잡혀 있다. 이러한 상상적 의존성은 어머니의 욕망에 아이를 휘둘리게 만들어 불안하게 만든다. 모아관계에서 모성실패는 아이로 하여금 자신이 어머니의 팔루스가 아니라는 또 다른 불안을 일으킨다. 여기에 아이의 경쟁자인 아버지가 모아관계에서 속속 등장하면서 불안은 더욱 가속화된다. 아이가 이러한 불안에서 구원받을 수 있는 유일한 길은 어머니와의 상상적 합일에서 벗어나는 것이다. 이것이 두 번째 오이디푸스 단계다.[172]

오이디푸스 두 번째 단계는 3자인 아버지의 개입으로 어머니와 아이의 상상적 2자 관계가 깨지면서 시작된다. 이때 아이는 어머니의 욕망이 자신을 향한 것이 아니라 아버지를 향하고 있음을 깨닫게 된다. 아버지는 모아관계에서 상상적 합일을 지속적으로 금지하는 법을 부여하면서 상징계의 대리자로 등장한다. 이때 아이는 자신이 어머니의 팔루스가 아님을 깨닫고 크게 좌절하게 된다. 왜냐하면 아버지가 상징적 팔루스를 가지고 있는 존재이기 때문이다. 여기서 아버지는 실제 아버지가 아니라 상징적으로 가정된 아버지다.[173] 이 상징적 아버지의 권위는 어머니가 아버지의 요구에 얼마나 동조했는지에 따라 달라진다.[174] 오이디푸스 시기 아버지의 본질적 기능은 법의 집행자이며, 아버지는 어머니가 욕망하는 팔루스의 소유자로 가정되는 존재다. 아이는 더 이상 저항하지 않고 아버지의 법을 수용하면서 상상적 남근에 대한 집착을 포기하고 상징계로 진입하게 된다. 이처럼 오이디푸스 두 번째 단계는 아이가 모아관계에서 상상계적 욕망에서 좌절하면서 상징계로 진입하기 위해 거쳐야 하는 과도기다.[175]

오이디푸스 마지막 단계는 아이가 팔루스를 소유한 아버지와 자신을 동일시하면서 오이디푸스 콤플렉스를 종식하는 단계다. 아이는 아버지의 팔루스가 상상계가 아니라 상징계에 속한다는 것을 알게 되면서, 상징계에서 팔루스를 찾기 위해 아버지의 법을 받아들여 상징계로 진입하면서 자신을 주체로 구성한다. 라깡은 이를 팔루스가 되려는 욕망(to be phallus)에서 팔루스를 가지려는 욕망(to have phallus)으로 이행하는 변증법이라 말한다. 팔루스가 되려는 욕망은 상상적 동일시이고 유아적 욕망이다. 반면 팔루스를 가지려는 욕망은 기표화된 상징계의 구조로, 아이가 스스로 자신의 이름과 자리를 찾는 것을 의미한다. 상징계에서 팔루스를 가질 수 있는 유일한 길은 아버지의 법에 자신의 자리를 동일시하는 것이다. 이것을 상상적 동일시와 구별해 2차적 동일시라 한다. 상상적 동일시가 이미지에 기반한 동일시라면, 2차적 동일시는 아버지의 기표(signifiant), 즉 '아버지의 이름(noms-de-pere)'을 동일시하는 것이다. 아버지의 이름을 동일시함으로써 어머니와의 분리를 성공적으로 완성한 아이는 이후 기존 질서에 부합하는 정상적 성장을 할 수 있게 된다.[176] 그러나 이러한 분리에 실패한 아이는 생물학적으로 어른이 되어도 정신적으로는 모성으로부터 독립을 이루지 못한 미성숙한 또는 비정상적 사람으로 머물게 된다. 프로이트와 라깡의 정신 발달이론 속에서 모성에 대한 개념은 언제나 양가적이다. 생명을 낳아 기르는 모성의 희생과 강인함에 대한 극도의 찬양과 아이의 정상적 성장을 방해하는 모성의 소유욕 또는 지배욕에 대한 극도의 반감과 혐오감, 두려움이 그것이다.[177] 모성에 대한 반감, 혐오감 내지 비하는 돌이킬 수 없는 대상을 향한 그리움과 욕망을 인정해서는 안 되는 남성들이 어쩔 수 없이 지니게 된 자기방어의 심리로부터 기인하는 것으로 해석된다. 말하자면, 모성애의 회귀욕망을 감추어야만 정상적 성인으로 인정받게 되는 가부장적 사회에서 체제 내의 질서를 유지하기 위해 지배권력의 이데올로기부터 모성을 극도로 혐오하고 비하하는 신화들이 형성된 것이다.

경계선의 철학을 행하는 크리스테바에게 있어 또 하나의 중요한 개념은 바로 앞서 살펴본 아브젝트(abject, 비체)이다. 이 개념은 주체도, 개체도 아닌 것, 주체와 주체 사이에 일어나는 관계의 물질적 양상이다. 모성적 육체와 관련된 아브젝트는 특히 거부와 저항의 의미가 깊이 연결된다. 기호계적 공간, 곧 원형적 모성의 공간은 비천함과 연결된다. 기호계가 상징계의 질서에 대한 거부로 읽혀지듯이, 이 아브젝트는 오이디푸스화된 깨끗하고 고상한 몸에 대한 저항과 거부로 읽혀진다. 객체(object)가 아닌 아브젝트(abject)는 눈물, 침, 배설물, 토사물 등을 칭하는 말로써, 주체와 객체의 경계선에서 주체도 객체도 아닌 어떤 것이다. 그녀는 『정신분석과 폴리스』에서 "아브젝트는 규범적 언어에서 주관과 객관 사이의 구분보다 앞선다"고 했다.[178] 아브젝트는 자아를 구성하기도 하면서 그것에 저항하기도 한다. 이는 마치 몸속에 있는 배설물과 같이 몸의 일부를 이루면서 동시에 몸에 의해 밀려나는 것과 같다. 그렇게 밀려난 아브젝트는 주체의 신체에서 과잉의 존재로 여겨진, 즉 거부된 타자성으로 간주된다. 그러나 아브젝트는 단순히 밀어내짐을 당하는 존재만은 아니고, 적극적으로 스스로를 거부하는 행위체이기도 하다. 예를 들어, 모체 속의 아이는 모체의 일부를 구성하기도 하면서 동시에 저항하기도 하고, 일정기간이 지나면 모체를 밀어내고 파멸시켜 밖으로 나온다. 아브젝트의 이러한 특성은 아기를 출산하고 양육하는 과정에서 양가적 모성으로 계속 나타난다.[179]

3) 몽상적 모성

담아주기는 어머니가 알파기능을 통해 아이의 원하지 않는 정신의 투사물과 감정들을 받아주고 버텨주며 적절히 독성을 제거해 안전하게 되돌려 주는 행위를 말한다. 이러한 행위는 상징을 가능케 함으로써 정신적 고통과 위기의 순간에 창조적 사고가 가능하도록 한다. 이러한 과정들이 잘 이루어지려면, 담아주는 사람은 정신적 용기(container)가 열려 있어야 한다. 담아낸다는 것은 상대의 투사물을 받기 위해 내적 공간이 열려있어야 하기 때문이다. 담아주기를 잘 수행하려면 내적 공간이 경계가 있으면서도 담아내는 과정에서 겪게 되는 고통을 참으며, 이를 생각하고 숙고할 수 있는 능력을 갖춰야 한다. 비온은 아기에 대해서 주의 깊은 수용성과 내사할 수 있는 모성의 정신적 특성을 몽상(reverie)이라고 하였다. 이것은 하나의 심리적 태도로, 모성적 환경에 해당하며, 위니컷의 안아주기와 유사한 개념이다.[180]

유아는 허기, 목마름, 신체적 불편감 등의 감각적 요소들과 안전, 안정감, 애착 같은 심리적 요소들을 함께 가지고 있는데, 이 중 심리적 요소들은 신체 감각적 요소와 다른 소화과정을 갖는다. 심리적 소화는 아기의 생리적, 신체적 욕구가 아닌 마음을 파악하는 것으로써, 유아에게 사랑과 이해라는 영양소를 공급하는 것이다. 몽상은 사랑을 주는 대상이 심리적 잔여물이 무엇이든 수용할 수 있도록 개방되어 있는 마음의 상태다. 어머니는 몽상상태가 되어야만 사랑으로 충만해지고, 유아가 투사하는 어떤 것이든 받아줄 수 있게 된다. 몽상은 어머니의 알파기능 중 하나며 유용한 심리적 자원이다. 또한 어머니가 몽상을 해줄 수 있는 역량은 유아의 아버지와 사랑으로 연결되어 있어야 한다. 어머니와 아버지의 사랑의 연결성은 유아가 온전히 이해하지 못해도 전달된다. 만일에 어머니의 몽상이 작동되지 않는다면, 유아는 혼자서 좌절을 이겨내야만 하는 부담을 지게 된다. 따라서 유아의 심리적 역량은 어머니의 심리적 역량이 어느 정도인지에 달려있다.[181]

모성의 몽상은 아기의 무의식을 자기 삶의 일부로 삼음으로써 아기와 자신과의 만남을 받아들이는 것이다.[182] 어머니의 받아들임은 현실성을 배제하거나 환상과 마구 섞이게 되는 것을 의미하지 않는다. 오히려 모아가 각자의 영역이 독립적이면서도 접촉장벽이라는 투과성 막을 두고 양방향에 자유롭게 열려 있는 태도다. 이는 모아의 상호주관성으로 서로 무의식적으로 소통하는 방식이다. 아기의 무의식과 소통하기 위해서는 상담자 자신의 무의식도 열려 있어야만 한다. 모성 역시 아기의 의식되지 않거나 알 수 없는 경험, 미지의 것들에 거부감과 공포를 느낀다. 하지만 자아-이질적(ego-dystonic)인 것과 낯선 것에 마음을 열게 되면 비로소 새로운 것이 등장한다. 몽상적 모성에는 아이의 고통, 불안, 불편함을 감지하고 반응하기 위해서 어머니 자신 안에 풍부한 상상의 재료들과 아이와 상반된 것들이 어우러진 경험이 담겨 있어야 한다. 또한 몽상적 모성은 알지 못함의 불안함에 머물러 있을 수 있는 힘, 아이의 보이지 않는 것에 집중할 수 있는 주의력과 그에 따른 민감한 반응이 있어야 한다. 결국 어머니의 몽상은 상상과 환상의 보고인 무의식을 받아들이고 존중하는 방식이며 아기와 어머니 자신의 목소리를 듣는 창조적 태도다.

02

심리 현상에서 나타나는 모성

1) 전이, 역전이로 사랑하는 모성

전이, 역전이는 정신적 공간에서 일어나는 욕망의 변증법 정도로 이해하는 경우가 많다. 하지만 전이, 역전이는 사회, 문화를 분석하는 데 중요한 장치로 쓰일 뿐만 아니라 모아관계에서 사랑하는 과정과 그 특징을 설명하는 기제로도 사용된다.

전이, 역전이에 관한 역사적 개념발달을 살펴보면, 먼저 프로이트는 "전이의 역동성"이란 연구에서 리비도 충동이 의식과 무의식으로 분화되는 과정을 간략하게 설명한다. 프로이트에 따르면, 리비도 충동의 일부가 적절한 진화과정을 거쳐 정상적 성애로 나가게 되고, 이 리비도 에너지는 현실을 지향하게 되면서 의식적 인격의 일부가 된다고 하였다. 하지만 현실에서 만족을 얻지 못한 리비도의 나머지 부분들은 환상

속에 머무르거나, 예외적 방법을 동원하지 않는 한 표현될 출구를 찾지 못한 채 무의식으로 남아있게 된다. 만약 사랑에 대한 욕구가 현실에서 만족되지 않으면, 그것은 만족을 줄 수 있는 대상을 끊임없이 추구하게 된다. 그러므로 사랑하는 대상의 선택적 만남은 의식적 의도뿐만 아니라 무의식적 욕망에 의해 지대한 영향을 받게 된다. 현실에서 좌절된 충동이 커지면, 무의식적 집중이 증가된다. 이런 리비도 충동은 퇴행하여 유아시절의 원형적 이미지에 고착되는 경향이 있다. 이 원형적 이마고를 분석가에게 투사하는 것을 프로이트는 전이라는 개념으로 정의하였다.[183] 프로이트의 전이는 언제나 저항과 더불어 나타난다. 의식화되어 현실로 향할 수 있는 리비도 부분이 줄어들고 만족이 좌절됨으로써 무의식적 리비도가 증가하게 되면, 출구를 찾지 못한 리비도 충동은 성기기 이전으로 퇴행하여 유아시절의 어떤 이미지에 부착되어 되살아난다. 이처럼 유아시절로 퇴행된 충동이 숨은 곳을 찾아내려고 할 때, 전이는 분석작업에서 강력한 저항을 동반하게 된다. 무의식적 리비도 집중은 어린 시절의 원형에 대한 애증의 복사(stereo)판을 치료자에게 전이시키는 경향이 있다.

임상에서 전이는 언제나 저항과의 관계 속에서만 설명된다. 죄의식과 금기로 인해 자신의 소망을, 그 소망하는 대상 앞에서 인정하기 힘들 때 저항은 더욱 강렬해진다. 몽상과 마찬가지로 무의식적 리비도 충동은 분석가의 소망처럼 솔직하고 소박한 방식으로 드러나는 것이 아니라, 검열과 저항으로 인해 왜곡되고 끊임없이 치환된다. 이러한 작용은 의사와 환자, 분석가와 피분석가 사이에서만 연출되는 것은 아니다. 모아관계에서도 이 작용은 두드러지게 나타난다.

프로이트는 전이를 의사와 환자 사이의 투쟁 또는 갈등으로 이해했지만, 크리스테바의 경우는 전이를 사랑의 과정으로 보았다. 모성도 어머니와 아이 사이에서 일어나는 사랑의 과정으로 볼 수 있다. 피분석가가 분석가에게 가지는 신뢰감은 분석가에 대한 사랑의 감정을 함축한 것이다. 간단히 말하자면, 전이는 피분석가가 과거 소중한 사람에게 받은 상처, 즉 애증을 분석가에게 무의식적으로 투사시켜 쏟아내는 것이다. 그러한 피분석가에게 갖는 분석가의 무의식적 반응의 총체를 역전이라고 한다. 이 상황에서 의외의 현상이 일어난다. 피분석가가 분석가에게 의존하고 지배받을 때, 게오로그 헤겔(Geroge Hegal, 1770~1881)의 주인과 노예의 변증법처럼, 종속적 자기상황에 대한 분노로 인해 분석가를 배신하려고 한다. 즉, 피분석가는 분석가에게 사랑이라는 시기를 제공함으로써, 분석가를 기만한다. 그럴 경우 분석가가 피분석가에게 자신의 감정을 투사시켜 역전이를 할 수 있다. 이 상황에서 분석가(어머니)는 주인의 자리에서 떨어져 피분석가(아이)의 노예담론을 반복할 수 있다.[184]

라깡의 경우, 전이는 기표의 유영처럼 고정되지 않는다. 그것은 자아의 소외를 인정하는 것이다. 과정으로서의 전이는 자아형성의 어떤 단계에서 퇴행되었다가, 요구의 기표에서 또 다른 요구의 기표로 진행하는 것이다. 내담자의 요구는 환유적으로 치환된다. 즉, 전이의 변증법은 대상a가 드러날 때까지 종결될 수가 없다. 그런데 이와 같은 전이 과정은 히스테리의 환유적 대체과정 그 자체다. 히스테리 주체들은 대상 a가 나타날 때까지 끊임없이 히스테리 지대를 이동시킨다. 이런 대체 과정은 라깡이 말하는 '기표의 끝없는 미끄러짐'과 유사하다. 라깡은 전이를 '안다고 가정된 주체(the subject presumed to know)'를 향해 사랑을 요구하는 것이라고 말했다. 여기서 분석가는 피분석가의 증상에 대하여 그 원인을 미리 안다고 가정한다.[185] 그러나 분석가가 그런 가설을 갖고 있다는 것 자체가 환상이다. 그럼에도 불구하고 이러한 환상은 필수적으로 요구된다. 왜냐하면 가설, 즉 지식은 환상의 구조 속에서만 산출되므로 아무도 이런 상황에서 벗어날 수 없기 때문이다. 분석가는 환상을 통해서 의미화를 이루는데, 이 지점은 안다고 가정된 분석가의 특권화된 지점이다. 여기서 분석가는 자기역할을 수행하는 것이다. 안다고 가정된 주체는 전이의 효과이고 그 효과는 사랑이다. 사랑은 사랑받고 싶은 욕망이라는 점에서 언제나 타자의 욕망이다. 이런 맥락에서 모든 사랑은 근본적으로 나르시시즘이다. 이때 사랑은 자신이 가지고 있지 않은 것을 선물로 주겠다는 약속이라는 점에서 결국 상상계적 환상이다.[186]

분석가는 피분석가의 기대와 달리 안다고 가정된 주체가 아니다. 분석가는 피분석가의 무의식에 관해서 배워야하는 상호관계적 주체일 뿐이다. 쉽게 말해, 분석가는 피분석가에게 그의 무의식을 알려달라고 부탁하고 배우는 자의 자리에 서게 된다. 그렇다고 피분석가가 자신의 무의식을 안다는 말은 아니다. 무의식적 지식은 본래 자신이 알고 있다는 사실을 알지 않으려는 특성을 지니기 때문이다. 분석과정은 권위적 지식의 구체화로는 부족하다. 이런 의미에서 분석의 목적은 무지의 지점에 도달하는 것이라고 볼 수 있다.[187]

모아관계에서, 안다고 가정된 주체(어머니)는 상상계적 환상이다. 그렇지만 '안다고 가정된 어머니' 없이는 모성적 양육(mothering)이 불가능하다. 어머니와 아이는 그런 환상을 구성하는데 의식적, 무의식적으로 서로 공모한다. 안다고 가정된 주체인 어머니와 그 자리를 부여하는 아이 모두가 초기에는 나르시시즘적 만족을 얻는다. 이러한 모습은 전통적으로 건강한 모아관계에서 보여지는 모습이다. 어머니에 대한 흠모에 뒤이은 아이의 실망과 좌절은 전이와 역전이를 통해서 애착을 경험하고 그러면서 서로의 불안을 넘어서게 된다.

2) 투사적 동일시로 몰두하는 모성

초기 모아관계에서 모성은 투사와 내사를 통해 서로를 넘나든다. 어머니는 아기가 신생아일 때 모성몰두를 하게 되는데 이때 일어나는 투사적 동일시 때문에 아기는 전능감을 느끼는 정서경험을 하게 된다. 초기 모아관계를 주의 깊게 관찰하고 연구한 대표적 학자가 클라인이다.

클라인은 유아의 심리발달을 두 기본 자리(two elemental constellations)로 설명한다. 첫 번째 단계는 생물학적 본능에서 비인격적 심리상태로 발전해가는 '편집-분열자리(paranoid-schizoid position)'고 두 번째 단계가 비인격적 심리상태에서 주체로 발전해가는 '우울자리(depressive position)'다. 유아는 생물학적 존재에서 심리적 존재로 변형되는 편집-분열자리에서 경험과 상징에 의미를 부여하지 못하고 그저 자동적이고 무의식적 반응을 보이는 대상으로 존재한다. 이때 유아는 자신도 대상으로 경험하고 엄마를 부분대상으로 관계한다. 이 단계의 아이는 자신의 경험을 즉각적이고 강렬하게 느끼며 분열, 이상화, 투사적 동일시, 전능사고 등의 극단적 방식을 사용해 자신의 경험을 조직하는 것이 특징이다.[188]

클라인은 편집-분열자리에서 아기의 두드러진 정서경험을 박해불안으로 설명한다. 아기에게 파멸에 대한 불안은 박해불안으로 나타나고, 자신을 공격하는 것으로 느껴진다. 박해불안에서 도망치기 위해 공격성을 외부로 투사하여, 자신의 나쁜 부분을 밖에 둔다. 그러나 나쁜 세상만 있는 것은 생존하기 어렵다. 그래서 좋은 대상 또한 외부에 투사한다. 나쁜 대상은 자신을 박해하는 대상으로서 아기로 하여금 그 대상에 대해 공포와 분노, 증오를 느끼게 하며, 좋은 대상에 대해서는 자신을 사랑하고 보호해주는 존재로 경험한다. 이처럼 아기는 내면에서 좋은 것과 나쁜 것을 쪼갠 뒤, 그 둘을 모두 외부세계로 투사해 자신을 보호하려 한다.[189]

투사적 동일시는 멜라니 클라인에 의해 개인내적 전능환상의 과정으로 제안되었고, 비온에 의해서는 대인 간 의사소통의 과정으로, 토마스 옥덴(Thomas Ogden, 1946-)에 의해서 심리적 변화를 위한 통로로 언급되었다.[190] 이처럼 투사적 동일시는 임상적 발달에 따라 의미가 계속 확장되었기 때문에, 오늘날에도 학파나 정신분석가에 따라 그 의미가 다양하게 사용되었다. 현재 투사적 동일시에 대한 기능적 의미를 살펴보면 크게 두 가지 기능으로 나뉜다. 하나는 심리내적 방어기제로서의 투사적 동일시, 다른 하나는 대인 간 의사소통으로서의 투사적 동일시다.[191] 투사적 동일시를 깊이 연구한 정신분석가들은 이 과정을 대체로 세 단계로 설명한다. 첫째, 자기의 일부를 상대에게 투사하고 그 투사한 부분이 상대방 안에서 내면으로부터 차지하고 있다고 믿는 무의식적 환상의 단계, 둘째, 대인 간 상호작용을 통해 투사 수용자가 투사된 것과 동일하게 생각하고 느끼고 행동하도록 압력을 가하는 단계, 셋째, 투사된 감정들이 수용자에 의해 심리적으로 처리된 후, 투사자에 의해 재내면화되는 단계가 그것이다.[192] 초기 모아관계에서 엄마와 아이는 원시적 투사적 동일시로 서로 소통하게 되는데 투사 수용자인 아기가 소화(metabolize)하는 것이 투사자인 어머니의 투사물과 동일한 것인지, 혹은 그것과 유사한 아기 자신의 것이 투사자로부터 유발된 것인지, 아니면 엄마와 아기의 공유된 창조물인지 등의 측면들은 여전히 논의되고 있다.[193]

클라인은 1955년에 쓴 논문 『동일시에 관하여』에서 투사적 동일시를 유아의 개인내적 환상으로 상술한다.[194] 그녀에 따르면, 투사적 동일시는 자기의 원하지 않는 부분을 분열시켜 이를 다른 사람으로 안으로 투사하여 제거하려는 전능환상의 과정이다. 유아는 이러한 환상을 언어로 사고하기 이전에 갖기 때문에, 이와 같은 원시적 과정을 설명하는데 한계가 있다. 유아의 환상은 자신의 부분들을 재배치하는 활동으로 실제로 일어나며, 실재하는 무의식적 환상이다. 유아는 자신의 한 부분이 자아 경계 밖에 있는 대상 안에 있다고 느끼고, 그것은 대상이 아닌 자기의 일부분이라는 정체성을 갖는다. 이 환상은 매우 공격적이어서, 환상과정 속에서 공격성을 수반하기도 하고, 유아 자신이 그러한 공격성을 현실에서 실제로 표현한 것처럼 느끼기 때문에 그 대상을 두려워한다.[195]

클라인은 심리내적 요소로써 대상과 자기 사이의 상호작용과 내적 대상을 프로이트의 생명본능과 죽음본능이라는 욕동이론의 관점에서 연구하였다. 이러한 관점은 클라인이 프로이트의 욕동구조 모델에서 대상관계이론의 관계구조 모델로 넘어가는 과도기적 역할을 수행했다고 볼 수 있다.[196] 클라인에 의하면, 중요한 다른 사람(significant other)과의 관계란 내 안에 네가 있고 네 안에 내가 있는 즉, 서로가 서로를 구성하는 관계다. 이 중에서 최초 대상과의 관계는 내사와 투사하는 관계로 처음부터 내사와 투사의 상호관계, 내적 • 외적 대상과의 상호작용에 의해 형성된다는 것이다. 이것을 도식으로 설명하면, 중요한 대상관계인 A(母)와 B(兒)가 있고 서로가 구성하는 교집합 C를 공유하고 있다고 가정한다. 교집합 C는 긍정적 요소와 부정적 요소를 모두 가지고 있다. 이때 A(母)와 B(兒)의 개인적 상황에 따라 C의 긍정적, 부정적 요소를 상대의 것으로 투사하거나 투사적 동일시를 하게 된다. 여기서 A(母)와 B(兒)는 각자 자신의 부정적 것을 부인하고 타자의 것으로 인식하기도 한다. 이 과정을 통해 C가 창조되는데 이것은 A(母)와 B(兒)가 단순히 투사해 넣은 것(project into)이 아니고 모아(母兒)의 상호 투사적 동일시를 통해서 동시적으로 서로의 주체 안으로 넣은 것으로 본다. 이 점이 투사와 가장 다른 부분이다. 투사는 대상관계에서 자기와 내적 대상의 요소들을 단순히 타자에게 던질 뿐이지만 투사적 동일시는 서로의 무의식적 요소까지 상호침투하는 것이 특징이다.[197]

클라인의 제자인 하버트 로젠펠트(Herbert Rosenfeld, 1910-1986)는 투사적 동일시를 좀 더 정교화한다. 그는 투사적 동일시를 초기 자아의 분열과정에서 좋은 부분과 나쁜 부분으로 분열시키고, 이를 사랑이나 미움의 감정과 함께 외부대상 안으로 투사하여, 자기의 투사된 부분과 외부 대상 간의 혼동과 동일시로 진행된다고 보았다. 이 과정에서의 핵심은 박해불안이다. 유아는 자신의 공격적 부분들로 가득찬 대상이 자신을 공격할까 두려워한 나머지 자신의 나쁜 부분들을 다시 자기 안으로 함입한다고 설명한다[198]. 그는 투사적 동일시를 소통하기 위한 투사적 동일시와 자아가 원하지 않는 나쁜 부분을 제거하기 위해 사용하는 투사적 동일시, 그리고 정신병 내담자가 정신분석가에게 사용하는 투사적 동일시로 분류하였다. 로젠펠트는 임상에서 정신병 내담자가 초기 유아기의 대상관계 패턴을 치료자에게 사용하여, 분석가의 몸과 마음을 통제하려는 모습을 발견하게 된다. 로젠펠트에 따르면 정신병 내담자에게 이 세 가지 투사적 동일시가 모두 존재하며, 이러한 내담자를 다룰 때는 세 가지 투사적 동일시를 모두 유의하는 것이 중요하다고 보았다.[199] 후에 로젠펠트는 투사적 동일시 개념을 활용하여 정신병 환자의 이인증(depersonalization), 혼돈상태(confusional states)에 대한 기원을 연구하였다.[200]

옥덴은 투사적 동일시 개념을 임상현장에서 이해할 수 있도록 설명한 대표적 학자 중 한명이다. 그에 따르면 투사적 동일시는 다음 세 단계를 거쳐 발생한다고 주장하였다. 첫 번째 단계에서 투사자는 환상 속에서 자신의 어떤 부분을 타인에게 투사한 다음, 투사한 부분을 그 사람 내면의 부분이라고 느낀다. 두 번째 단계에서 투사 수용자는 투사자가 투사한 것과 비슷하게 느끼며 생각하게 된다. 이때 투사 수용자는 어떤 행동을 해야 하는 압박을 경험하게 된다. 달리 말하면, 투사자와 수용자 사이에 발생한 상호작용을 통해서 수용자는 어떤 심리적 압력을 느끼게 된 것이다. 마지막 단계에서 투사 수용자에 의해 투사되었던 것이 다시 투사자로 재-내면화된다.[201] 여기서 옥덴은 투사적 사고양상이 투사와 투사적 동일시에서 각각 어떻게 다르게 나타나는지 구별할 필요가 있다고 말한다. 투사적 동일시에서는 투사자가 자신이 흘려보낸 감정, 생각, 자기표상에 대해 투사 수용자와 똑같은 감정을 경험한다고 설명한다. 이와 달리 투사에서는 투사자가 환상 속에서 풀어낸 자신의 어떤 부분을 자기 것으로 인정하지 않고, 투사 수용자에게 속한 것으로 돌리기 때문에 투사 수용자와 유사하다고 느끼지 못하게 된다. 그 자신이 갖고 있지 않은 특성을 갖고 있는 투사 수용자를 낯설고 위협적이고 당황스럽고 심리적으로 멀리 떨어진 존재로 경험한다는 것이다. 이를테면 투사자 자신은 자기가 다른 사람에게 투사하고 있다는 사실을 인지하지 못하며, "화낼 일이 없는데 왜 저렇게 화를 내지?, 저 사람이 잘못한 거야"라고 생각한다는 것이다.[202]

클라인학파 이론에 중요한 공헌자 중 한 사람인 비온은 투사적 동일시를 자기의 부분들이 타자 안으로 넣어지면 타자는 그것을 동일시하여 자기 것으로 경험하고 투사자의 분열된 측면을 재연하게 되는 대인 간 과정으로 설명한다.[203] 비온은 임상에서 분석가는 투사적 동일시가 일어나는 것을 인식하기가 쉽지 않지만, 환자의 일부분을 연출하도록 조종당하고 있다는 사실은 느낄 수 있다고 말했다.

비온은 투사적 동일시가 모든 형태의 집단에서 일어난다고 보았고, 심리치료에서 내담자와 치료자 사이의 상호작용에서 가장 중요한 단일 형태(the single most important form of interaction)로 설명한다. 비온은 생애 초기 유아에게는 소화되지 않은 경험자료만이 존재한다고 보았다. 그 경험자료를 '베타요소'라고 명명하며 그 베타요소는 투사적 동일시로 배출되고 어떤 현상으로 지각되기보다는 물 자체로 체험된다고 가정하였다. 이 베타요소가 처리되고 소화되는 것을 알파기능이라고 개념화하였다. 알파기능은 어머니가 아이를 도와줄 때만 작동하게 된다. 알파기능의 핵심은 주의와 추상화다. 이 기능이 작동하면 알파요소가 만들어지게 된다. 알파요소는 알파기능에 의해 소화가능하게 되고 비로소 사고를 위해 사용될 수 있다. 정신 내적으로 소화되지 못하는 베타요소는 흔히 죽음과 정신이 무너질 것 같은 공포 같은 것들이다. 하지만 그것을 아이가 언어로 표현하게 되면 베타요소가 알파요소로 바뀌게 된다.

예를 들어, 어머니가 아이와의 상호작용을 통해 아이의 공포나 두려움을 담아주게 되면 아이는 그것을 견딜 수 있게 되고 그것이 무엇인지 파악하게 된다. 하지만 어머니가 아이의 공포나 두려움을 담아주지 못하면 베타요소가 증가하게 되고 아이는 이름 모를 두려움(nameless dread)에 놓이게 된다. 비온이 이름 모를 두려움을 정신증적 공황으로도 불렀다. 정신증적 공황은 신경증적 성격에서와 같이 사고의 변형이 아니라 환각 후 변화의 기원, 즉 'O'다. 이름 모를 두려움으로 인해 경험할 수 있는 자아기능이 철수하고, 이를 피하기 위해 방어가 채택되며, 이때 자아 조각, 이미지, 베타요소 및 대상 등이 제한 없는 공간으로 폭발적으로 투사된다.[204]

유아는 신호와 표시들을 가지고 의사소통할 수 있는 존재로 태어난다. 실제로 유아는 의사소통을 발생시키고 수용하는데 유능하다. 유아는 탄생 직후부터 자신도 알지 못하는 죽음에 대한 두려움을 엄마에게 전달하고, 엄마는 그 불안을 흡수하고 해독하여 유아의 정서적 의사소통을 의미 있게 다시 되돌려 준다.[205] 비온은 정상적 의사소통의 형태로 엄마와 아기 사이에 상호주관적 투사적 동일시가 존재한다고 말한다. 투사적 동일시 개념을 설명하는 과정에서 클라인은 어머니 몸 안으로 투사된 것의 운명과 어머니에 대한 경험이 유아의 환상 안에서 어떻게 변하는지를 이야기한다. 유아의 의사소통이 무의식적 환상으로 투사된다는 클라인의 개념은, 추상적 사고과정의 성숙을 대상관계 패턴에 묶어 놓음으로써 비온의 담기, 몽상, 변형이론을 위한 공유된 무의식의 정서적 장이라는 발판을 마련하게 된다.[206] 비우고 공격하고 침범하고 점유하는 것으로 설명되는 클라인의 투사적 동일시는 이제 대상이 주체의 마음속에서 변하고 수정되는 방식으로 설명된다. 그리고 유아가 담아주는 대상에게 자신의 정서를 의사소통하는 것으로 이해되며, 이로써 상호주관적 무의식적 의사소통의 영역으로 확장되게 된다.[207] 유아는 담기는 것으로 불리는 정동이나 내적 대상을 어머니 안으로 투사하며, 엄마는 담기는 것이 마음속으로 들어와 일정 기간 머무르도록 허용하고 그 시간 동안 엄마는 담기는 것을 변형시키고 알파기능의 한 측면인 몽상을 통해 수정한다.[208]

사고능력의 발달에서 무의식적, 정서적 의사소통을 처리하고 그것에 의미를 주는 자아의 무의식적 측면이 있는데 이는 거의 눈에 띄지 않는 상호적 무의식적 과정이며 엄마와 아기가 연결된 자아구조들(α기능) 사이에 오가는 무의식적 흐름을 구성한다.[209] 그러므로 실존을 요구하는 결핍에 대한 개인의식은 실존을 위해 물리적 거처를 찾고 자신의 존재 자리를 찾아가게 된다.[210] 그 존재를 인식하고 느낄 수 있지만 누구도 알 수 없고 그것에 관해서만 알 수 있는 'O'는 합일과 진화를 통해서 발견된다. 'O'는 과학적이기보다 종교적 신비주의자의 경험에 가까운 표현이다. 예를 들어, 불안과 공포는 그것과 관련된 감각으로 느껴지는 것일 뿐 그 자체는 아니다. 그것은 감각적으로 느껴지는 것이 아니므로 궁극적 실재와 진실이 존재한다는 믿음으로 욕망과 기억 그리고 이해를 자제하며 혼수상태와 유사한 상태에서 'O'를 만나게 된다.[211]

어머니는 유아가 의식하기 전에 아이의 마음상태를 알아차린다. 아이는 자신이 자각하기 전부터 먹을 것이 필요하다는 신호를 보낸다. 이 상황에서 아이는 젖가슴이 필요하다고 느끼는데 이때 젖가슴은 나쁜 것이 된다. 그래서 아이는 먼저 나쁜 젖가슴을 축출하기를 원한다.

만약 유아가 젖을 먹는 동안에 배변을 하게 되면 유아는 나쁜 가슴이 축출되는 것으로 느끼게 된다. 일종의 심리-신체적 소화활동이 되는 것이다. 어머니는 유아와 신체적 소통 이외에 자신의 사랑 몽상으로 소통한다. 그것은 사랑의 대상으로부터의 어떤 것이라도 수용하도록 개방되어 있으며 유아의 투사적 동일시를 견뎌낼 수 있는 마음상태다. 아기는 엄마의 몽상 안에서 젖을 먹고 따뜻함과 사랑을 취하며 엄마의 가슴을 좋은 젖가슴으로 느낀다. 몽상은 사랑과 이해를 필요로 하는 아기에게 심리적 영양공급원과 같다.[212] 따라서 'O'라는 알 수 없는 실재는 엄마의 몽상을 통해 아기의 정신 안에서 변형되고 처리되는 것으로 보인다.[213]

오토 컨버그(Otto F. Kernberg)나 윌리암 마이스너(William W. Meissner) 같은 정신분석가들은 투사적 동일시를 자기-대상의 분화가 덜 되어 경계가 허물어진 미분화되고 미성숙한 관계에서 일어나는 원시적 또는 비정상적 심리기제로 설명한다. 컨버그는 투사적 동일시가 자기-대상 경계가 모호하고 대상 안에 정서 반응을 강력하게 일으키는 현상으로, 낮은 수준의 자기-대상 분화를 시사한다고 보았다.[214] 마이스너의 역시 투사적 동일시를 자아경계가 흐려지고 자기-대상 분리가 되지 않아서 대상을 자기 일부로 받아들인다고 하여 정신증의 기제로 여겼다.[215] 이러한 투사적 동일시는 자기와 타자를 바꾸고 가르는 수단이 되어 이상화와 평가절하가 자기와 타자 간에 일어날 뿐만 아니라 자기 내부의 부분들 간, 그리고 대상과 대상 사이에도 일어난다.[216] 모아관계에서 이러한 현상은 발달과정 상 자연스러운 것이지만 그 외 대상관계에서는 문제가 된다.

모아관계에서 투사적 동일시는 무의식적으로 일어나지만 아기가 내면의 불안 또는 공포를 소화하지 못하거나 외부의 불편함을 해결하지 못했을 때, 자신의 소망을 어머니와 소통하기 위한 수단으로 사용된다. 이외에도 투사적 동일시는 모아관계에서 침범과 점유, 타자의 정신을 통제하거나 조종함으로써 전능감을 획득 및 유지, 자신의 좋은 부분을 지키기 위해 자신의 나쁜 인격의 부분이나 경험을 상대 안으로 밀어넣는 방식 등이 있다. 이 현상은 미성숙한 모성에게도 빈번히 일어난다. 그렇다고 해서 투사적 동일시가 모아관계에서 부정적으로만 작용하는 것은 아니다. 투사적 동일시는 애착경험을 서로 교감하는 목적으로 사용되기도 한다. 모아가 서로 교감하는 수단으로 투사적 동일시가 사용될 때, 투사하는 어머니는 투사 받는 아기로 하여금 교감되는 것을 인식하고 그것에 반응하게 만들어야하는 무의식적 욕구(needs)가 있다. 그 과정을 살펴보면, 먼저 어머니는 아기가 느끼는 부정적 감정을 느끼고, 무의식적 환상 가운데 이러한 감정을 처리하기 위해 아이에게 이를 밀어넣게 된다. 그 결과 아이의 울음을 불러일으키는 압력을 어머니가 감지하고 교감하게 되며, 이러한 소통이 성공적이라면 투사를 받는 아기에게서 반응이 일어난다. 이때 아기의 감정은 동일시에 바탕을 둔 동일함(sameness)의 특성을 띠게 된다. 이러한 정서적 동일시는 투사를 한 사람과 받은 사람이 서로 내사된 것으로 볼 수 있다.[217] 이러한 의사소통으로써의 투사적 동일시는 모아(母兒)의 상호작용을 이해하는 데 매우 유용하다. 모아관계는 여러 심층심리학자들이 말한 것처럼,

생애 전반에 영향을 끼치는 중요한 관계이기 때문이다. 초기 양육과정을 살펴보면, 모아는 서로 자극하고 반응하면서 연쇄적 상호작용의 패턴을 형성해 나간다. 특히 영유아기 아이가 가장 많이 자극받는 부분은 사건 자체보다는 표정과 눈빛 같은 비언어적 측면이다. 비언어적 신호를 주고받으면서 모아는 서로 강렬한 정서를 표출하는 모습이 자주 반복한다. 이러한 투사적 동일시는 의식적 수준이라기보다는 무의식적 수준에서 발생한다. 따라서 모아관계에서 모호하고 알아차리기 어려운 무엇인가가 내적으로 감지될 때, 투사적 동일시는 이러한 현상을 설명해줄 수 있는 준거가 될 수 있다. 모아관계에서 투사적 동일시는 일정한 목적, 즉 상대를 유도하거나 조종할 때 흔히 발생한다. 투사적 동일시가 무의식적 특성을 가지지만 합목적성을 띠는 것도 사실이다. 아기의 경우, 자신의 일부를 어머니에게 투사한 다음 그것을 되찾기를 원한다. 이때 투사를 받은 어머니는 아기의 투사물을 담아주고 그 안의 독성을 제거한 후 되돌려줄 때만 아기는 자신의 투사물을 되찾을 수 있다. 만약 어머니가 소화할만한 것으로 되돌려주지 못하면 아이는 행동화로 모성의 교정을 요구하게 된다.

이러한 과정을 케이스먼트의 말로 설명해보면, 아기가 어머니와 투사적 동일시로 소통하려는 것은 자신이 감당할 수 없다고 판단한 고통이나 두려움 같은 어떤 특정한 감정들과 관련되어 있다는 것이다. 이때 투사한 감정을 실제로 교감하는 사람은 성숙한 존재인 어머니다. 어머니는 아기보다 투사한 감정을 더 잘 접촉하고 다룰 수 있는 사람이어야 한다. 어머니가 아기가 투사한 감정을 자신의 밖에서 접촉하고 다루어주기만 해도 아이는 이전보다 덜 끔찍하게 느끼고 보다 안전하게 느끼게 된다고 한다. 케이스먼트에 따르면, 투사적 동일시는 투사자의 무의식적 희망과 내사자가 제공하는 치료적 반응이 있어야만 의사소통으로써의 기능한다. 의사소통으로써 투사적 동일시의 궁극적 목적은 투사한 자신의 인격 일부를 되찾으려는 데 있다. 이는 개인이 투사로 잃어버린 자신의 인격 일부분을 되찾아 더 나은 존재로 살아가고 싶은 욕망을 실현하려는 것으로 해석된다. 자신이 소화하지 못한 불편한 것을 자신의 애착대상인 어머니에게서 투사했는데 그것이 어머니 안에 담겨져서 소화될 만한 것으로 되돌아왔을 때, 변형된 자신의 인격이 아이 내면에 자리 잡게 되면서 어머니를 포함한 다양한 인격들과 소통할 수 있는 존재가 될 수 있다.

강혜정(1957-)은 이 과정을 마치 이산화탄소를 내뱉고 산소를 들이마시는 호흡이나, 탁한 피를 맑은 피와 바꿔 주는 혈액투석으로 비유한다. 그녀는 심리적 변화를 위한 통로로서의 투사적 동일시를 전 존재로 호흡(breath in, breath out)하는 두 주체사이에서 이루어지는 정서적 호흡이나 변형적 내재화를 통한 심리적 투석으로 설명한다.[218] 그러나 만약 아이의 여러 번의 시도에도 불구하고 어머니가 마음이 닫혀 있거나 아기의 압박을 알아차리지 못한다면 아기가 자기의 부분 인격을 찾는 일은 실패로 끝나게 된다. 이때 아이가 겪는 낭패감은 상당할 뿐만 아니라 소화하지 못한 부분 인격은 계속해서 취약함으로 남는다. 이러한 경험이 반복되면, 아기는 자신의 투사물이 어머니에게서 담겨질 것이라는 무의식적 희망이 사라지면서 무망감이나 자기 부적절감을 느끼게 된다. 무망감과 자기 부적절감을 느낀 아기는 자신의 무의식적 환상에서 자신이 투사한 인격의 한 부분을 상실하게 된다. 결국 아기는 감정에 접촉하고 이를 다루는 능력이 약해지면서, 양육자와의 정서적 접촉에 곤란을 겪게 된다.[219] 비온의 언어를 빌리면, 사고를 정서에 적용하는 알파기능이 생성되지 않아 실제 외부대상뿐만 아니라 자신의 내적 인격과도 연결되지 않아 파편화된 존재로 남게 된다. 이때 투사하는 유아는 원초적 감각만 느낄 뿐이다.[220] 알파기능이 취약하면 어머니는 아기의 투정에 기다리거나 견디지 못하고 책임을 회피하게 되는데 이때 아기는 자신이 투사한 모든 것의 의미를 박탈당하게 되고 알 수 없는 두려움으로 돌아오게 된다. 어떤 어머니는 투사적 동일시 과정에서 자신의 일부가 상실될 것을 두려워하여 아기에게 되돌려주지 않는 경우도 있다. 양육자가 우울증을 겪고 있는 경우라면 아기가 투사한 것을 거의 반사하지 못하고 흡수해버린다. 이때 아기는 어머니의 죽어있음이 자기 안에 있는 생명을 빨아들이는 것처럼 느낀다. 살아있는 투사들이 반사되지 못하도록 흡수하는 모성은 아기로 하여금 고갈과 공허 상태에 놓이게 만든다. 결국 아기는 죽어있는 대상과 무의미하고 공허한 소통을 반복할 뿐이다.[221]

모아관계에서 일어나는 투사적 동일시 현상을 상호주관성의 관점에서 이야기해 보면, 이 현상은 어머니와 아기가 공동으로 정서를 조절하고, 공동으로 의미를 창조한다는 개념이다. 모아관계에서 공동조절과 공동창조는 상호적이다. 당연히 어머니가 자녀에게 끼치는 영향이 더 크겠지만 중요한 것은 어머니와 아기 사이의 영향은 양방향으로 작용한다는 사실이다.

3) 'O'를 제공하는 모성

비온은 내면의 불가해한 신비를 연구하면서 제일의 실제(primary reality)를 'O'라고 불렀다.[222] 비온은 상담실에서 펼쳐지는 드라마를 "진화의 'O'와 또 다른 진화하는 'O'의 교차점"이라고 말하였다. 'O'는 결코 밝혀질 수 없다. 다만 'O'에 대한 느낌만 확인할 수 있다. 'O'의 영역은 절대자, 궁극적 실제, 혹은 궁극적 진리, 존재의 원인인 신 또는 신성들과 관련된다. 'O'는 플라톤의 이데아, 클라인의 타고난 환상들과 상응하지만 기호가 아닌 상징이기 때문에 'O'의 본질은 그 자체의 불가지성이다.

비온은 자신의 저서 『주의와 해석』에서, 'O'는 경험 또는 물자체(thing-in-itself)로 설명한다. 'O'는 인간정신을 통해 여과됨 없이 존재하는, 있는 그대로의 사물(thing as it exists)을 의미하며, 그것은 인간의 마음에 대해 분명하게 알 수 없는 어떤 것이다. 따라서 'O'는 마음의 이해나 표상과는 관계없이 그저 순수한 형태로 경험되는 것이다. 'O'는 우연을 빼고는 지식 혹은 배움의 영역으로 들어오지 않는다. 'O'는 되어갈 수 있으나 알려질 수는 없다.[223] 사람은 다만 그 순간의 경험 속으로 들어감으로써 어떤 주어진 유한한 실제 뒤에 있는 무한한 진리, 실제를 직감할 뿐이다. 또한 'O'는 '어둠'과 '형태없음'(formlessness)이지만 경험에 의해 얻어진 지식을 통해 알려질 수 있는 곳으로 진화할 때, K영역으로 편입된다. 그 때 'O'의 실존은 현상학적으로 추론될 수 있다. K영역은 보편적이거나 개인적 삶의 경험적 측면이다. 그것은 우리가 개방적이고 수용적인 마음 구조 안에서 'O'와 상호작용을 통해 알게 되기를 기대할 수 있는 경험이다. 중요한 것은 'O'에 대한 직관적 이해를 통해 그가 말하고자 하는 것을 인지하는 것이다. 그 직관적 이해는 자신의 불완전하고 제한된 단어들로 전달하기 위한 진리에 대한 이해라 할 수 있다.

비온은 정신의 본질을 묘사하기 위해 기독교 성육신 같은 개념을 사용한다. 신이 인간의 몸으로 왔다는 것은 이해 불가능한 것이 이해 가능한 상태로 왔다는 것이다. 이것은 'O'가 K로 진화한 것으로 볼 수 있다. 흔히 육화된 실제라고 부르는 현상들은, 외부에 있건 내부에 있건 형언할 수 없는 'O'로부터 유래한 방사물들이다. 그 'O'중에는 개인적 'O'가 존재한다.

유아는 자신 안에 있는 나쁜 엄마를 투사를 통해 밖으로 축출하고 그 자리를 환상적 엄마로 대치함으로써 정서적 안정을 추구한다. 반면에 페어베언은 오히려 나쁜 엄마를 내사하여 자신의 통제 아래 둠으로써 안정감을 추구한다고 주장한다. 비온은 이 두 관점을 통합한다. 유아가 내사한 나쁜 엄마(젖가슴)는 현실적 엄마라기보다는 베타요소의 어두운 측면이다. 나쁜 엄마로 대변되는 베타요소는 그것이 안에 있든 밖에 있든 용해되고 분화될 숙명적 과제를 안고 있다. 비온에게 엄마에 대한 양가감정은 일시적이며, 고정적이거나 발달적 경험은 아니다. 좋은 엄마와 나쁜 엄마에 대한 극단적 분열과 통합은 언제라도 전도될 수 있다(PS ↔ D). 엄마는 일단 유아에게 절대적 진리인 'O'로 경험된다. 밝음과 어둠의 대극을 담고 있는 'O'의 속성은, 유아에게 선의 주체이면서 동시에 두려움과 공포의 대상이 된다. 'O'의 어두운 측면(베타요소)을 내사한 유아(환자)는, 공포로부터 해방되기 위해 그것을 외부로 투사한다. 그리고 엄마(치료자)가 그것을 담아내기를 요구한다. 유아에겐 'O'를 담아낼 그릇이 없기 때문이다. 오직 'O'(궁극적 진리 혹은 진실)에게 자신을 열어 보이는 엄마(치료자)만이 유아의 베타요소를 담아낸다. 비온에 의하면, 환자는 'O'가 진화된 형태며, 치료자는 그 'O'가 무엇인지 알 수 없다. 다만 치료자가 그 'O'가 되어 환자를 담아낼 수밖에 없다. 엄마에게 담겨진 유아의 베타요소는 알파기능을 통해 알파요소로 변형된다.[224] 그것은 마치 아무런 생명력이 없는 듯이 보이는 무가 생명이 담긴 유로 변하는 것과도 같다. 그것은 관계맺기(짝짓기)에서 출발한다. 유아와 엄마가 관계를 맺는 순간 알파요소는 작용하기 시작한다. 관계맺기는 '의미 없음'에서 '의미 있음'으로의 변화다. 유아의 투사적 동일시를 담아내는 엄마만이 유아와 관계를 맺고, 그 두 인격체는 신뢰와 일체를 경험하게 된다. 환자 역시 치료자의 'O'를 인식하고, 이를 자신의 내부지각의 진화와 'O'의 진화가 만나는 지점을 표상하는 체계를 통해 표현한다.[225]

사실 엄마의 용기(container)에 담긴 유아는 그 용기의 내용(contained)이 된다. 유가 무의 내용이 될 때, 무와 유는 일체가 된다. 그것은 융이 말하는 원형이라는 빈 그릇에 현실적 경험이 담길 때 정서

(행동)의 틀이 형성되는 이치와도 같다. 따라서 담는 자(♀)와 담기는 자(♂)는 상호주관적이며 생명의 동반자가 된다. 무는 유가 있을 때 무의 본질인 도가 덕으로 드러난다. 그것은 무와 유를 담아내는 큰 그릇을 필요로 한다. 연금술에서 사용되는 용광로야말로 치료자와 내담자를 담아내는 큰 용기라고 할 수 있다. 구원자를 찾는 것은 진실을 알고자하는 것을 외면하는 행위(-K)다. 그저 함께 큰 용기인 'O'에게 마음을 여는 길밖에 없다.

03

상담의 장에서 나타나는 모성

1) 안아주고 담아주는 모성

안아주기는 마치 어머니의 두 팔을 떠올리게 하고, 담아주기는 무엇이든 담아낼 것 같은 어머니의 마음을 연상케 한다. 이 둘은 매우 유사한 기능을 한다. 담아주는 어머니는 아기를 달래주기도 하고, 때로는 아기의 공격에 버텨주어야 한다. 비온은 담아주는 자의 주의 깊고 수용적이며 내사적 모성적 환경 또는 경험을 설명하기 위해 몽상이라는 용어를 만들었는데, 기능은 위니캇이 말한 안아주기의 정신적, 정서적 기술과 유사하다.[226] 이 두 모성적 기능은 모두 '견디어 내기'와 '살아남기'다. 안아주기는 아기의 무자비함 속에서도 살아남아야 하고, 담아주기에서는 아기가 정신적 소화력이 작아서 감당할 수 없는 것을 투사하는데 이때 부모는 이 모든 것을 받아주고 견뎌내야 한다. 그 결과 아기는 어머니의 안아주기로 좋은 내적 대상을 간직하게 되고, 어머니의 담아

내기로 정신발달의 토대를 갖추게 된다.[227]

상담에서 안아주기와 담아주기는 상담자와 내담자가 치료적 동맹을 맺을 때 적용된다. 특히 환경적 전이는 내담자가 감당하지 못한 심리적 내용물을 상담자가 안아주고 담아줄 때 일어난다. 이때 만들어진 환경적 전이 속에서 내담자가 변화되고 성장할 수 있는 공간이 창조된다. 담아주기의 전체 과정은 내담자의 불안을 담아줄 수 있는 용기와 환상적 형태로 사고할 수 있는 능력, 즉 내담자가 스스로 처리할 수 없는 불안과 환상을 누그러트릴 수 있는 능력을 제공하는 것을 포함한다. 이처럼 담아주기는 환경적 안아주기, 초점적 안아주기, 관계 맺기를 포함한다고 볼 수 있다. 환경적 전이는 환경적 안아주기에 해당하는 전이로, 심리치료 초기에 내담자가 자기 삶의 고뇌에 대해 상담자에게 이야기하는 동안 활성화된다. 이때 상담자는 안아주는 환경에 의존하여 점점 내담자와 관계를 구축해가지만, 아직 내담자의 내적 대상이 되어주지 못한다. 내담자가 상담자를 내면세계의 진정한 이해자이자 동반자로 인식할 때 비로소 내적 대상을 탐색할 수 있기 때문이다. 담아주기에서 이러한 상담자의 역할은 내적 대상들과 자기를 재구성하는 일을 포함해서 내면세계의 재조직화를 위한 촉매작용을 담당한다.[228]

상담이 진행되면서 상담자는 '안아주는 환경'과 '내담자가 감당하지 못하는 것을 담아주는 역할', 이 두 가지 역할을 동시에 수행하고 있는 자신을 자각하게 될 것이다. 안아주는 상담자는 내담자의 자기가 발달하고 성숙하도록 촉진하는 것이다. 여기서 상담자의 중요한 특성이 확인되는데, 상담자는 자신이 중요한 사람이 아니고 내담자를 위해서 중요한 기능을 수행하는 대상이라는 점이다.[229] 토마스 옥덴(Tomas Ogden)의 경우, 안아주기는 '존재와 시간과 연관된 사고의 처리'와 핵심적으로 연결된 개념으로 보았다. 유아의 생애 초기 발달에서 환경이 충분한 역할을 해주어야 유아는 비로소 성장이 가능해 진다. 만약 환경이 충분하지 못하면 유아는 환경의 침범에 대응하는 데 몰두하게 되어, 결국 자기 과정이 중단된다. 이런 상황이 어떤 한계에 도달하게 되면, 유아는 자기의 핵을 보호하기 위해 발달 과정을 스스로 정지시키게 된다. 이처럼 충분하지 못한 환경이 개선되거나 교정되지 않으면 유아의 발달적 진전은 담보되기 어렵다.[230]

2) 함께 몽상(reverie)하며 놀아주는 모성

위니컷과 비온에게 몽상(reverie)은 단순히 경험하는 것이 아니라 그 경험을 받아들이고 소화시키기 위한 필수적 활동이다. 몽상을 통해 경험에서 무언가를 찾아내고, 경험을 활용하며, 이를 내면에서 소화해 내는 것이다. 몽상을 통해서 사물들은 실제가 되고 정서적으로 의미 있는 것으로 변환된다. 이런 점에서 몽상은 어머니와 아이 모두에게 중요한 것이다.[231] 위니컷과 비온에게 몽상은 무의식적으로 깨어 있는 사고, 감정이며 존재의 필수 요소다. 이들은 몽상을 상상하기, 환상하기의 한 형태로 이해한다. 몽상을 좀 더 설명하면, 몽상은 새로운 사건을 정렬하고, 조심스럽게 해체한 다음, 상상력 있는 재구성과 미적 재형태화를 거친다. 그리고 과거의 경험들과 연결하여 개인적 경험으로 전환하고 주관적 범주화를 가능하게 한다. 즉, 몽상은 개인적으로 의미 있는 정서적 경험으로 변형시키는 정서적 기능이다. 몽상은 의식세계에서 알아차릴 수 없도록 의식이 무의식화되는 것에 더 가깝다. 무의식과 의식은 양안적 관점에서 서로 대립하면서도 협력관계로서 서로 열려있다. 의식이 무의식화 됨으로써 얻는 유익은 미지 세계로 진입하게 되고, 그로 인해 상상과 환상의 꿈을 꾸는 것이다.

몽상과 관련하여 비온은 환자의 정서와 공명하는 분석가의 무의식적 정서적 반향을 최적화하여 이끌어내는 방법으로 깨어있는 몽상(reverie)을 제안했다. 몽상은 모성상태의 축어라 할 수 있다. 몽상은 사랑으로 적셔진 상태에서 유아가 투사하는 것이 선한 것이든 악한 것이든, 그것을 수용하기 위해 마음을 활짝 열어 놓은 상태를 말한다. 그것은 관계성의 기초며, 모성의 알파기능의 한 측면이다. 이런 상태에서 이뤄지는 대부분의 사고는 대부분 무의식적이다. 아이의 무자비한 투정과 떼를 잘 받아주고 있는 엄마는 바로 이 몽상 중에 있다. 이때 엄마는 자신의 알파기능을 통해서 아이의 고통스런 정서경험을 수용하고, 그것을 자신의 내부에서 알파요소들로 변형시킴으로써 현재 일어나는 부정적 사건을 처리하게 된다.[232] 반대로 아이의 작은 투정도 받아주지 못하는 엄마는 아이가 소화할 수 없는 감각경험인 베타요소들을 소화될 수 있는 것들로 변형시키는 능력, 알파기능이 손실되었기 때문이다. 알파기능이 손실된 어머니의 경우 마음과 정신에서 소화되지 못한 감각적 인상들과 사실들로 인해 고통 받는다. 소화되지 않은 것들은 기억으로 변형되지 못하고 외상적 경험으로 남아, 연결되지 않은 파편화된 부호로 남게 된다. 결국 그러한 경험들은 역사화되지 못하면서, 어머니는 역사가 없는 주체(subject without a history)가 된다.[233]

육아를 유독 힘들어 하는 어머니들이 있다. 특히 육아 중 자주 경험하게 되는 감정조절의 실패 때문이다. 아이를 잘 돌보지 못하는 엄마는 죄책감이 크다. 이러한 육아 감정의 고통은 감정의 고통을 어떻게 처리해야하는지 알지 못하기 때문에 발생한다. 그러나 이러한 문제는 아기에게 더 심각한 문제라고 말할 수 있다. 아기가 자신의 고통스런 감정을 스스로 처리하기 위해서는 우선 의식과 무의식에서 오는 것을 음미하고 그 감정에 이름을 붙여야 한다. 그리고 아기는 자신의 환상과 상상력을 동원하여 그것을 다시 현실로 복귀할 수 있는 이야기로 재탄생시켜야 한다. 하지만 아기는 이러한 정신능력이 부재하기 때문에, 이를 대신 감당해줄 모종의 것이 필요하다. 그것 중 하나가 모성이고 또 하나는 놀이다. 아기는 지속되는 고통에 대한 이야기를 재구성하기 위해서 먼저 내적, 외적 현실의 대상들과 함께 놀아야 하다. 여기서 놀이는 그동안 옳다고 믿었던 고정관점과 방식을 모두 내려놓고 가장 원초적 상태에서 타자에 대한 의식도 없이 상상하고 창조하는 행위다. 어머니가 아이에게 몰두하거나 반응할 때 이러한 놀이가 일어난다. 이를 비온 도식으로 설명하면, 알파요소들은 환상들과 각각의 신화, 상징들을 만들고, 몽상과 유사한 알파기능이 작동하게 된다. 이런 관점에서 어머니는 아이의 손상된 몽상능력을, 상담자는 내담자의 손상된 몽상능력을 회복할 수 있도록 도와야 한다. 아기는 고통을 겪으면 자신이 죽을 것만 같고 아무 것도 남지 않을 것이라는 파국적 생각에 압도당하는데 이는 몽상이 되지 못한 결과로 볼 수 있다. 몽상이라는 것이 경험에서 느꼈던 진실을 찾고, 자신의 일부로 받아들이는 과정이라면 역설적으로 고통의 이면에 깊이 감추어져 있는 것이야 말로 자신에 대한 진실을 웅변하는 것일 수 있다.[234]

아기의 고통에 대해 어머니가 함께 꿈을 꾼다는 것은, 고통을 없애거나 축소하는 것이 아니라 고통을 있는 그대로 바라보면서 동시에 소화할 만한 정신물질로 만들어내는 것이다. 이것이 가능하려면 창조적으로 상상하고 환상할 수 있는 능력, 그리고 사고할 수 있는 능력을 갖추어야 한다. 몽상은 의식 공간만으로는 부족하고 어머니가 자신의 젖가슴을 아기가 꿈꿀 수 있는 공간으로 내주어야 하며, 동시에 무의식과 O에 대해서도 모두 열려 있어야만 새로운 이야기가 창조될 수 있다. 아기는 어머니의 담아주기 안에서 고통을 맛보고, 몽상을 통해 자신이 받아낼 수 있는 정도로 변형한 뒤 이를 다시 자기 것으로 담아내게 된다. 그 결과 고통에 대한 고통이 자신의 것이 되면서, 아기는 오히려 고통을 효과적으로 다루게 되고, 있는 모습 그대로 살아가는 것을 두려워하지 않게 된다. 이는 치료의 장에서 그대로 재연된다.[235]

비온은 마음의 성장, 즉 생각을 담는 역량을 발전시키는 데 치료 목적을 두었다. 이러한 비온의 철학에 큰 영향을 받은 옥덴은 정신분석을 대리적 몽상을 통해 알파-기능이 손상된 사람들에게 꿈과 몽상능력을 되돌려주는 작업으로 정의하였다. 그래서 그는 방해받아 몽상하기 어려운 사람이 몽상을 잘할 수 있도록 돕는 것이 정신분석의 기술이라고

생각했다.[236]

모아관계에서 어머니는 유아의 고통을 함께 몽상하면서 놀아줄 때 유아의 좀 더 정확한 감정과 고통을 알게 된다. 몽상은 유아의 고통을 인지하는 것뿐만 아니라 정서적으로도 버틸 수 있고 그것을 효과적으로 변형시킬 수 있다는 것을 확인시켜 줌으로써 유아의 고통을 함께 담아주게 된다.

3) 되어주는(becoming) 모성

정서적 소화과정인 몽상이 일어나는 동안 어머니는 아기가 되어야 한다. 허기나 몸의 불편함이 모성의 민감함으로 마술적으로 제거되지 않을 뿐만 아니라, 아무리 도움을 요청해도 필요가 공급되지 못하면 아기는 자기핍박과 멸절공포에 휩싸이게 된다. 이때의 상처로 인해 아기는 자신의 고통을 바라보지 못하고, 그것을 증상으로 덮어버리게 되면서, 결국 아기의 고통은 더 이상 아기 혼자서 처리할 수 없는 것이 되어 버린다. 초기 모성몰두를 받아보지 못한 아기는 자신의 고통을 꿈꿀 수 있는 정신적 재료들이 없기 때문에 정신을 갖는 것 자체가 고통이다. 아기는 불편, 허기, 유기 등의 고통 내지 두려움을 느낄 때, 자신의 고통과 두려움에 반응하거나 다룰 수 있는 능력이 거의 없다. 아기는 신체 및 정신구조가 모두 미발달된 상태이기 때문에 울고 보챌 뿐이다. 이처럼 아기는 자신의 안팎에 있는 부정적 자극과 신호들에 어떻게 반응하고 다뤄야할지 알지 못할 때 그것들은 어떤 형태로든 표출되게 된다. 이때 어머니는 아기의 고통에 함께 참여하여 대신 처리해줄 수 있는 공간을 마련해야 한다. 여기서 어머니가 '대신 처리해준다'는 것은 아기의 반응과 대응을 대신한다는 의미가 아니라, 아기가 느끼는 자극을 감해주거나 제거해주는 것이다. 이 과정에서 관건은 어머니가 얼마나 빨리 아이의 고통이나 불편에 반응하느냐이다. 어머니가 아이에게 반응하고 그것을 처리할 때까지 아기가 견디어 내면, 아기는 어머니의 정신 능력을 함입하고 그것을 자기 안에 구축하기 시작한다. 이때 작용하는 어머니의 능력은 '되기(becoming)'다.

'되기'와 관련한 비온의 이론을 살펴보면, '되기'는 두 가지 방식으로 사용된다. 하나는 '모든 것은 항상 되고 있다'는 플라톤의 사상적 개념이다.[237] 다른 하나는 상담자는 내담자가 되어야 한다는 것이다. 이는 모아관계에서도 동일하다. 음식물이 소화되어 우리 몸의 일부가 되는 것처럼, 어머니는 아기가 의식적, 무의식적으로 내던지는 투사물을 소화 가능한 것으로 만들어 되먹여야 한다. 이를 위해 어머니는 자신을 대신 소화하는 자로 허락해야 한다.[238] 여기서 '되기'는 융합과 다른 개념이다. 융합은 흔히 대상과 자신의 경계를 포기하는 것이고, 더 이상 지각하는 자기로서 기능하지 못한다는 의미를 포함한다. 그러나 모성 '되기'는 어머니가 아기의 정서들, 경험들, 환상들을 담고 있는 내적 자기 또는 무의식에 민감하게 접촉하면서 정서적 교감을 이뤄내는 것이다. 이러한 '되기' 현상은 상담자와 내담자 사이에서도 의식적, 무의식적으로 매우 유사하게 나타난다.[239]

모성을 발휘한다는 개념은 어머니가 아기가 된다는 의미와 연결된다. 이것은 아기의 정서적 상태를 절묘하고 유사하게 모의(simulating)하는 것을 뜻한다. 모성몰두 시기에는 공감하는 어머니가 아이와 깊이 동일시되어 있다가 시간이 지나면서 점점 분리되며, 아기도 그 사실을 점점 지각하고 받아들이게 된다. 만약 아기의 발달과정에서 경계 또는 접촉장벽이 형성되지 못하면, 어머니와 아이는 서로의 고통에 휘둘리거나 압도당하여 분화된 존재가 아닌 융합된 한 존재로만 남게 된다. 이때 어머니가 아이의 온갖 투정을 버텨주지 못하면 아기의 몽상은 실패하게 된다. 반면 어머니가 아기의 몽상을 위해 대신 '되기'가 가능하다면, 어머니는 고통을 겪는 아기가 될 수 있다. 이는 단순히 상대방의 입장이나 처지가 된다는 의미를 넘어 심층적 차원에서의 공감이 된다. 어느 사람의 고통을 이해한다는 것은 그 사람의 입장이 되어 보지 않고서는 거의 불가능하다. 아기가 되어본다는 것은 아기의 무의식에 접촉하는 것으로, 이는 함께 고통을 감내하는 어머니의 담아주기 도구가 된다.

상담에서 상담자의 모성이 발휘되는 장면은 아마도 공감일 것이다. 공감은 지금까지 충분히 연구되어져 왔다. 공감은 다른 사람을 이해하는 방편으로 자신을 다른 사람의 감정적 처지에 두거나 혹은 상대의 내면을 들여다보는 방식으로 설명될 수 있을 것이다. 공감은 융합과 달리, 개인의 경계가 완전히 상실되지 않으면서 상대와 비슷하게 느끼는 감각이다. 코헛의 설명을 빌리면, 공감은 전체 치유과정의 핵심이며 모든 치료환경에서 결정적 요인이다. 특히 공감은 환자의 관점으로, 환자의 상황을 보는 것을 의미한다. 치료자는 공감과 동정심 사이의 혼란을 피하기 위해 지속적으로 노력해야 한다고 하며,[240] 이러한 맥락에서 코헛은 공감을 '일시적 거주(temporary indwelling)' 또는 '대리적 성찰(vicarious introspection)'로 표현하였다. 치료자가 공감하기 위해서는 치료자 자신의 관점을 유지하면서 동시에 환자의 입장에서 환자를 상상하는 것이 필요하다. 동시에 치료자는 무비판적이어야 하고 환자가 자기 자신에 대해 또는 과거나 현재 환경, 대상들에 대해 어떤 말을 하든지 판단하지 않아야 한다. 치료자는 환자를 나쁜 대상이 아닌 그냥 인간으로 가정하고 대하여야 한다. 치료자가 환자를 부정적으로 보는 관점은 전이 상황의 위험에 처하게 하고, 반대로 긍정적으로만 보면 실망과 좌절을 겪게 된다. 이는 치료자의 공감을 동정심으로 대체하게 하고, 치료 상황에서 안전성을 위협할 수 있다.[241]

상담에서 상담자와 내담자 간의 공감적 상호작용은 일종의 전이로 볼 수 있다. 자기심리학적 관점에서 보면 상담자가 내담자를 공감하고 그런 공감을 내담자에게 전하기 때문에 상담자는 자기대상 기능을 수행한다고 볼 수 있다. 상담자는 내담자를 위해 내담자의 자기를 버텨주고, 가치 있게 여겨줄 때 이를 자기대상 기능 또는 경험이라고 부르게 된다. 즉, 상담자가 외부대상으로 남아 있으면서 동시에 내담자를 위해 내면을 들여다보고 감정을 인식하는 자기-기능을 수행하는 것이다. 스톨로우(Stolrow)와 그의 동료 연구자들은 이러한 교류를 상호주관성이라는 개념으로 정교화하였다.[242]

물론, 상담에서 자기대상 기능수행이나 상호주관성을 지나치게 강조하면, 마치 마술적으로 자동적 소통이 일어나는 것처럼 치료자의 마음 속에 있는 심리적 경계를 흐리게 할 수 있어 주의가 필요하다. 상담 중 내담자는 자신의 곤란을 상담자에게 투사하고 동시에 자신이 상담자의 마음 속에 그런 느낌이 일어나도록 하는 투사적 동일시를 사용하기도 한다. 이때 상담자가 내담자의 투사를 내면에 받아들이고 그것과 동일시하며, 내담자의 곤란이 열등감의 증거가 아니라 어려움에 대한 이해로 그 투사를 다시 내담자에게 돌려줌으로써 처음 것을 변화시키게 된다. 이러한 방식으로 투사된 정서와 자기 경험을 안으로 받아들이고 심리적으로 소화하며 되돌려주는 과정을 비온은 '담아내기'라고 불렀다.

상담자가 공감한 바를 환자가 수용했을 때 내담자 자신이 이전에 투사했던 것들은 상담자의 확신에 찬 기대 때문에 그 성질이 바뀌게 된다. 즉, 내담자가 그것을 다시 내면화하게 되면서 투사적 동일시와 내재적 동일시의 순환 과정에 의해 변화되는 것이다. 내담자가 내사적 동일시를 경험하게 될 때 상담자는 투사적 동일시를 한다. 상담자는 내담자가 자신에게 던져 놓은 여러 가지 어려움들에 대해서 그것이 이해가 능하고 해결 가능하거나 견딜 수 있는 것이라는 상담자의 확신을 내담자에게 투사하며, 내담자 안에 있는 그 감정과 동일시해야 한다. 내담자가 자신의 한 부분을 투사함으로써 투사적 동일시를 했을 때, 상담자는 내사적 동일시를 한다. 물론 여기에서도 어느 정도 불확실성을 염두에 두고 적용해야 한다. 만약 상담자가 공감이나 내사된 감정이 오롯이 내담자에게 속한 것이라고 하거나 내담자에게서 나온 것이라고 지나치게 확신하게 되면, 두 사람 사이에 심리적 밀착이 발생할 수 있다. 이때 상담자는 내담자의 자기감각을 손상시키는 방식으로 그런 감정을 잘못 귀인시킬 수 있고, 그 결과 내담자를 더 혼란시키거나 해리상태로 악화시킬 수도 있다. 이 문제를 해결하기 위해서 상담자는 내담자에게 일어나고 있는 경험에 대한 자신의 직관적 느낌을 수정하는 데 열린 마음을 가져야하고 내담자가 자신의 감정을 정확하게 전달하게 될 것이라는 믿음을 가져야 한다.

지금까지 본 장에서는 모성의 외현화 현상을 '양육에 나타난 모성'과 '심리현상에 나타난 모성' 그리고 '상담의 장에서 나타난 모성'으로 나누어 고찰하였다. 다양한 차원에서 모성의 외현화 현상을 살펴봄으로써 모아관계에서의 긍정적, 부정적 정신 작용을 이해하고 그 영향을 파악한 것은 매우 의미 있다. 그러나 이러한 이해로는 교회 공동체에서 만나는 모성장애로 위기에 처한 내담자들을 효과적으로 돕기에는 제한점이 있다. 따라서 다음 장에서는 모성을 재양육하는 기독교상담을 제안하려 한다. 이는 상담신학의 핵심인 성부, 성자, 하나님 하나님의 신비한 개입과 일하심을 과소평가하지 말고, 양가적 모성을 재양육하는 과정에 적극 접목하자는 제안이기도 하다.

CHAPTER 4

모성을 재양육하는 기독교상담

하나님이 폭력적 세상에 발을 들이고 십자가에서 폭력을 수반한 놀라운 환대행위를 수행함으로써 종말론적 순수하고 무조건적 환대를 보여주었다. 이 환대는 그리스도를 죽음에 이르게 한 하나님의 불의처럼 보일지라도, 하나님으로부터 소외된 자들로 하여금 믿음과 사랑의 반응을 불러일으키는 구원의 길이 되었다.

예루살렘의 시릴(Ciril of Jerusalem)은 "하나님이 십자가에서 두 팔을 펼치신 것은 세상 저 끝까지 품에 안기 위함이셨다. 이로써 골고다는 이 땅의 가장 중심이 되었다"고 기록하였다.[243] 라인하르트 후터(Reinhard Hutter, 1958-)의 말을 빌리면 환대의 인간적 실천은 하나님 자신의 환대의 연장(extension)이자 반영(reflection)으로서 하나님이 삼위일체의 사랑을 티끌 같은 사람과 나누는 것이다. 이 환대의 중심에는 죽음과 부활이 서 있는데, 이는 하나님 편에서 가장 핵심적 진리를 제정한 것이고 정확히는 하나님의 풍성한 환대의 문턱인 것이다.[244] 기독교 역사에서 그리스도의 죽음과 부활은 하나님의 환대의 궁극적 표현이 된다. 시릴이나 후터의 신학을 인용하면 하나님은 십자가에서 자신의 환대를 구현한 것이다.

또한 잘 알려진 돌아온 탕자의 비유에서도 하나님의 구현된 환대가 잘 드러난다. 이 이야기 속에서 아버지는 격식이고 뭐고 할 것이 없이 잃었던 아들을 달려가 맞이한다. 아버지는 거지가 되어 돌아온 아들의 지위를 공동체의 일원으로 회복시켜주고, 그에게 권한을 부여하며, 자유를 다시 허락한다. 아버지의 환대는 탕자 아들의 자유를 무효화하지 않고 강제적이지도 않다. 아버지는 아들이라도 자신 멋대로 만들려고 하지 않는다. 헨리 나우웬(Henri Nouwen, 1932-1996)은 자신의 저서 『탕자의 귀환(return of the prodigal son)』에서 아버지 사랑은 "강제하거나 속박하거나 떠밀거나 잡아당기는 법이 없다. 그것은 아버지 사랑을 거부하거나 그 사랑에 대한 화답까지 거부할 수 있는 자유를 허락한다"고 말한다.[245] 이러한 하나님의 모습에 대해 팀 켈러(Timothy

Kellerm, 1950-)는 둘째 아들의 수식어인 '방탕'이 아버지에게도 잘 어울린다고 말한다. 왜냐하면 아버지가 둘째 아들이 저지른 큰 잘못에도 불구하고 그를 추궁하거나 잘못된 행위에 응분의 책임을 묻거나 단죄하지 않았기 때문이다. 이러한 아버지의 모습은 큰 아들에게나 당시 사람들에게 모두 무모하고 무책임하게 보였을 것이다. 예수님이 두 아들의 이야기를 통해 우리에게 보여주는 하나님의 모습은 앞뒤 재지 않고 아낌없이 다 내주시는 자비로운 아버지의 형상이다. 켈러는 그런 의미에서 하나님은 모든 자에게 탕부가 된다고 말한다. 탕부 하나님의 무모한 사랑이야말로 우리의 가장 큰 소망이고 삶을 변화시키는 경험이 된다.[246] 그래서 우리가 인생 여정 중에 길을 잃거나 삶이 파국에 이르렀을 때에도 하나님의 자애로운 환대는 우리가 자발적으로 하나님의 따뜻한 품에 안기기를 요청한다.

본 장에서는 하나님 얼굴로 환대하기 외에 하나님의 초월적 안아주기, 하나님의 모성적 공간(코라) 제공하기, 하나님(O)안에서의 믿음(F)으로 변형하기를 다루어 양가적 모성, 특별히 상처입고 박탈당한 모성을 재양육하는 기독교상담적 접근을 모색하려 한다.

01

하나님의 얼굴로 환대하기

모성의 새로운 윤리적 가능성에 대해 로즈는 "아이를 낳는 것은 이방인을 환대하는 행위며, 그 결과 어머니노릇은 '우리 자신의 낯섦과의 가장 강렬한 형태의 접촉'이 된다"고 주장한다.[247] 모아관계에서 낯섦은 엄마의 정체성과 타자인 아기의 정체성 사이의 차이로, 이는 자기공간과 타자공간이 부딪치는 과정에서 인식된다. 다른 공간과 부딪친다는 것은 본질적으로 불편한 일이고, 이러한 일이 빈번해진다면 그것은 고유한 정체성(아기)에 위협이 될 수 있다. 특히 권력이 불균형한 공간 안에서는 약한 자의 정체성이 무시당하기 쉽다. 어떤 공간에서는 주체가 높이 평가하는 무엇인가를 가지지 못하면 아예 들어갈 수 없는 배타적 공간이 만들어지기도 한다. 그러한 공간에서 거부된 사람(아기)은 혐오대상이 되기 쉽다.[248]

상담에서도 상담사와 내담자는 서로의 여러 낯섦에 접촉하게 된다. 그 중 대표적 낯섦 중 하나가 몸이다. 상담을 시작하면서 상담자는 먼저 내담자에 대한 기본적 사회적 정보를 수집한다. 이 정보의 대부분은 몸에 관련된 것들이다. 사람의 몸에는 개인 삶의 궤적과 상처들이 자연스럽게 각인되어 있다. 몸은 저장 공간이자 타자와 소통하는 주체가 된다. 그렇기에 사람과 사람이 소통하고 교감하기 위해서는 공간에서 거부된 몸의 특성을 살펴볼 필요가 있다.[249] 몸에 대한 속성을 살펴보면, 첫째, 일반적으로 인간은 자신과 다른 피부색, 외모를 거부하고 공간을 분리하려 한다. 일단 공간이 분리되면 일시적으로 편안함과 안정감을 얻게 되지만, 공간분리가 지속되면 편견과 차별을 낳게 된다. 나에게 직접 피해를 입히지 않았음에도 그러한 사람들에게 거부감을 느끼고 그들을 배재하려 한다. 이는 인종차별과 증오로 이어져 왔다.[250] 둘째, 문화마다 선호하는 몸이 있다. 흔히 여성보다는 남성의 몸을, 나이든 몸보다는 젊은 몸을 선호한다. 선호하는 몸이 어떤 몸인가에 따라 그렇지 못한 몸은 경시되거나 다른 공간으로 배제된다.[251] 셋째, 몸은 삶의 궤적을 드러내는 특성에 따라 차별받는다. 신체에 남게 된 특성에 따라 어떤 몸은 고상하고 세련된 몸으로, 어떤 몸은 빈곤하고 천박한 몸으로 간주된다. 넷째, 소유와 권력에 따라 몸의 움직임과 동선에 차이가 난다.[252] 많은 자본과 권력을 가진 자의 몸은 그 움직임이 자유롭다. 그들의 몸은 자유롭게 움직일 수 있다. 하지만 자본이나 권력이 빈약한 자의 몸은 그럴 수 없다. 그들의 공간은 좁고 시선도 자유롭지 못하다. 강자는 자신의 공간에서 약자의 몸을 비켜달라고 요구하기까지 한다. 다섯째, 몸은 자신과 다른 오감을 배척한다. 몸에 자극

되는 오감이 자신의 것과 다르면, 사람은 거부감을 느끼고 그것들을 배척해 자신의 공간에서 멀리 추방하려 한다. 이러한 몸의 특성을 잘 이해하면, 공간에서 몸에 대한 위협이나 배제, 폭력을 줄이면서 조금 더 편하게 함께 있을 수 있다. 결국 안전하고 평안한 공간을 만들기 위해서는 타자의 몸을 거부하지 않고 담아주어야 한다.[253] 그 시작은 타자의 얼굴을 대하는 것에서 시작된다.

1) 환대의 다양한 얼굴

먼저 환대의 심리적 측면을 잘 담아낸 크리스틴 폴(Christine Pohl)의 논의를 살펴보면, 환대란 자신에게 찾아온 이방인을 향하여 인간됨(humanness)의 가치를 인정하는 행위로 정의한다. 특히 폴은 환대가 제공될 때 수혜자들에게 발생하는 심리적 변화, 즉 환대가 제공하는 변혁적 힘(transformative power)에 주목한다. 그녀에 따르면, 환대경험은 수혜자들의 내면에 작지만 중요한 변화를 일으킨다고 지적한다. 그것은 인정(recognition)이라는 경험을 통해서, 환대를 경험한 자들에게 자기평가에 대한 개선과 증진이 일어난다는 것이다. 이 과정에서 환대는 보이지 않는 존재가 보이는 존재로 여정을 시작할 수 있도록 이끌어준다는 것이다.[254]

환대를 신학적 개념으로 발전시킨 신학자 레티 러셀(Letty Russel)은 환대를 새롭게 규정할 필요가 있다고 역설하면서, 이를 "우리가 타인이라고 칭하는 자들과의 협력의 한 형태라고 정의하였다.[255] 영성신학자인 메조리 톰슨(Majorie Thompson)은 역시 환대를 자신의 공간 안으로 다른 사람을 진심으로 받아들이는 행위로, 이를 솔직한 존중과 함께 자유롭고 기쁜 마음으로 상대의 필요를 제공해주는 것이라고 설명한다.[256] 진정한 환대는 상대를 향한 존중을 보일 때 가능해진다. 존중은 소통을 가능하게 하고, 그 존중과 인정은 타인에 대한 집중으로 표현된다. 타인에 대한 온전한 집중은 상대방이 소중한 존재임을 반영하는 것이다. 환대에 있어서 존중과 인정은 하나님의 형상을 입은 존재로서의 공통적 인간됨 때문에 가능해진다. 이 인간됨의 공통적 경험을 통해서 우리는 낯선 사람들에게도 다가갈 수 있게 된 것이다. 또한 환대는 단순히 봉사적 행위 이상인 삶의 나눔이다. 환대 현장은 개인의 삶과 자원을 나눔으로 함께 연결되어 상호 간에 영향을 주고받는다.[257] 다시 말하면 환대는 현장에서 일방적이기보다는 상호적이다.

레비나스는 인간적 윤리와 사회정의라는 것이 인간의 얼굴에서 나온다고 주장했다. 그의 윤리의 핵심도 자아중심적 가치실현에 있는 것이 아니라 타인 중심적 사회윤리를 실천하는 것에 있음을 강조한다. 레비나스에 따르면, 지고의 선과 윤리는 만인의 얼굴에서 나온다. 그 수많은 얼굴들은 낯선 타자의 얼굴로 그치는 것이 아니라 오히려 낯설기 때문에 나와 전적으로 다를 수밖에 없는 무한과 계시의 얼굴이 된다. 이런 얼굴은 인간의 모든 이성적 사유 넘어 있는 불가능성의 현시인 것이다. 타인의 얼굴이 윤리의 기원이 된다. 타자의 낯선 얼굴은 곧 하나님 얼굴이고, 사회의 얼굴이며, 우리 자신의 얼굴이기도 하다.[258]

레비나스는 인간의 형이상학적 욕망을 곧 타인에 대한 욕망으로 보았다. 여기서 욕망은 인간의 심성 또는 영혼에 내재된 지향적 본성을 말한다. 이것저것 따질 것도 없이 무조건적 행위를 불러일으키는 그런 욕망은 신이 부여한 본성이다. 동시에 존재자의 정체성을 타자의 세계에서 실현할 수 있도록 자신을 떠나 활동하려는 욕망이기도 하다. 그는 이러한 욕망의 발생 원인을 타자성에서 비롯된다고 보았다.[259]

타자성은 우리의 사회적 관계의 특징이라 할 수 있는 타자와의 관계 한 복판에서 이미 비상호적 관계로, 즉 동시성과 정반대의 관계로 자신의 모습을 드러낸다. 타인으로서의 타인은 단지 나와 다른 자아가 아니다. 타자(아이)는 내(모)가 아닌 사람이다. 그(아이)가 '그'인 것은 성격이나 외모나 혹은 그의 심리상태 때문이 아니라, 오직 타자(아이)의 다름(타자성) 때문이다. 예를 들어, 타자는 과부(여성)와 고아(아이), 가난한 사람들을 포함한 약자들이다. 모아 관계에서 약자는 아이고 강자는 어머니가 된다. 여기 강자와 약자 사이에 존재하는 상호주관적 공간은 대칭적이지 않다. 타자의 외재성은 개념적으로 동일한 것을 분리하는 공간이기 때문에도 아니고, 공간적 외재성을 표현된 개념적 차이가 있기 때문도 아니다. 다시 말하면, 타자성의 관계는 공간적 것도 아니고 개념적 것도 아니다.[260]

레비나스는 문명화된 삶 가운데서도 타자와의 관계흔적들이 남아 있는데, 그 중에서 동일한 유(類)안에서의 두 종(種)의 대립으로, 순전히 그리고 단순하게 포섭되지 않는 타자성으로 남아 있는 것이 여성적 것(le Feminin)이라고 하였다. 그에 따르면, 여성적 것은 상반되는 것에 대해 완벽하게 상반되는 것, 그 상반성이 그 자신과 상관자와의 관계를 통해서도 어떠한 영향도 받지 않는, 전적으로 다른 것으로 남아 있도록 허용하는 특징을 가진다고 보았다. 타자성은 우리의 것이 되거나 우리 자신이 되는 그러한 성질의 것이 아니다. 오히려 이와는 반대로 타자성은 신비 속으로 물러선다. 타자는 우리와 맞서거나 우리를 위협하는 존재가 아니다. 혹 우리에게 맞선다고 해도 그것은 우리보다 더 큰 힘을 가져서가 아니다. 그의 힘은 타자성이고, 그 타자성에 타자의 신비가 있기 때문이다. 존재자는 주체적으로, 의식 안에서 자신을 실현하지만 타자성은 여성적 것을 통해서 실현된다. 이 여성적 것은 무의식적인 것이거나 전의식적인 것이 아니다. 레비나스의 말을 빌리면 이것은 곧 '신비'다.

레비나스의 타자윤리와 타자성은 무엇보다 신과 타자에 대한 윤리를 발전시킨 것이다. 그에게 타인과의 만남은 곧 신과의 만남이며, 궁극적 자아실현에서 타자관계는 계시의 조건이다. 그래서 수많은 타인의 얼굴들은 신을 현시하며, '나'라는 주체는 그런 신 또는 타인들에 대한 경외의 태도와 희생을 요청받는다. 그렇다 보니 타자윤리는 신을 향한 초월적 윤리를 인간을 향한 바람직한 가치로 전환하려 노력한다. 레비나스에게 신은 타자다. 물론, 타자가 신으로 환원되는 것은 아니다. 왜냐하면 타자는 낯선 존재로 등장하는 신의 또 다른 현시이기 때문이다. 그에게 타자는 이미 신의 현시다. 그렇다고 해서 우리 앞에 있는 타자가 신 자체는 아니다. 마치 아침 햇살을 받아 파릇파릇 빛나는 나뭇잎의 푸른빛이 태양에서 오는 빛을 비출 뿐이지, 나뭇잎 안에 태양이

들어가 있는 것이 아닌 것과 같은 이치다. 레비나스의 타자윤리는 종교에서 흔히 볼 수 있는 신에 대한 인간의 초월적 윤리를 요구한다. 그에게 신은 타인의 얼굴과 같은 낯선 출현을 통해 자신을 계시적으로 현시한다. 이 때 신은 타자가 된다.[261]

한편 쟈크 데리다(Jacques Derrida, 1930-2004)는 그의 저서, 『환대에 대하여』에서 환대를 무조건적 환대와 조건적 환대, 즉 절대적 환대와 상대적 환대로 구분하여 설명하였다. 엘리자베스 뉴먼(Elizabeth Newman)은 환대를 '길들여지지 않은 환대(untamed hospitality)로 기술하였다.[262] 데리다에 의하면, 무조건적 환대는 자신의 집을 아무런 조건 없이 개방하여 낯선 손님, 심지어 많은 사람들이 꺼려하는 이방인에게도 제한 없이 대접하며 받아들이는 것을 의미한다. 이러한 절대적 환대는 주인의 입장이 아닌, 손님 내지 낯선 이방인의 입장에서 환대하는 것으로, 갑작스런 방문에도 기꺼이 환영하는 것이다. 데리다는 이러한 타자중심의 환대가 타자에게 선택권을 넘겨주는 데서 시작한다고 말한다. 즉, '타자윤리'에서 출발한다는 이야기다.[263] 반대로 조건적 환대는 주인의 입장에서 행해지는 환대로, 주인 자신을 전적으로 개방하지 못하고 손님의 자격과 조건에 따라 환대하거나 거절할 수 있는 것이다. 그는 무조건적 환대가 현실적으로 불가능하며, 다만 조건적 환대가 어느 특정한 경우에 무조건적 환대로 발휘될 수 있다고 보았다.[264]

데리다는 환대를 윤리학의 한 영역이 아니라 윤리성 그 자체이자 전부이고 원칙이라고 강조했다. 데리다가 환대를 윤리학의 중심개념으로 여긴 것은 타자와의 관계가 윤리의 근간을 이루고 있다는 믿음 때문이다. 그러한 이유로 데리다에게 타자와의 관계를 배제하고 윤리를 말하는 것은 불가능하다. 데리다의 타자윤리에서 진정한 환대가 되기 위해서는 주체측이 주도권을 가진 초대(invitation)가 아닌 타자측이 주도권을 갖는 방문(visitation)이 되어야 한다고 역설한다.[265]

조건적 환대는 환대의 주체가 타자를 선별하고 통제하는 환대이기 때문에, 주체가 자신의 기준에 맞는 타자만 받아들인다. 따라서 타자는 환대의 주체에게 위험한 존재가 아니며, 타자의 이질성이 모두 제거된 후에 비로소 영접하는 것이다. 쉽게 말하면, 주체에게 모든 이질성을 제거당한 채 받아들여진 것이다. 그 결과, 엄밀한 의미에서 타자와의 만남은 일어나지 않게 된다. 데리다는 조건적 환대의 예로 관용을 소개한다. 관용은 무조건적 환대와 달리 타자가 주체의 규칙, 규범, 언어, 문화, 등을 준수할 것을 조건으로 내걸고 환대를 제의하는 것이다. 이러한 환대는 '초대의 환대'다. 이 초대의 환대는 제한적일 뿐 아니라 원리상으로 스스로를 배반하게 되는 환대라는 점을 지적한다. 스스로 배반하게 되는 이유를 살펴보면 첫째, 조건부 환대의 경우 환대의 주인은 자신의 영역에 대한 강한 고집을 버리지 못하기 때문에, "자신과 집을 보호하기 위해서, 또는 보호하겠다는 명분에 의해 잠재적으로 이방인 또는 혐오자가 될 수 있다. 둘째, 조건부 환대는 내가 누구라고 말할 수 없는 언어와 표현을 가지지 못한 이방인이나 보이지 않는 타자, 즉 계약적 권리의 주체가 될 수 없는 타자를 배제한다. 이런 타자들은 그들의 존재나 의도와 상관없이 야만적 타자로 배척되고, 악으로 표상된다. 이는 모아관계에서도 발견되는 심리작용이다. 셋째, 조건부 환대는 주체의 관습과 법률, 규약을 강요하면서 타자에게 자신의 문화와 정체성, 언어를 포기하도록 강요하기 때문에 순수한 의미의 환대라고 말할 수 없다.[266]

이에 반해, 무조건적 환대는 이미 동일화된 타자가 아니라, 여전히 이질성을 가진 타자를 기꺼이 환대하는 것이다. 다시 말해, 무조건적 환대는 초대되지도, 기대되지도 않는 모든 자에게, 절대적으로 낯선 이로서 방문한 모든 자에게, 신원을 확인할 수 없고, 예견할 수 없는 자에게 미리 개방돼 있어야 한다. 이런 점에서 무조건적 환대는 초대의 환대가 아니라 방문이라 할 수 있다. 이 방문은 때로는 위험을 감수하는 일이 되기도 한다. 데리다는 무조건적 환대가 죽음의 위협을 감수해야 하는 일이 될지라도, 이 환대의 정신은 계속 보존되어야 한다고 주장한다. 무조건적 환대는 레비나스의 타자윤리에 기초한다. 무조건적 환대는 주체중심의 관점에서 출발하는 것이 아니라 타자의 방문으로부터 시작된다. 이에 레비나스는 환대를 타자에 대한 주체의 평가, 파악, 인식, 이해 등을 뛰어 넘는 적극적 윤리학이라고 불렀다. 레비나스의 타자윤리는 주체적 자아의 관점에서 타자를 받아들이는 것이 아니라, 타자의 전적으로 다름 앞에서 주체가 겸허히 자신의 한계를 인정하는 것에서 출발한다. 그에게 타자의 타자성은 주체중심으로 세워진 체계로는 파악할 수 없는 초월성이다. 여기서 레비나스는 타자를 향한 초월의 열망을 "무한을 향한 형이상학적 욕망"이라고 불렀다. 무한성의 이념은 타자의 얼굴로 현현(epiphany)한다. 타자의 얼굴은 주체에게 하나의 계시와 같다. 얼굴로 나아가는 것, 그것이 곧 윤리라고 말한다. 얼굴은 보고 아는 것을 넘어 주체를 이끈다. 그 얼굴과의 관계가 윤리고 무조건적 환대가 된다. 무조건적 환대는 주체의 조건과 상황, 가능성의 영역에서 타자를 초대하는 것이 아니라, 절대적으로 낯선 타자의 도래를 있는 그대로 수용하는 것, 그것이 곧 무조건적 환대다.[267] 데리다는 무조건적 환대를 정의적 환대라고 달리 부르기도 했다. 이 정의적 환대는 법적이지도, 정치적이지도 않지만, 그럼에도 불구하고 법적이고 정치적 것의 조건이 된다는 것은 사실이다.[268]

무조건적 환대 또는 정의적 환대가 가능하려면, 주체는 타자에 대한 통제와 검열을 배제하고, 타자의 선택권을 포기해야 한다. 무조건적 환대에서 주목되는 것은 더 이상 타자에 대한 어떤 선택권이나 주도권을 주체가 가지지 않는다는 점이다. 주체는 자신의 정체성을 몸에 담는다. 주체는 유일무이한 몸을 소유한 존재다. 모든 주체는 타자를 대할 때 타자의 몸에 대해서 반응한다. 그 반응이 긍정적이면 주체는 좋은 느낌을 가지고 타자에게 자신의 공간을 조금씩 내어준다. 반대로 다른 몸을 싫다고 느낀다면 주체는 타자를 거부하게 되는데 이러한 거부감은 느끼는 감정의 정도와 맥락에 따라서 다양하게 표출된다.[269]

물론 레비나스의 무조건적 환대를 기계적으로 적용하자는 것은 아니다. 리처드 커니(Richard Kearney)의 경우, 절대적 타자성에 기초한 무조건적 환대는 선한 이방인과 악한 이방인을 구분해야 할 윤리적 필요성을 과소평가한다고 비판했다. 한 걸음 더 나아가, 악한 이방인에게조차 타자에 대한 무차별적이고 절대적 책임을 요구하면서 환대를 보장해야 한다는 주장은 비현실적이고 잘못된 결과를 낳기도 한다. 커니는 절대적 환대는 과장된 언어며, 마조히즘과 편집증에 매우 인접해 있다고 비난하기도 했다. 자칫 무분별한 환대 적용은 선과 악을 구분할 능력을 상실하게 한다는 지적에 동의한다.[270] 게다가 절대타자는 언어화할 수 없고, 언어화되지도 않는 초월성으로 현현되어, 주체가 절대타자와 관계를 맺기가 불가능하다고 지적한다. 그럼에도 불구하고 데리다의 말처럼 무조건적 환대는 불가능한 경험이자, 경험할 수 없는 경험 그대로 유지되어야 한다. 왜냐하면 무조건적 환대가 비록 불가능하더라도 현실 경험을 성찰하는 준거로 인류에게 요청되기 때문이다.[271]

절대적 환대의 어려움은 그것이 항상 주체의 능력 밖에서 이루어져야 한다는 사실과 주체가 통제할 수 없는 위험과 함께해야 한다는 사실에서 기인한다. 또한 절대적 환대가 불가능해 보이는 이유는 서로 양립할 수 없는 요구를 동시에 충족시켜야 하기 때문이다. 환대를 제공하는 주인이 되기 위해서는, 주체가 자기거점 위에 확고히 확립되어 있으면서도, 손님을 맞이하기 위해 주체는 강한 자기주장을 버려야 한다.

환대는 거부된 몸에게 공간을 허용하는 것이다. 환대는 기꺼이 자기공간을 자발적으로 내어주는 것이다. 물론 환대라는 것이 무조건 자기공간을 내어주는 것만을 의미하지는 않는다. 거기에는 자기공간을 지키려는 자기인식도 필요하다. 중요한 것은 자기공간을 타자와 공유할 때, 자기중심이 타자의 공간으로 이동하면서 새로운 공간이 서로에게 만들어진다는 점이다.[272] 또한 환대는 들리지 않는 목소리를 들어주는 행위다. 말하기는 '들리는 말 하기'를 의미한다. 들리지 않는 말은 의미 있는 말이 아니라 소리에 불구하다. 그러므로 말이 되도록, 즉 들릴 수 있는 말이 되도록 하기 위해, 상담자는 내담자가 의미체계 안에서 담론을 선택할 수 있도록 도와야 한다. 프로이트가 몽상의 텍스트를 읽는다고 할 때, 몽상과 텍스트 사이에 중첩결정(over-determination) 요소들이 다층적으로 압축되어 있다고 설명한 대로 모든 약자의 말은 압축되어 있다. 그래서 그들의 말은 잘 들리지 않는다. 뿐만 아니라, 약자는 그들의 경험을 말할 수 있는 언어가 허락되지 않았기 때문에 몸으로, 침묵으로 말한다.[273]

아이와 내담자처럼 약한 자들은 말하지만 들리지 않는다. 상담자는 이러한 사실을 인정하는 것에서부터 듣기를 시작해야 한다. 내담자가 자기 이야기를 말할 때 하나의 목소리가 아닌 다른 목소리, 즉 의식과 무의식, 동작, 증상을 통해서도 말한다. 다시 말하면, 말은 이미 다층적 소리를 내포하고 있고, 표면과 더불어 보이지 않는 이면을 동반한다. 그러므로 약자나 내담자의 말에 접근하기 위해서는 조심스러운 듣기와 그러한 듣기 윤리가 필요하다. 그들의 말이 들리지 않은 이유 중 하나는, 그들의 말이 들리도록 재현할 수 있는 공간이 주어지지 않았기 때문이다. 따라서 상담자는 재현의 실패에 주목하는 것 자체가 일종의 좋은 듣기자세가 된다.

이야기는 발화되어 출현한 것만이 들리지만, 거기에는 반드시 드러나지 않은 것이 함께 있다. 예를 들어, '말하면 안 되는 것', '말해지지 않는 것'에 의해 둘러싸인 것들이다. 말로 표현된 것, 명백하게 들어난 것은 언제나 그 뒤에 말해지지 않는 것과 공존한다. 말로 표현되지 않는 부분은 하나의 언어기호, 하나의 표현체계, 하나의 스토리를 선택함으로써 다른 기호들, 표현들, 스토리들이 드러나지 않고 감추어지는 것을 의미한다. 상담에서 침묵은 말하기를 거부하는 것일 수도 있고, 말할 수 없는 것일 수도 있다. 이는 억압이 있음을 반증하는 것이다. 여기서 상담자는 말해진 것을 둘러싼 침묵을 헤아릴 뿐 아니라 그 억압을 발생시킨 요인들이 무엇인지 살펴야 한다. 침묵을 통해서 무엇인가를 들으려 할 때, 상담자가 거기서 버티고 있는 비결정적 것들에 대한 위험부담을 감수해야 한다. 또한 모호하고 비결정적 말을 듣기 위해서는 충분히 민감한 귀가 필요하다.

인간이 행하는 환대라는 것이 불가피하게 나르시시즘적 불성실함을 내포한다. 그래서 인간의 환대실천은 환대적 나르시시즘이라 할 수 있다.[274] 이는 인간의 환대가 어느 정도 자기애(self-love)를 띠고 있다는 의미다. 이는 자신에 대한 긍정 없이 타인을 긍정, 즉 환대할 수 없기 때문에 생기는 불가피성이다. 경우에 따라서 인간의 환대는 '교환경제'나 '폭력'을 내포할 수도 있다.[275] 폭력은 인간본성에 깊이 새겨져 있어서 자신 주변의 대상을 자신의 이해력 아래 종속시키는 순간 폭력을 행사할 가능성은 높아지게 된다.[276] 실제로 인간의 모든 행동, 심지어 모아관계에서도 냉대(inhospitality)라는 일종의 폭력을 수반할 수밖에 없다. 인간행동은 부득이 경계와 폭력을 수반하기 때문에, 누군가와 한계를 긋고 누군가는 배제해야 하는 선택에 맞닥뜨리게 된다. 이는 인간의 환대에 제한이 있음을 시사한다.[277] 이러한 환대가 폭력을 수반할 수 있음에도 불구하고 환대는 계속 실천될 필요가 있다.[278] 환대는 경우에 따라 악마를 맞이하는 결과로 끝날 수도 있다. 환대는 이러한 위험을 내재하기 때문에 환대를 제공하는 주체는 폭력에 노출되기도 한다.

무조건적 환대가 자멸적이기에 본질적으로 불가능성을 내포하며, 조건적 환대는 가능성은 있지만 동시에 자기 배반적이다. 조건적 환대의 경우, 주체로서 제시한 환대의 조건들이 환대를 가능케 하지만 동시에 진정한 환대를 금지하기 때문이다. 조건적 환대에서 자기 배반적이란 의미는 다음 세 가지로 설명된다. 첫째, 조건적 환대는 주체가 자신의 주권을 지키기 위한 명목 하에 자신을 제외한 타자를 모두 이방인으로 간주할 위험성을 내포한다. 둘째, 조건적 환대는 타자들에게 신원과 자격 확인을 요구하는데 그렇지 못하면 이들은 이방인으로 취급되어 배제된다. 셋째, 조건적 환대는 주체의 언어, 법률, 문화를 강요하고, 타자의 고유한 정체성을 포기하도록 종용한다.[279] 그렇다 보니 조건적 환대 안에는 적대감이 존재한다. 데리다는 이것을 환대-적대 또는 환적(hostipitality)라는 용어를 만들어 소개한다. 이는 환대에 내재된 부패의 가능성을 의미한다. 환대는 이러한 부패의 가능성을 대가로 개선의 가능성을 획득한다.[280]

무조건적 환대와 조건적 환대는 서로 이율배반적이다. 무조건적 환대는 조건적 환대가 부과하는 여러 조건과 규범을 위반하도록 만들고, 조건적 환대는 여러 한계를 규정함으로써 무조건적 환대를 침범한다. 그러함에도 조건적 환대는 무조건적 환대의 이상을 현실에 구현하는 매개이기에, 조건적 환대 없이는 무조건적 환대가 실현될 수 없고, 조건적 환대는 무조건적 환대를 온전히 구현할 수 없다. 또한 무조건적 환대 없이는 조건적 환대의 기준을 설정하기도, 그 한계를 인식하기도 어렵다.[281] 비록 무조건적 환대가 법적 강제력을 가지지 못하지만, 조건적 환대의 한계점들에 대해 비판적 사유를 가능케 한다. 즉, 우리가 얼마나 인색하고 환영하지 못했는지를 성찰하게 하고, 그렇게 함으로써 더욱 환대하도록 요청한다. 결국 두 환대 사이에 긴장은 환대를 방해하는 것이 아니라, 환대를 열어젖히고 환대가 환대를 뛰어넘게 하는 생산적 긴장이다.[282]

두 환대는 서로 배제하면도 포함하고, 서로를 침투하면도 이질적인 것으로 양립한다. 이것은 정반합을 통해 고정적 종합이나 통합을 모색하는 변증법적 해결을 거부한다. 쉽게 말하면, 환대는 일종의 아포리아(aporia)다.[283] 환대윤리에는 교착점에 부딪친 결정 불가능한 아포리아가 존재한다. 그러나 아포리아의 결정 불가능성은 사유의 중단이나 포기를 의미하는 회의주의로 이어지지 않는다. 오히려 막다른 곳에 다다름이 새로운 길트기로 이어진다.

데리다는 아포리아가 나아가기의 조건으로, 만약 아포리아가 없었다면 길 찾기가 불가능했을 것이라고 언급했다.[284] 데리다 환대윤리의 불가능성은 가능한 것에 선재하면서, 가능한 것을 가능케 하는 선행조건이라고 할 수 있다. 불가능한 것이 가능한 것에 대한 새로운 사유를 촉진함으로써 새로운 가능한 것을 모색하는 계기를 마련한다.[285] 이런 점에서 결정할 수 없음의 아포리아는 결정의 반대의미가 아니라, 결정을 구성하는 조건이 된다.[286]

불가능한 것은 가능한 것을 발생시키고 세우게 된다. 불가능한 것은 가능한 것이 없으면 유토피아적이거나 망상적이 되고, 반대로 불가능한 것을 배제한 가능은 자기 반복에 갇히게 된다.[287] 따라서 무조건적 환대와 조건적 환대 사이의 아포리아는 무수히 많은 새로운 가능성을 여는 생성적 아포리아다. 두 환대 사이에는 새로운 환대를 위한 공간이 열리고, 이것은 변화와 확장의 원동력이 된다.

이러한 관점에서 환대의 결정 불가능성은 환대의 결정이 규칙 없이 언제나 새롭게 결정된다. 이러한 이유로 해서 결정은 늘 예측 가능성을 바깥에서 일어나게 되는 것으로 해석된다. 다시 말하면, 환대는 언제나 새롭고 불안정한 결정지점을 규정한다는 의미다.[288]

2) 하늘에서 온 이방인의 자애적(caritas) 환대

우리는 하나님과 예수 그리스도의 환대처럼, 자애적 또는 무조건적 환대에 주목할 필요가 있다.[289] 먼저, 무조건적 환대가 되려면 주체는 더 이상 타자에 대한 어떠한 선택이나 주도권을 가져서는 안 된다. 예를 들어, 주체는 이방인을 맞아들일 때 그에게 누구이며 어디에서 왔는지를 집주인의 언어로 말할 것을 요구한다면, 그것은 곧 첫 번째 폭력이 된다. 이는 주체가 타자와 의사소통할 때 자신의 언어로 소통하기를 요구했기 때문이다. 무조건적 환대는 묻기 전에, 답변을 듣기 전에 타자를 맞아들이는 것이다. 만약 주체가 자신의 언어로 이해하고 분석한 뒤 타자를 받아들인다면, 이는 결국 타자를 자신의 언어로 통제하고 지배하려는 것에 지나지 않을 것이다.[290] 주체가 자신의 언어로 말하고 듣고 해석하는 것은 타자를 자신의 인식과 이해의 대상으로 전락시키는 것이다. 그래서 무조건적 환대는 주체와 타자 사이에 공통된 언어와 인식에 앞서는 환대가 필요하다. 달리 말해서, 무조건적 환대는 인식과 이해 너머에서 타자를 맞아들일 것을 요구한다. 나아가, 무조건적 환대는 어떤 규칙이나 원리를 매개하지 않은 채 작동한다는 사실이다.[291]

소위 선한 사마리아인의 비유에서 예수님은 환대를 죄인 및 이방인을 경계 짓는 정결규례에 대비시키는 것이 아니라 그보다 상위에 둔다. 어느 민족 사람인지 알 수 없는, 거의 죽어가는 사람을 발견한 제사장과 레위인은 해석학적 곤경에 처한다.[292] 그들이 그 사람에게 환대를 베풂으로써 부정하게 되는 위험(레 21:1~3, 민 19:11~19)을 감수할지 아니면 이웃에게 자비를 보이지 않고 제의적 정결을 유지할지(레 19:33~34)가 문제다.[293] 이 이야기는 곤경에 처한 이방인에 대한 자비 행위로 구현된 사랑의 계명(레 19:33~34)을 제의적 정결보다 우선시한다. 이방인에 대한 환대는 '연민'(눅 10:33)과 '자비'(눅 10:37)의 표현이다. 반대로, 정결규례를 엄격하게 시행하면 제사장과 레위인은 거룩한 특권층이 되고, 죄인과 이방인은 배제와 혐오의 소외계층이 된다. 예수님은 이 비유를 통해서, 처음 "내 이웃이 누구이니이까?"(눅 10:29)라는 율법교사의 질문을 "누가 이웃이 되겠느냐?"(눅 10:36)라는 질문으로 바꾼다. 예수님의 질문은 "자비를 베푼 자니이다"(눅 10:37a)라는 반응을 이끌기 위한 수사의문문이다. 이 답변은 이방인에 대한 환대를 정결보다 우선시 하고, 선한 사마리아인이 제사장과 레위인보다 하나님 말씀을 더 잘 실천하고 있음을 보여준다. 선한 사마리아인 행동은 어떠한 보상을 바라지 않고 죽어가는 사람을 도운 자비로운 환대로, 이 이야기를 듣는 독자 모두는 “가서 너도 이와 같이 하라”(눅 10:37)는 도전을 받게 된다.[294]

하나님은 역사 속에서 예수 그리스도를 통해 우리를 환대해주셨다. 하지만 사람들은 오히려 예수 그리스도를 냉대하고 폭력으로 그를 십자가에서 죽였다. 이는 하나님이 십자가의 환대로 폭력적 세상에 발을 들이신 것이다. 여기서 하나님의 환대와 인간적 환대의 상이점을 논의할 필요가 있다. 먼저, 하나님의 환대는 인간의 환대에 수반된 나르시시즘에 제한받지 않는다. 이는 곧 하나님이 당신의 신적 환대를 베풀 때에 폭력을 사용한다고 해도 그것은 결코 이기적 이유 때문이 아니라는 말이다. 물론 하나님의 환대가 나르시스적 특성이 없음에도 불구하고, 하나님의 환대가 죄와 불의로 오염된 세상에 들어온 이상 폭력수반이라는 한계가 존재한다는 사실을 인정해야 한다. 그러나 종말론적 관점에서 보면, 그러한 한계조차 하나님의 궁극적 환대 앞에서는 여백에 있는 작은 주석에 불과하다.[295] 하나님이 폭력적 세상에 발을 들이고 십자가에서 폭력을 수반한 놀라운 환대행위를 수행함으로써 종말론적 순수하고 무조건적 환대를 보여주었다. 이 환대는 그리스도를 죽음에 이르게 한 하나님의 불의처럼 보일지라도, 하나님으로부터 소외된 자들로 하여금 믿음과 사랑의 반응을 불러일으키는 구원의 길이 되었다.[296]

이처럼 인류를 향한 하나님의 환대는 필연적으로 타인을 향한 환대로 귀결되고, 타인에 대한 환대를 만들어내었다. 즉, 신적 환대가 인간의 환대를 이끌어 낸 것이다. 그리스도인의 유일한 정체성의 토대는 그리스도 안에서 우리에게 환영과 환대, 그리고 교제를 베푸시는 하나님의 사랑에 있다. 하나님은 개인적, 집단적 가치나 공로와 상관없이 사람을 신적 환영으로 인도하고, 동시에 하나님의 가족이 되게 한다.[297]

앞서 언급한 환대에 관한 논의를 종합해보면, 신적 환대(무조건적 환대)는 인간의 환대(조건적 환대)를 이끌어내는 마중물 역할을 한다는 사실을 발견할 수 있다. 아이를 향한 어머니의 환대도 아이의 공격에 매번 위협을 받는다. 이때 어머니에게 신적 환대의 자원이 충분하다면 이를 버텨내지만, 신적 환대의 자원이 부족하다면 양가적 모성은 분열의 위협을 받게 된다. 따라서 양가적 모성 역시 신적 환대를 지속적으로 받을 필요가 있다.

3) 페리코레시스적 환대

양가적 모성을 재양육하기 위한 방안으로 환대하기를 논하는데, 페리코레시스를 기술하려는 것은 환대에서 한 걸음 더 나아간 개념으로 온전한 사귐을 의미하기 때문이다. 헬라어 페리코레시스(perichoresis)는 삼위일체 하나님의 존재와 온전한 사귐의 방식을 풍성하게 설명하는 신학적 용어다. 페리코레시스는 성삼위일체 하나님의 '상호침투', '상호순환', '상호내재' 등으로 표현하며, 삼위일체 하나님의 본성 일치를 종합하기 위해 사용되었다. 이 용어들은 그 구조가 암시하듯이 하나님 위격들 사이의 공재(co-habitation), 공존(co-existence)이라는 의미를 갖는다.[298] 하지만 본래의 의미를 충분히 전달하기에는 다소 부족하다. 오히려 여러 사람이 함께 춤추는 원무로 상상하면 아버지와 아들, 하나님님의 일체와 사귐이 좀 더 직관적으로 이해될 수 있다.[299] 페리코레시스는 한 위격의 행동과 다른 두 위격의 관계성을 표상하고 설명한다. 각각의 위격들은 다른 위격들을 충만히 채우고, 자신 또한 다른 위격들에 의해 충만히 채워지도록 자신을 열어놓는다. 이 상호침투는 하나님의 본성을 형성하는 사랑과 생명을 뜻한다.[300] 또한 페리코레시스는 세 인격 사이의 순환 또는 내주를 의미하기도 한다. 이 작용으로 성삼위는 분리되어 있으면서도 영원한 순환으로 분리되지 않으면서 완전한 연합체가 된다. 이 연합체는 개별 인격의 온전성을 유지하면서 타자의 삶을 공유하고 그것에 참여하는 친교를 이룬다.[301]

모성의 외현화를 논의함에 있어서 모성은 단독으로 논의될 수 있는 것이 아니다. 왜냐하면 모성은 언제나 엄마와 아이와의 관계성을 표상하는 관계적 언어이기 때문이다. 성삼위일체 하나님도 존재론적으로 관계적이다. 삼위일체 하나님의 관계성은 모아관계에서 고스란히 드러난다. 생명의 하나님, 살리는 하나님은 생명을 잉태하고 지키며 보호하는 모성에 유비된다.

모아관계에서의 모성을 페리코레시스 관점에서 보려는 이유를 설명하면, 첫째, 모성은 관계적 언어이기 때문이다. 삼위일체론적 관점은 존재의 기본적 관계성을 가리킨다. 그 관계성은 삼위일체 관계성에서 출발하여, 인간의 모든 관계적 성격을 확대한다고 볼 수 있다. 페리코레시스 관계성은 자신을 받아주고, 자신을 내어주며, 타자를 받아들이는 영속적 사랑의 관계성이다.[302] 인간이 하나님의 형상을 따라 지어졌다는 점에서 인간의 존재방식은 성삼위 하나님의 존재방식인 페리코레시스와 분리하여 생각할 수 없다. 다시 말해, 페리코레시스의 관점과 이해는 모성을 이해하는 데 중요한 관점들을 포함한다고 볼 수 있다. 물론 존재론적 유사성을 꼭 본질이나 속성의 유사성으로 해석할 필요는 없다. 하지만 인간의 인격에도 존재론적 특성이 존재한다는 점에서 인간과 하나님의 존재론적 유사성을 언급할 수 있다고 본다.[303]

성삼위일체 하나님은 단순히 관계 양태가 아니다. 또한 절대적으로 분리되어 있는 개체도 아니다. 오히려 관계 속에 존재하는 성부, 성자, 하나님의 인격들, 그리고 관계를 통해서만 존재하는 인격들이다. 보프(Leonardo Boff)는 이러한 인격적 특성을 삼위일체의 사회적 교리라고 말했다. 하나님이 관계 속에서 존재하는 인격이라면, 이것은 하나님의 형상으로 만들어진 인간을 관계적 인간으로 보는 것이 옳을 것이다. 비록 인간의 타락으로 많은 부분에서 왜곡되어 있지만, 인간은 여전히 관계 속에서 사람됨을 이루어가는 과정 가운데 분명히 존재한다는 것이다.[304] 관계적 모성 역시 죄로 인해 왜곡되어, 양육과정에서 기괴한 모성으로 나타나기도 하지만 페리코레시스적 모성도 분명히 존재한다. 페리코레시스는 모성경험을 통해 이해되는 관계성과 협력성

보다 훨씬 더 깊은 교제 속에 하나님의 모성이 존재함을 확증한다.[305]

페리코레시스는 생명의 특징이다. 생명은 하나님의 본질이고, 서로 간의 사랑이며 사귐이라 할 수 있다. 삼위일체 하나님의 사랑과 사귐은 한 인격이 다른 인격을 압박하거나 굴복시키는 방식이 아니다. 오히려 그 사랑과 사귐은 서로 교감하고 상대 인격 안에 거함으로 완전한 사랑 안에 존재하는 방식이다.[306] 성경에는 하나님의 부성적 모습뿐만 아니라 모성적 모습도 잘 나타난다. 여성해방적 관점이 아니더라도 성경에서 하나님은 여성적 모습으로 분명히 비쳐진다. 예컨대, '자비로운 하나님'은 히브리적 표현으로 바꾸면 '모성적 아버지'로 번역된다. 하나님 역시 '살리시는 자(vivification)'로 살리는 어머니를 의미한다.[307]

톨레도 공의회(675)는 "우리는 성자가 무로부터나 또는 어떤 다른 본성에서 나오지 않고 아버지의 자궁(womb of father), 즉 하나님의 본질에서 태어났다고 믿어야 한다"고 결정해 반포하였다. 이때 아버지를 수식하기 위해 차용된 단어, '자궁'은 모성을 상기시킨다. 또한 하나님의 대표적 성품 중 하나인 긍휼하심도 '자궁'과 관련이 있다.[308] 구약에서 전능하신 하나님을 일컫는 엘 샤다이(el shaddai)도 그 어원을 살펴보면 '젖가슴', 또는 '두 개의 젖가슴을 가진 신'을 가리킨다. 따라서 엘 샤다이는 하나님이 이스라엘을 낳고, 기르고, 돌봤다는 관점에서 하나님의 모성적 이미지를 잘 보여주고 있다.

삼위일체 하나님의 모성적 속성을 비슷한 개념으로 범주화하면, 우선 생명창조와 관련된 단어로, '자궁', '해산', '해산의 고통', '살림'이 있고, 육체적 돌봄과 양육에는 '안고', '업고', '품고', '싸매고', '희생', '고난' 등이 있으며, 정서적 돌봄으로는 연민, 긍휼, 위로, 자비, 사랑, 공감, 소통 등이 있다.[309] 이러한 모성적 속성은 살리는 하나님과 살리는 모성으로 환유될 수 있다. 이처럼 하나님은 모성적 아버지, 부성적 어머니로 표상된다. 하나님을 아버지라고 부르는 것은 성차별적 용어가 아니다. 기본적으로 하나님을 '아버지'라고 부르는 것은 '어머니'라 부르는 것을 포함한다. 실제로 구약성서 여러 곳에서 자기 백성을 향한 하나님의 사랑을 어머니의 모습으로 그리고 있다. 하나님의 부드러운 돌봄과 위로는 어머니의 사랑이다. 구약에 계시된 하나님은 자비의 하나님이다. 여기서 하나님의 자비는 어머니의 속마음(rahamim)이다.[310] 자비로운 사랑은 어머니의 사랑을 품고 있는 아버지의 사랑이다. 한마디로 말해서, 하나님 사랑을 아버지로만 표현하고자 한다면 이 땅의 온전한 아버지 모습으로는 충분하지 않다. 온전한 어머니 모습이 더해져야 한다. 예수님이 전하고자 했던 하나님은 아버지 사랑의 강함과 어머니 사랑의 부드러움이 하나가 된 모성적 아버지다.

하나님의 모성적 형상은 성자인 예수 그리스도에게도 동일하게 나타난다. 여성성은 남성이든 여성이든 상관없이 모든 인간이 갖는 기본적 요소다. 여성성은 많은 특성을 포함하고 있는데 부드러움, 돌봄, 수용, 자비, 신비에 대한 감수성, 인간 내면에 대한 아름다움 등이다. 복음서 이야기는 당시 여성을 향해 관대했던 예수 그리스도를 자유롭고 온전한 인간으로 그린다. 예수님은 해방자로서 자신의 사역에 여성과 남성을 모두 포함시켰다. 예수님은 당시의 차별적 시선으로 여성을 대하지 않고, 사마리아 여인을 대했던 경우에서 보듯이 제자들마저도 당황하게 할 만큼 파격적인 입장을 견지하였다. 당시 여성들은 메시야 사역을 하는 예수님의 활동에 적극적으로 참여하였다. 실제로 예수님은 많은 여성을 치유하고 위로하였다. 예수 그리스도는 자신의 여성성을 억압하지 않고 자유롭게 드러냈으며, 다른 사람의 고통과 죽음에 외면하지 않았다. 예수님은 광야에서 백성들을 보시며 "목자 없는 양과 같다"(막 6:34)고 표현하였다.

고통을 당하고 있는 많은 사람들이 예수님께 나아왔고, 예수님은 그들을 치유하였다. 예수님은 공생애 동안 아이들을 안고 축복하거나(막 9:36) 자신의 메시지를 거부하는 사람들 때문에 한탄하기도(눅 19:41, 눅 10:13-15) 하였다. 공생애 내내 예수님은 암탉이 새끼를 날개 아래 품듯이 이스라엘 백성을 품으려 하였지만, 그들은 그것을 원치 않았다(눅 13:34). 그럼에도 불구하고 예수님은 그들을 포기하지 않으시고 끝까지 사랑하셨다. 이러한 예수님의 모성적 사랑은 아버지 하나님의 사랑이 예수님 안에 페리코레시스된 것이다. 이처럼 페리코레시스는 하나님의 모성적 사랑을 공급받을 수 있는 수단이 된다. 병든 모성이 치유되고 회복되기 위해서는 하나님의 페리코레시스가 경험하고, 이 경험이 지속적으로 삶에 침투되어야 한다.[311]

02

하나님의 안아주기

1) 위니컷의 안아주기

모아관계에서 두 존재 모두는 본래적 공격성을 가지고 있다. 위니컷도 인간의 공격성은 타고난 것이라는 프로이트와 클라인의 견해에 동의한다. 그러나 유아의 공격성에 대한 이들의 견해에는 약간의 차이가 있다. 위니컷은 유아의 공격성을 내재적 공격욕동과 사랑-충동 안에 있는 타고난 공격성, 두 가지를 말하고 있다. 그는 유아의 초기 공격성에 대해 의도가 없는 '연민-이전(pre-ruth)'의 무자비성이라고 설명한다. 그 논증으로 위니컷은 유아가 어머니 자궁에 있을 때조차 발차는 것을 지적한다. 그러나 이 공격성은 '활동성'과 거의 동의어라고 부연한다. 유아는 자신의 공격이 타자를 해칠 수 있다는 인식이 없다. 사랑-충동 안에 공격성이 본래적으로 존재하기 때문에, 유아는 흥분과 함께 파괴적 행동을 하게 된다. 이러한 흥분은 어머니의 신체에 대한 공격을 뜻한다. 그럼에도 불구하고 유아는 평온했을 때 자신이 사랑했던 동일한 대상을 공격했다는 사실을 알지 못한다.

위니컷에 따르면, 아이는 놀이에서처럼 어머니와 무자비한 관계를 즐긴다. 왜냐하면 이는 어머니가 놀이에서 자신의 무자비성을 견딜 수 있을 거라고 믿기 때문이다. 실제 유아의 무자비함은 양육자인 어머니를 매우 지치게 만든다. 유아의 초기 공격성에 대한 위니컷의 이해는 클라인의 개념과 유사하면서도 분명히 다른 점이 있다. 클라인의 견해는 유아는 좋은 대상과 나쁜 대상이 분열되어 있기 때문에 두 가지 욕동은 서로 다른 대상을 향해 있다는 주장이다. 이와 달리, 위니컷은 유아의 공격성이 사랑의 일부이기 때문에 두 가지 욕동은 처음에 융합되어 있다고 생각한다. 이 두 욕동은 항상 공격성을 포함하고 있는 흥분 상태와 그렇지 않은 평온한 상태에 따라 나뉘게 된다. 위니컷은 좋은 대상과 나쁜 대상의 분열을 유아의 초기 공격성을 안아주지 못한 환경의 실패와 그 실패를 방어하기 위한 병리적 반응으로 해석한다.[312]

위니컷은 유아가 너무 일찍부터 현실을 직면하는 것을 매우 위험한 일로 보았다. 만약 절대적 의존기에 아이가 일찍 현실을 직면하게 되면, 아이 내면의 전능감이 훼손되기 때문이다. 물론 모성이 완벽할 수도 없고 완벽해서도 안 된다. 아이가 현실에 안착하려면 반드시 환경적 모성의 실패가 필수적으로 요청되기 때문이다. 절대적 의존기에 아이는 자신을 충분히 안아주는 경험을 필요로 한다.[313]

안아주기(holding)는 침범으로부터 유아를 충분히 안전하게 보호함으로써 유아가 전능환상 안에서 살아갈 수 있도록 도와준다. 건강한 아동발달의 핵심 특징인 전능감 경험은 일시적으로 안아주기가 상실되었을 때 그 결과로 일어나는 분노와 공포를 아이가 견디어 낼 수 있는 충분한 안전성을 제공하기 때문에 중요한 의미를 갖는다. 위니컷은 안아주기를 통해서 얻은 안정성과 전능경험의 유지는 지속적 자아존재의 토대를 만들지만, 반대 상황은 침범에 대한 반동과 존재의 연속성이 단절되는 멸절위협을 일으킨다고 설명한 바 있다. 어머니가 제공하는 안아주기는 유아의 욕구를 충족시켜 주면서, 점차 유아가 자아욕구를 갖도록 돕는다. 이를 통해 어머니와 아이 사이에 자아 관계성이 발달하게 된다. 어머니에 대한 절대적 의존을 통해 유아는 어머니와 자아 통합감을 경험하면서 그 속에서 아이 자신이 분해되고 증발될 것 같은 불안에 대한 보호막을 회득하게 된다. 이 보호막이 제공되는 공간에서 유아는 자연스런 성장을 하게 된다. 유아는 나와 나 아닌 것 사이에 존재하기 때문에 통합의 성취와 건강한 정신을 경험하게 된다. 또한 어머니가 제공한 안전한 보호막을 통한 돌봄은 외부의 침범과 유아 자신 안에서 일어나는 불안과 공포로부터 안전감을 제공한다. 이러한 안전감이 내부에 확립되면 유아에게는 울타리를 밀치고 위험을 무릅쓰고 나오려는 욕구가 생기게 된다. 이때 어머니는 유아에게 어떤 요구도 하지 않고 침범하지 않은 채 곁에 존재해야 한다. 이러한 현존을 통해 아이는 현실감을 갖는 기초와 홀로 있을 수 있는 능력을 형성하게 된다.[314] 이처럼 안아주기는 비온의 담아주기(containing)와 개념적 차이가 있다. 담

아주기는 소화하지 못한 정서적 자극들을 대신 경험해냄으로써 그

것이 사고로 변형되는 과정에서 주로 사용되는 개념이다.[315] 반면에, 안아주기는 담아주기보다 더 큰 상호작용으로, 유아가 살아있고 자기가 되는데 필요한 환경을 제공받는 모성적 돌봄을 뜻한다. 유아는 어머니의 안아주기를 통해서 자신의 무능함에도 불구하고 전능감을 경험하게 된다. 이 경험을 통해 유아는 나중에 경험하게 될 어머니노릇의 실패를 감당할 수 있게 된다. 이때 안아주는 어머니는 대상이 아닌 환경으로서의 어머니고, 임상에서는 안전하고 신뢰할만한 분석적 환경을 말한다. 다시 말하면, 안아주기의 핵심은 두 사람의 상호작용이라기보다 일차적 배경적 현존을 의미하는 것이다.[316]

위니컷은 안아주기를 설명하면서 '대상-어머니(object-mother)'와 '환경-어머니(environment-mother)'라는 용어를 사용하였다. 대상-어머니는 유아의 욕망대상으로서 유아의 욕구를 충족시킬 수 있다. 또한 대상-어머니는 유아가 증오를 표현할 수 있는 대상이기도 하다. 환경-어머니는 예기치 않은 것들을 막아주는 역할을 하며, 활발하고 능동적 돌봄을 제공한다. 문자 그대로 신체적 감각에서 안아주기는 물론 에로틱한 즐거움을 위한 아기의 욕구에 대해 준비되어 있으며, 동시에 경험을 간직하고, 즐거움을 망쳐 놓을 수도 있는 침범으로부터 아기를 보호해줄 수 있다. 안아주기는 어머니 자신의 공격으로부터 아기를 보호하기도 한다. 또한 안아주기는 시간과 공간을 이해할 수 없는 아기에게 경계를 제공함으로써 안전감을 제공한다. 이러한 안아주기는 아이나 아동에게 자신의 충동을 발견할 수 있게 한다. 이것이 중요한 이유는 발견되고 동화된 충동만이 자기통제와 사회화를 위해 사용되기 때문이다. 따라서 초기모성의 안아주기는 점차 자아-지지(ego-support)를 연속적으로 제공하는 쪽으로 이동하게 되고, 이때의 자아-지지는 유아, 아동, 청소년, 성인이 과도한 위협이나 스트레스를 받을 때 견딜 수 있는 힘이 된다. 다시 말해, 환경-어머니가 유아에 대한 침범을 막아주고 유아의 좌절을 감싸줌으로써 멸절불안으로부터 유아를 지켜주며, 유아의 공격성을 견뎌주고, 유아의 자아 욕구와 원본능 욕구를 충족시켜준다면, 유아는 연속성의 감각을 경험하기 시작할 것이고 통합, 인격화, 그리고 현실감각을 발달시키게 된다는 것이다.[318] 결국 위니컷의 안아주기(holding)의 핵심은 '살아있음'과 '홀로 있음'이 방해받지 않는 치료적 공간을 제공하는 것이다.[319]

2) 볼프의 안아주기

하나님의 안아주기는 주체와 타자 사이의 상호작용이 일어나는 인간관계의 전 영역에 대한 환유다. 이를 쉽게 이해하기 위해 미로슬라브 볼프(Miroslav Volf)의 '안아주기의 현상학'을 설명하고자 한다. 안아주기의 현상학은 신체적 포옹 자체가 아니라, 그것이 상징하고 실행시키는 자아와 타자 사이의 역동적 관계에 주목한다. 하나님의 안아주기는 '팔 벌리기', '기다리기', '팔 모으기', '다시 팔 벌리기'로 진행된다. 먼저 팔 벌리기는 타자에게 손을 내미는 몸짓이다. 그것은 나 자신의 자기 폐쇄적 정체성에 대한 불만족의 표시요, 타자를 원한다는 표시다.

이는 당신이 나의 일부가 되고 나 또한 당신의 일부가 되는 것을 바란다는 뜻한다. 주체의 부족함, 불충분함, 그리고 폐쇄적이지 않음을 말해주는 팔 벌리기는 타자의 부재가 주는 고통과 타자의 존재에 대한 기쁨을 뜻한다. 팔 벌리기는 욕망을 나타내는 행위일 뿐 아니라 자신 안에 타자가 들어올 공간을 이미 만들어 두었으며, 타자에 의해 만들어진 공간으로 들어가기 위해 내가 나 자신 밖으로 나왔음을 알리는 신호다. 타자를 위해 팔을 뻗기 위해 주체는 동시에 자신으로부터 물러서야 한다. 이를 테면 자신의 경계선에서 물러나야 한다. '자신으로 가득 차 있는 주체'는 타자를 받아들일 수 없고 진정으로 타자를 향해 나갈 수 없다. 팔을 벌림으로써 주체는 타자를 위한 공간을 만드는 동시에 타자를 향한 여정에 나서는 동시에 타자의 공간에 들어가고자 하는 욕망을 드러내는 것이기도 하다.[320]

'기다리기'는 팔을 벌려 뻗은 다음에 타자를 터치하기 전에 멈추어야 하다. 이 기다림은 자신 안에 공간을 만들고 자신의 밖으로 나간 후에 주체는 욕망을 "지연"시키고 타자의 경계선에서 멈춘 것이다. 더 나아가기 전에 주체는 타자 안에 욕망이 생겨나기를, 타자가 팔을 벌리기를 기다려야 한다. 기다리는 주체는 타자로 하여금 움직이게 할 수 있다. 그러나 이 힘은 주체의 열린 경계선이 지닌 힘일 뿐, 타자의 경계를 무너뜨리고 욕망을 강요하는 힘은 아니다. 이 힘은 타자에게 안으라고 강요하거나 조작할 수는 없다. 기다림은 안아주기가 일방적으로 시작될 수는 있어도 타자의 움직임 없이는 그 목표를 달성할 수 없다.[321]

'팔 모으기'는 타자를 안고 타자에게 안기는 것이다. 이때 주체와 타자가 모두 능동적인 동시에 수동적이다.[322] 팔을 모아 안아줄 때 주체는 손님이 되고 타자는 주인이 된다. 왜냐하면 이 행위는 주체의 행위인 동시에 타자의 행위로써 양면적이기 때문이다.[323] 상호적 안아주기가 되기 위해서는 너무 꽉 안아서 상대를 무너뜨리거나 동화시켜서는 안 된다. 만약 그렇게 한다면, 이는 배제라는 은폐된 권력 행위를 행사하는 것으로 강압적 포옹이 된다. 안을 때 주체는 타자나 자신을 부인해서는 안 된다. 포옹은 자기고립으로 퇴행하지 않으면서, 두 사람 사이에 능동적, 수동적 동화가 일어나지 않아야 한다. 포옹에서 주체의 정체성은 보존되는 동시에 변형된다. 팔 모으기의 포옹은 타자의 타자성을 그대로 인정하는 동시에, 그 일부를 계속해서 변화하는 자아의 정체성 안으로 받아들이는 것이다.

타자성을 보존하기 위해서 구레비치(Zali. D. Gurevitch, 1949-)는 타자를 '이해하지 않는 능력'(the power of not understanding)을 획득해야한다고 강조했다. 이해하지 않는 능력은 타자를 타자 그 자체로 인정하고 바라보는 능력을 말한다. 주체는 타자와의 만남에서 타자를 이해하지 않을 때 타자를 새롭게 이해할 수 있다. 이해하지 않음이 패배처럼 보이지만 새로운 관점과 더 나은 이해로 상호간의 승리가 된다. 우리는 이해하지 않는 능력이 없다면 참된 안아주기는 불가능하다고 하는 구레비치의 말을 상기할 필요가 있다.[324]

다시 팔 벌리기는 주체의 안아주기가 타자의 몸을 하나로 묶어 버리는 봉합선이 아님을 보여주는 행위다. 포옹은 게오르크 헤겔(Georg Hegel)의 말처럼 대립 속에서 완벽한 자유와 독립을 누리는 개별적이어야 하며, 연합한 절대적 실체로 귀결되지 않아야 한다.[325] 즉 '내'가 '우리'가 되고 '우리'가 '내'가 돼서는 안 된다는 것이다. 잘못된 포옹은 '내'가 '우리' 속에서 사라져 버리는 상황을 상징할 뿐이다. 안아주기의 마지막 단계인 다시 팔 벌리기는 타자의 타자성, 그의 역동적 정체성이 보존될 수 있도록 놓아주는 것이다. 타자의 존재가 남긴 흔적에 의해 더 풍성해진 자신의 정체성이 보존될 수 있도록 주체는 자신 안으로 스스로 물러나야 한다. 어떤 의미에서 다시 팔 벌리기는 포옹의 끝이 아니라 다른 포옹의 시작이다. 다시 팔 벌리기는 포옹의 종료가 되는 행위지만 또 다른 타자를 향해 떠나는 시작이 된다.[326]

위니컷과 볼프의 안아주기가 실재 삶과 임상현장에서 잘 적용되기 위해서는 어떤 대상과의 안아주기 경험이 내재화되어 있어야 한다. 젖을 먹이고 싶은 어머니의 욕구와 젖을 먹고 싶다는 아이의 욕구가 서로 겹칠 때, 아이의 환상이 외부 현실에 속한 요소와 하나가 되는 순간이 발생한다. 이때 아이는 전능감을 경험하게 되면서 중간대상과 중간현상을 창조할 수 있는 단계로 나아가게 된다. 여기서 중간현상이 가능하려면, 홀로 있는 능력과 함께, 정서적 상황을 제때에 안아주는 모성적 기능이 유아 안에 내재화되는 경험이 필요하다. 안아주기의 내재화 경험을 통해 아이는 존재의 위협을 받게 되는 상황에 환경-어머니의 모성 기능이 유아의 내적 안아주는 환경이라는 형태로 자리 잡게 되는 것이다.[327]

3) 하나님의 초월적 안아주기

예수님 당시 유대인들은 로마의 압제로부터 심각한 위협과 침범을 받고 있었고, 그로 인해 불안과 공포가 그들을 압도하고 있었다. 위니컷의 이론을 적용해 보면, 이러한 침범적 상황에서 사람은 환경-어머니의 부재로 멸절공포를 느끼게 되고 이를 대처하기 위해 공격성과 방어적 반응인 전능환상을 취하게 된다.[328] 유대인은 로마인에게서, 가난한 자는 가난에서, 병든 자는 질병으로부터 극심한 고통과 박해를 받으면서 멸절공포에 직면했고, 그로인해 그들의 자아와 정신은 매우 위태롭게 된다. 결국 사람은 멸절공포를 방어하기 위해 공격성을 갖게 된다. 즉, 공격성은 외부대상과 환경으로부터 위협을 받고 있음을 보여주는 것으로, 침범과 박탈에 대한 반응이기도 하다. 이러한 방어는 결국 전능환상을 지닌 마술적 사고를 하게 만든다.[329] 박해를 많이 받고 있던 유대인들에게 예수님은 이상적 메시야로 여겨졌을 것이다. 실제로 예수님은 그러한 오해를 살만한 기적을 많이 행하였다. 그것은 당시 전능환상으로 자신들을 방어했던 유대인들에게 아주 매혹적 안아주기였다.

예수님이 사회에서 약자와 소외된 자들, 가난하고 병든 자들을 불쌍히 여겨 치료해 주거나 그들에게 하나님 나라의 복음을 전함으로써 그들을 존귀하게 여긴 일들은 위니컷의 안아주기나 볼프의 안아주기와 유사한 점이 있다. 그러나 하나님의 안아주기는 인간의 그것과는 질적으로 다른 초월성을 가지고 있다. 충분히 좋은 어머니나 좋은 상담자라고 할지라도, 그들의 안아주기는 시간과 공간의 제한을 받는다. 그리고 상대의 무자비한 공격에 버텨내는 것에도 한계가 분명하다. 하나님의 안아주기를 예수님의 십자가와 부활의 사건을 통해 구체적으로 살펴보기로 하자.

십자가는 인간이 다른 인간에게 가하는 폭력과 공포의 현장이다. 이 십자가는 무기력한 유대인들의 현실을 있는 그대로 보여준다. 놀랍게도 예수님은 기꺼이 그 멸절의 자리로 걸어간다. 예수님의 십자가는 핍박과 압제로 죽음의 고통을 온 몸으로 느끼는 이스라엘 백성과의 동일시이며, 하나님의 모성적 체휼의 안아주기다. 예수님은 이스라엘 백성의 죄를 속량하기 위해 십자가를 선택했지만, 그것은 무기력한 메시야로 보일 뿐이다. 이스라엘 백성은 그들의 고통스런 환경에서 당장 자신들을 구원할 마술적 메시야가 필요했던 것이다. 하나님의 지혜는 이러한 이스라엘 백성, 아니 인간이 병적으로 붙들고 있는 전능환상을 깨기 위해 그들의 소원을 좌절시킨 것이다. 위니컷은 어머니의 적절한 실패는 유아의 전능감에 구멍을 내지만 그 일로 현실을 조금씩 인식하게 된다고 말한다. 예수님에 대한 전능환상이 깨지자 이스라엘 백성들은 격노하게 되고 결국 예수님을 십자가에 매달게 된다. 이러한 행동은 그들이 얼마나 유아적 전능환상에 고착되어 있었는지를 잘 반영해준다.

프로이트는 "환상의 미래"에서 종교는 소원성취의 환상적 수단이지만 이 환상이 틀린 것도, 망상도, 거짓도 아닌, 증명도, 반증도 불가능한 역사적 진실을 담고 있다고 말했다. 하지만 그는 유아적 강박으로 보이는 종교행위에 대해서는 비판적이었다.[330] 예수님은 남은 구원하여도 자신을 구원하지 못하는 역설적 모습을 통해 왜곡된 신앙관을 전복시킨다.[331] 하나님은 메시야의 죽음을 통해서 우상화된 메시야 상을 깨뜨린 것이다. 우상화된 메시야 상은 하나님을 가장한, 그러나 실제로는 개인의 소원으로 만든 가짜 메시야인 것이다. 이러한 우상은 인간의 깊은 내면에 있는 하나님 자리를 빼앗고 다른 사람을 조종하고 억압한다. 예수님이 십자가에서 전능함을 철저히 제한하고 무기력하게 죽음을 맞이한 것은, 이스라엘 백성들 마음에 하나님으로 가장한 심리내적 거짓 신들(psychic false gods), 즉 우상을 직면시키고 더 이상 그것들을 섬기지 않게 하려는 것이다.[332] 예수님의 십자가 대속은 인간내면의 거짓 신들을 멸하고 본래적 존재로 회복시켜 주는 안아주기로 해석할 수 있다.

어머니가 유아의 무자비한 공격을 버텨내고, 그 공격 가운데서도 살아남는 것은 매우 중요하다. 이 경험을 통해 아기는 자신이 공격한 대상이 곧 자신이 사랑한 대상과 같은 대상임을 깨닫는다. 이때 아기는 부분대상이 아닌 전체대상으로서 어머니를 지각하게 되고 통합을 이루게 된다.[333] 예수님이 십자가에 달렸을 때, 예수님은 인간에게 온갖 경멸과 조롱과 폭력을 당했다. 예수님은 십자가에서 철저하게 홀로 버려진다. 그럼에도 불구하고 예수님은 털 깎는 자 앞에서 잠잠한 어린 양처럼 아무 말을 하지 않는다. 혐오의 대상으로 무자비하게 공격하는 이스라엘 백성들을 향해 끝까지 묵묵히 버틴 것이다.[334] 결국 예수님은 십자가에서 죽게 된다. 하지만 그 대속의 안아주기를 통해 인류는 죄와 사망에서 구원받을 수 있게 된 것이다.

심층심리학에서 종교적 죄는 연구 대상이 아니다. 심층심리학에서 신이나 악령과 같은 것들은 사람의 마음에 의해 만들어진 것에 지나지 않는다. 프로이트는 신과 악령 같은 존재를 나약한 인간이 자신의 불안한 충동을 밖으로 투사하면서 만들어진 것으로 설명한다.[335] 심층심리학에서는 악을 현상학적으로 보거나 상대적인 것으로 간주해 축소하거나 묵인하려는 경향이 있다. 하지만 성경은 죄와 악을 절대적이고 초자연적 실체로 언급한다.[336] 예수님의 사역과 십자가는 죄와 악을 부정하지 않고 실체를 드러내려고 애쓰며 그 악을 추방하거나 멸하였다. 이러한 예수님의 안아주기는 인간의 죄와 죽음의 두려움에 매여 한평생 종노릇하는 인류를 구원한 것이다. 십자가의 초월적 안아주기는 인간적 안아주기와는 달리 모든 시대와 공간을 초월하여 모든 자를 안아준다.

예수님의 안아주기는 인류의 죄에 대한 속량으로 끝나지 않고, 사망 권세를 멸한 부활로 이어진다. 예수님의 부활은 속죄의 완성으로 안아주기의 정점이 된다. 이 부활로 인해서 많은 자들이 회심하고 예수님을 진정한 메시야로 믿게 된다. 이 변화는 매우 혁명적 사건이다. 여기서 우리는 예수님의 부활이 인간에게 회복과 소망의 안아주기임을 확인할 수 있다. 십자가가 왜곡된 하나님 상을 바른 하나님 상으로 바꾸는 변형의 공간이라면, 부활은 파괴적 공격에 의해 죽게 된 자들이 다시 소망을 가지고 회복하는 공간이 된다. 이 두 공간에서 인간의 무자비한 공격성과 파괴성이 변형되면서, 인간내면의 선한 능력들이 새롭게 만들어진다. 이는 다시 대상과의 관계를 발전적으로 추구해나갈 수 새로운 힘이 된다. 이처럼 바른 신앙은 흔히 생각하는 것과 달리, 유아적 신앙관과 심리를 과감하게 깨뜨리고 성숙한 신앙으로 이끄는 힘이 있다.[337] 십자가와 부활의 안아주기는 인간으로 하여금 고통과 좌절을 잘 극복하게 함으로써 자신의 정신을 통합시키고 삶 속에 분리되어 존재하는 실체들을 의미 있는 전체로 묶어주고, 삶에 방향과 목표 그리고 사명을 일깨워준다.[338]

하나님의 초월적 안아주기로써 예수님의 십자가와 부활을 논하면서, 유아적 전능환상과 마술적 신앙관에서 벗어나 정신적으로나 영적으로 성숙해가는 의미를 살펴보았다. 위니컷이 말한 대상-어머니와 환경-어머니의 필요성은 우리를 사랑하사 이 땅에 아들을 보내신 하나님의 구원역사와 유비된다. 위니컷은 모아관계에서 함께 현존하면서 아이를 침범하지 않는 안아주는 환경이 중요하다고 강조했다. 충분히 좋은 환경적 제공은 실제로 정신병적 또는 정신분열적 장애를 예방할 수 있다. 반대로 모성의 현존이 과잉되거나 과소되는 경우, 자아구조를 형성하는 본질적 발달과정이 제대로 진행되지 못하게 된다.[339] 더욱이 이 문제는 세대에 전수되어 악순환이 되기도 한다. 모성은 경험과 성찰이라는 이중구조로 모방되기도 하고 폐기되기도 하는 특징이 있다. 그래서 본 연구는 모성에 대한 재양육을 제안한 것이다. 양가적 모성에서 병든 모성에 이르기까지 궁극적 치료와 회복은 하나님으로부터 오는 것이다.[340] 따라서 모성을 치유하고 재양육하기 위해서는 하나님이 예수 그리스도를 통해서 인류를 안아준 십자가와 부활의 어머니노릇을 내재화하는 것이 필요하다.

안아주기는 모성의 침범과 박탈로 인해 살아있음과 홀로 있음의 어려움을 가지게 된 유아들을 위하여, 유아의 발달적 요구에 적응해줄 수 있는 분석적 환경을 제공함으로써 성장을 촉진하고 자기를 발견하도록 한다.[341] 하지만 인간의 안아주기는 궁극적 사랑에서 비롯된 것이 아니다. 아무리 인간이 안아주기를 발휘한다 하더라도 그저 그럭저럭 좋은 안아주기일 뿐이다. 이에 비해 하나님의 초월적 안아주기는 인간인 양육자나 상담자의 안아주기를 뛰어넘는 범위와 깊이를 가지고 있다. 다시 말해, 하나님의 안아주기는 무조건적이고 본래적 사랑에서 비롯된 것이다.[342] 하나님은 우리가 일생 동안 무자비하게 공격해도 견디어 낼 뿐 아니라 우리의 의존을 기꺼이 받아주고 우리의 존재를 안아준다.[343] 이러한 시공간을 뛰어 넘는 무조건적 하나님의 사랑이 개인의 마음에 내재화될 때, 개인의 내면에는 우리가 알 수 없는 신비한 변화가 일어나기 시작한다.

03

성령의 모성적 공간(코라) 제공하기

1) 크리스테바의 코라 유비(analogy)

먼저 플라톤이 『티마이오스』에서 언급하고 있는 코라가 무엇인지를 살펴보고자 한다. 이 책에서 플라톤은 존재와 생성 이외에 세계를 형성하는 제3의 부류로 '코라(kohra)', 즉 공간을 언급하고 있다. 자세히 말하면, 플라톤에게 코라는 생성의 '수용자' 또는 '유모'다.[344] 여기서 헬라어 'hypodokhe'는 일반적으로 '받아들임', '접대', '숙소', '용기'를 의미하고 신체기관으로는 음식을 받아 저장하는 위나, 아기가 자라는 공간으로서의 자궁을 의미한다.[345] 이처럼 코라는 공간성과 관련되어 있다.

코라가 공간성을 갖고 있다는 것은 플라톤이 코라를 자기의 소멸을 허용하지 않으면서도 생성을 갖는 모든 것에 자리를 제공하는 것으로 설명하는 대목에서 잘 드러난다.[346] 수용자로서의 코라는 감각적 물체도 지성적 형상도 아니다. 코라는 모든 생성을 받아들이고 이들에게 자리를 제공하지만 이 모든 변화에도 불구하고 코라는 변화하지 않는다. 코라는 그 안에 들어오는 것들에 의해 변동도 하고 모양도 다양하게 갖는다. 그래서 그때마다 다른 것으로 나타나지만, 코라는 생성과 달리 '언제나 같은 것'이다.[347]

이처럼 코라는 언제나 존재하는 공간의 일종이지만, 그렇다고 그것이 물체에 형태를 부여하는 도형들과 수들과 같다는 의미는 아니다. 코라는 도형이나 수와 같은 형상을 가진 물체들을 수용하지만 형상 자체는 아니기 때문이다. 또한 코라는 온갖 물체들을 받아들이지만, 감각적 지각을 통해서 알 수 있는 것이 아니다. 코라는 감각적 지각을 동반하지 않는 추론, 즉 지성의 직관이 아닌 논리적 추론에 의해서 알려진다. 이런 점에서 코라는 공간의 제3의 부류가 된다. 하지만 수용자로서 설명된 코라의 의미는 명확하지가 않아서, '유모와 같은 것'이라는 진술에 더 집중하고자 한다.[348] 유모는 영양을 공급하는 자이자 아기가 성인으로 잘 성장할 수 있도록 돌보는 자다. 다시 말하면, 코라는 단순히 받아들이는 수용자가 아니라 영양을 공급하고 무엇인가를 구성하는 특성이 있다는 것이다. 여기서 말하는 '구성하는 힘'은 운동성과 관련이 있다. 플라톤에 따르면, 운동성이란 하나는 서로 닮지 않은 것들을 구분하고 배치하는 힘이고, 다른 하나는 균형 잡히지 않은 힘이다. 이 두 힘이 무엇인가를 생성하고 구성한다는 것이다. 공간으로서의 코라는 형상을 가진 물체들을 수용하지만, 이러한 수용자로서의 코라 공간은 수동적이지 않다. 코라는 서로 닮지 않을 것을 구분해 배치함으로써 생성을 구성하며, 이러한 공간적 구성에는 항상 방황하는 원인의 종류, 균형 잡히지 않은 힘인 아난케(ananke)가 동시에 작동한다.[349]

크리스테바와 같은 여성 정신분석가들은 코라의 형태 파괴와 내재적 힘을 강조하는데, 이는 플라톤이 주장한 코라의 구성성과 운동성을 설명하는 부분과 맥을 같이 한다고 볼 수 있다. 코라 공간이 그냥 수용적 용기나 물체들의 관계가 아니라, 오히려 이질적 힘들의 우연적 결합을 통해 물체들을 배치하면서도 이를 뒤흔들어 놓는 구성적 외부라는 것이다. 이것은 기존의 지배적 공간 개념과는 완전히 다르다. 코라의 공간은 단순히 지배적 법칙들에 따라 물체를 배치한 텅 빈 용기가 아니라, 그 안에 가득 찬 이질적 힘들을 우연적으로 결합하는 곳이며, 이러한 결합을 통해 지배적 법칙들의 배치를 전복 또는 탈주시키는 구성적 외부다. 코라 공간은 단순히 물체들 간의 자리 성질이 아니라 그 자체로의 고유한 힘을 통해 기존의 자리들을 이탈시킨다. 따라서 공간이라는 코라 개념은 폐쇄적이고 절대적 언어적 구조에 개방성을 장착한다. 공간이 코라로 이해된다는 것은 이탈 가능성을 인정한다는 의미다.[350] 분명한 것은 '코라'라는 새로운 공간개념을 분명하게 직시하고 있을 때, 다양한 모성발견이나 실천을 위한 시각과 방향성을 얻을 수 있을 것이다. 이런 관점에서 크리스테바의 코라를 좀 더 살펴보려 한다.

'코라'라는 개념은 크리스테바 이론의 핵심 개념 중 하나다. 코라라는 용어는 그녀의 박사학위 논문, 『시적 언어의 혁명』에서 후기작품인 『사랑의 정신분석』에 이르기까지 반복적으로 등장한다. 먼저 코라는

『시적 언어의 혁명』에서 강조하는 내용인 주체의 형성이론과 의미생성 과정에 대한 탐색에서 중요한 단서다. 크리스테바는 언어를 구성하는 의미생성화의 두 가지 양태로 기호계(semiotic)와 상징계(symbolic)를 설정했다. 기호계는 '전(前)언어적' 혹은 '초언어적 심적 각인들'로 설명하면서, 논리적으로 그리고 시간적으로 기호, 의미, 주체의 형성에 선행하는 어떤 심적 양태를 그려보려는 시도로 코라를 설정한다.[351] 의미생성화의 공간인 코라는 욕망하는 정신적 공간이며 동시에 육체적 공간이기 때문에 인간의 언어활동은 육체와 분리되지 않는다. 여기서 크리스테바는 모든 요구를 듣는 존재로서의 어머니, 모든 요구를 수용하는 용기로서의 어머니의 충만한 육체, 이 모성적 육체가 바로 코라를 질서화하는 원칙이 된다.[352] 그녀는 코라의 기본원리가 되는 어머니의 육체, 정확히 말하면, 아이를 품고 있는 어머니의 육체 상태인 임신 경험을 '주체분열의 극단적 시련'으로 묘사한다.[353] 어머니란 끊임없는 분할이자, 한 육체의 분리다. 결국 언어활동의 분리인 것이다. 마이클 페인(Michael Payne)은 이 대목에 아리스토텔레스가 동물의 역사에서 사용한 코리온(chorion)을 접목하여 설명한다. 코리온은 자궁 속 태아를 둘러싼 막을 의미하는데, 이 막은 태아의 타자성을 구성하는 공간을 제공하면서, 동시에 의미화의 가장 초기 과정들이 일어나는 공간이 된다. 페인에 따르면, 크리스테바의 코라는 코리온처럼 이중적 기능이 일어나는 곳이다. 물론 이 두 가지 특성은 서로 분리되지 않는다. 코라를 규정하려는 시도가 불투명하고 모호하지만, 그렇다고 코라를 불가능한 것 또는 존재하지 않는 것으로 볼 수는 없다.[354] 이러한 특징은 코라가 상징화되거나 재현될 수 없지만 여전히 주체에 선행하여 존재한다는 라깡의 실재계 개념과 유사하다고 볼 수 있다. 실제로 크리스테바는 자신의 기호계는 라깡의 실재계와 상징계에 존재하는 현상에 해당한다고 했다.[355]

크리스테바는 코라를 기호도 아니고 기표도 아니고, 어떠한 형상이나 모방도 아닌 단지 목소리의 리듬이나 동적 리듬과 비슷한 운율적 공간이며 자양분을 주는 모성적 수용체로 설명한다.[356] 또한 코라는 모아공생의 리듬, 억양, 반향언어증(echolalias)으로 가정한다. 모아관계에서 공생의 리듬은 모아가 공유하는 육체적 공간에서 비롯된 것이다. 육체적 공간은 라깡의 경우, 거울단계 이전에 발생하여 주체가 언어에 진입하기 이전에 이루어지는 언어의 출발점이다. 따라서 크리스테바에게 모성적 육체는 아버지의 법과 상징계의 출발을 미리 잡아주는 것이고, 사회적 관계를 규정하는 상징적 법과 태아적 주체를 매개하는 수단이며, 기호적 코라에 질서를 부여하는 역할을 한다. 그녀는 기호수립에 선행하는 기호계의 동적 기능을 기호체계로서의 언어에 의존하는 상징적 작용과는 구별되는 것으로 본다. 의미생성화의 한 양태인 코라 안에서 언어학적 기호는 아직 대상 부재로 실재적인 것과 상징계 사이에 있는 구분으로 분절화되지 않은 상태다. 이에 기호계의 동적 과정으로 조직하는 기능들의 발생은 상징 이전의 기능이라는 다른 장면, 즉 무의식 충동을 여는 주체의 이론 내에서 설명할 수 있다.[357]

프로이트의 충동이론 역시 심적인 것에서 신체적 것으로 이행하듯이, 크리스테바의 충동 역시 의미를 산출하는 물질의 반복적 분열이며,

항상 부재중인 주체가 만들어지는 공간이다.[358] 결국 상징 이전의 충동들은 아직은 자아가 아닌 것과 대상을 연결해주는 기능을 하며, '코라'라는 특이한 공간을 구성하게 된다.[359] 충동은 전오이디푸스 단계에 있는 기호계적 기능과 관련되며, 동시에 어머니 몸으로 향하게 하고 그 몸과 연결시켜주는 에너지 방출과 관련된다. 이렇게 항상 모호한 상징 이전의 충동이 지닌 이중성으로 인해 기호화된 몸은 영원한 분열장소가 된다. 따라서 기호학적 코라는 단지 주체가 생성되고 부정되는 장소일 뿐이다.[360]

크리스테바의 주체이론에 의하면, 주체는 언제나 기호적이며 동시에 상징적이기 때문에, 그 주체가 산출하는 의미화체계는 전적으로 기호적일 수도, 상징적일 수도 없으며, 대신 필연적으로 그 둘의 역동적 상호작용에 의해서 특징지어진다.[361] 크리스테바에게 주체는 데카르트적 주체가 아니라 근본적으로 분열되어 있으며 언제나 과정 중에 있는 주체다.[362] 이러한 크리스테바의 주체개념은 어떠한 통일된 주체개념도 부정한다. 그에게 주체성은 거울단계로부터 기원하는 것이라고 보는 정신분석의 관행에 대한 하나의 도전이라 할 수 있다. 라깡에 의하면, 주체발전이 이루어지는 큰 상징계로의 진입은 거울단계와 거세의 발견을 통해서다. 이러한 주체 형성과정의 결과가 바로 언어습득이다. 크리스테바는 전오이디푸스 과정에서 오이디푸스 과정으로의 이행을 통한 언어습득에 대한 라깡의 해석에서 빠져있다고 생각하는 부분, 즉 상징계에 이질적 부분인 전오이디푸스적 흔적에 주목하고 이를 기호계로 설명한다. 크리스테바는 전오이디푸스적 충동이야말로 의미화를 생산하는 물질의 끊임없는 분열이며 항상 부재중인 주체가 만들어지는 장소라고 했다. 결국 인간의 기호계의 유입과 상징계적 법질서의 혁신을 통해 이루어지는 의미생성 과정을 거쳐 주체로 형성되며, 언제나 말하는 주체로 존재한다. 이처럼 크리스테바는 주체를 초월적 자아로부터 탈중심화되어 있고, 변증법에 열린 존재로 보기 때문에, 그녀의 주체는 언제나 다양하고 무한한 의미창출이 가능한 과정에 있는 것이다. 인간은 타자와의 관계에 따라 동일성이 상실되면서, 동시에 새로운 주체로 형성되는 과정 중에 있는 존재다.[363]

기호계라는 용어는 그리스어로, '구별이 분명한 징표, 흔적, 표시, 예비적 기호, 증거, 새겨지거나 쓰여진 기호, 각인, 흔적, 상징을 의미하며, 의미생성화를 구성하는 요건이다. 결국 기호계는 기표와 기의의 구분이 일어나기 이전의 상태, 즉 전상징계적 상태로 볼 수 있다. 그렇다면 의미생성화의 한 양태로서 코라는 언어 이전의 기호계적 공간을 의미한다. 그러나 코라는 규정되는 만큼 움직임으로 가득한 운동성 안에서, 충동과 충동의 정지에 의해서 형성되는 표현되지 않은 총체다.[364] 결국 코라를 규정하고 명확히 하려는 작업은 역설적으로 보일 수 밖에 없다.[365] 그럼에도 역설적이고 모순적 코라의 모호성이야말로 의미화 과정에서 이질적 요소를 표현하기에 알맞은 개념이다. '이질적 모순'이라는 경험의 실천이 가능해지는 지점은 바로 코라에서 이루어지는 역동적 에너지의 힘들의 분출과 관련된다.[366] 만물생성이 이루어지는 특이한 공간, 즉, 플라톤의 수용체인 코라 개념으로부터 크리스테바는 언어생산, 의미생성화가 이루어지는 기반으로서의 코라 개념을 만든다.

그녀는 코라를 명명할 수 없고 존재하지 않을 것 같은 변칙적인 것이라고 강조했다. 수용체를 우주와 이름, 음절에 선행하는 요소들로 보는 플라톤의 설명에 대해, 크리스테바는 수용체 즉, 코라를 근복적 애매성이라고 규정한다. 한편으로 코라는 유동적이고 모순적이며, 통일성이 없고, 분리/분할이 가능한 것으로 음절 이전의 것, 단어 이전의 것이다. 다른 한편으로 코라는 무정형이라 할 수 있다.[367] 『사랑의 정신분석』에서도 유동적이고 불안정한 원초적 수용체로서, 유일자와 부성은 물론 음절형성까지도 선행하는 것으로, 은유적으로 표현하면 유모 같은 존재, 모성적 존재로 코라를 설명한다.[368] 크리스테바는 이를 『티마이오스』에서 "실제로 받아들이는 것을 어머니에, 본받게 되는 대상을 아버지에, 그리고 이들 사이의 창조물을 자식에 비유하는 것이 적절하다"고 인용하였다.[369] 언어와 주체가 발전해 나가는 토대 또는 기반으로 작용하는 코라는 모성적이며 여성적 공간이다. 이와 같은 여성적 공간을 크리스테바는 기호계적 리듬이라고 했다.

그녀는 말라르메의 말을 인용해, 기호계적 언어란 언어에 대해 무관심하고 수수께끼 같으며, 여성적 공간이자 율동적이고 구속되지 않으며 이해할 수 있는 언어적 번역으로 환원되지 않는 것으로 설명한다. 쉽게 말하면, 크리스테바는 논리적 언어와 반대되는 웃음소리나 자장가와 같은 흥얼거림을 코라 공간의 언어라고 본다. 이러한 기호계의 전(前)언어는 논리정연한 통사적 구조를 갖지 않고, 파열, 부재, 침묵, 모순을 그대로 드러내면서 남성언어의 일직선적 구조를 해체하려는 욕망을 갖고 있다는 점에서 혁명적 언어라고 말할 수 있다.[370] 어머니 중심의 기호계 담론은 상징언어 속의 침묵, 부재, 파열, 모순으로 존재하는 무의식의 혁명세력이 된다고 보았는데, 이것이 앞서 살핀 '코라'가 된다. 바로 이 모성적 육체공간인 코라의 언어가 곧 여성성이다. 따라서 코라공간을 중심으로 한 '기호계'가 어머니 몸과 연결된다면 '상징계'는 아버지 이름과 연결된다고 말할 수 있다.[371]

유아는 심리적 공간인 코라에서 어머니와 신체적 접촉관계가 없다면 극단적으로 혼란스러워지고 파괴적이 될 수 있는 충동을 경험하게 된다. 즉, 어머니와 아이 관계에서의 촉각적 관계경험은 충동의 방향성을 제공하는 것이다. 예컨대, 대상을 지지하기 위해 언어를 어떻게 사용해야 하는지를 잘 알지 못하는 아이는 적절하고 의미 있는 방식으로 언어를 구사하지 못하고 울며 떼를 쓰게 된다.[372] 아이의 시도 때도 없는 떼쓰기는 어머니를 당황시키고, 심한 경우 어머니 정신을 위협하는 지경에까지 이른다. 이 정도 되면, 어머니는 아이에게 짜증내며 욕설을 하거나 공격적 눈빛과 몸짓을 보이기도 한다. 이러한 어머니의 모습은 아이의 모성적 공간, 코라를 위태롭게 만든다. 이 문제의 해결책으로 크리스테바는 '전이된 사랑'을 언급한다. 그녀는 어머니가 모성적 공간을 아이에게 제공하기 위해서는 어머니에게 전이된 사랑이 필요하다고 역설한다.

그녀에 따르면, 모성은 스스로 만들어지는 것이 아니라 전이된 사랑으로 만들어지는 것으로, 사랑은 반드시 경험하고 배운 후에 가능하다고 한다. 그녀는 이를 "태초에 사랑이 있었다"라는 말로 설명한다. 태초에 있었던 사랑이 인간에게 전이되었다는 것이다. 그 전이 과정은 '모성의 비천하게 되기'를 통해서 이뤄진다. 어머니의 주체욕망 이전에, 모성이 '스스로 아브젝시옹하는 과정'에서 발생하는 전이된 사랑을 받아들이면서 이뤄진 것이다. 모성은 전이된 사랑으로 자신을 스스로 주변부로 빠지는 '비천시 되기'라는 것을 통해서 또 다른 전이된 사랑을 만들어 낸다. 만약 전이된 사랑을 받지 못하면, 사람의 정신 속에는 계속 '없음'과 '결핍'이라는 것이 만들어지게 된다. 모성은 스스로 '비천시 되기'를 통해 아이가 주체가 되도록 하는 경이로운 사랑이라 말할 수 있다.[373] 이 사랑은 태초에 있었던 성령의 사랑이 전이된 것으로, 양가적 모성을 재양육하기 위해서는 성령의 '전이된 사랑'을 지속적으로 공급받는 일이 무엇보다 중요하다. 상담신학에서 성령의 전이된 사랑은 예수 그리스도의 십자가와 성령의 임재라고 말할 수 있다. 여기서 연구자는 전이된 사랑을 지속적으로 공급받기 위한 방안으로 성령의 모성적 공간을 제안하려는 것이다.

2) 모성적 공간(코라)에서의 온-오프 생각하기

어머니는 아이의 무자비한 공격을 받으면 'O'의 정서적 인상이자 'O'의 유령인 베타요소가 증가하고 감각적 인상들을 심리적으로 기록하고 조직하며 기억할 수 있는 형태로 전환시키는 알파기능이 떨어지게 된다.[374] 비온은 알파기능을 '이야기하기'와 '분석적 생각하기', 그리고 '온-오프 생각하기', 이상 세 가지 형태로 설명한다. 여기서 비온이 생각한 온-오프는 양가적 모성을 설명하는데 좋은 유비가 된다. 온-오프는 나타났다가 사라지고, 가지고 있다가 없는 것이며, 자기(self)가 있다가 없는 것이며, 애착이 있다가 없는 것을 말한다. 예컨대, 어떤 여인을 보다가 마녀였는데 지금은 아름다운 미녀로 보이는 것과 같다. 인간은 이 둘 사이를 왔다 갔다 하는 온-오프 생각하기를 반복한다. 온-오프 생각하기는 지금까지의 방식으로 사물을 보다가 다른 방식으로 보는 것을 말한다. 처음에는 사랑했다가 그 다음에는 증오하고, 증오했다가 사랑하는 일이 벌어지는 정동과 사고의 역전이다.[375]

온-오프 생각하기는 많은 것에 적용할 수 있는데, 양가적 모성에도 적용 가능하다. 어머니는 아이에게 모성이 있다가도 없고, 모성이 없다가도 있는 존재다. 사도 바울도 고백하기를 "곧 내가 원하는 것은 행하지 아니하고 도리어 미워하는 것을 행함이라(롬 2:1)"고 했다. 이처럼 사람은 두 가지 마음을 품고, 생각하는 것에 대해 자신을 비난하거나 공격한다. 이러한 온-오프 생각하기는 이분법적이고 상보적인 모든 경향들을 단계적으로 변화시키고 혼합시키는 공간을 만든다는 점에서 의미가 깊다. 사람은 X를 생각하다가도 Y를 생각하고, 다시 Z를 생각한다. 이것이 인간의 사고방식이고 사고의 힘이기도 하다. 사물을 이렇게도 저렇게도 보는 것은 강박적이거나 우유부단한 것이 아니다. 오히려 온-오프 생각하기는 다양한 관점으로 대상이나 세상을 보는 것으로, 다양한 시선이 존재하게 되면 누가 맞고 누가 틀렸다는 인식에서 벗어나게 되고 진실에 좀 더 가까이 접근할 수 있게 된다.[376]

온-오프 생각하기가 상담 장면과 모아관계에서 어떻게 일어나는지 살펴보기로 하자. 우선 상담실에서 내담자는 말을 시작하고 멈추고, 있다가 사라지고, 갑자기 시작했다가 멈추고, 다시 시작하고 중단하는 모습으로 나타난다. 이는 내담자의 정신 작용과 역동에 관련된 것이다. 모아관계에서의 온-오프 생각하기는 아기가 외부자극을 줄이거나 중단하고 싶을 때, 그 순간에서 벗어나고 싶거나 휴식을 취하기 위해 관심을 닫으려 할 때, 어머니가 아기의 신호를 잘못 읽어 아기를 깨우거나 따라다니거나 또는 강요할 때 발생한다. 이 행위는 더 이상 상호작용이 아니라 비극적 침범이 되고 만다. 온-오프 생각하기는 위니컷의 중간영역에서 일어나는 활동과 매우 유사하다. 중간영역은 개인 또는 대상 사이에 상호작용이 일어나는 '외부현실'과 그 현실을 받아들여 자기 것으로 인식하는 심리적 '내적 현실' 외에 또 다른 '제 3의 공간'이다. 이 공간에서 아이는 자신의 본능적 욕구와 충동이 현실원리 사이에서 파생된 부산물들을 조정하고 소화하게 된다. 그래서 위니컷은 아이의 엄마를 치료할 때 그녀가 살아있고 죽어있고, 돌아오고 떠나가고, 오고 가는 모성의 리듬을 발달시키고 살아남고 죽도록 허용하는 공간을 만드는 것을 중요하게 여겼다.[377] 중간영역에서 나타나는 이중적 경향성은 온-오프 생각하기의 현상이다. 비온의 내담자에게도 이와 유사한 현상이 나타난다. 내담자가 무슨 중요한 말이 있다고 말하고 나서, "제가 방금 무슨 말을 했는지 잊어버렸어요"라고 말하고, 그 후에 다시 "그게 바로 제가 말하려던 거예요"라고 말하는 식이다. 이처럼 중간영역에서 온-오프 생각하기는 나타나는 동시에 사라지고, 거의 나타났다가 다시 사라진다. 결국 일어날 것 같은 일과 일어났던 일의 '흔적들'만이 의사소통된다.

온-오프 생각하기에서 사용되는 언어는 과학의 언어, 신앙의 언어, 정신분석의 언어, 상식의 언어, 일상생활의 언어 등으로 다양하다. 개인은 다양한 언어를 가지고 있고, 이 언어들을 통해 다양한 관점에서 사물을 바라본다. 이 언어들이 상충한다고 해서 그 모든 언어를 억지로 화해시킬 필요는 없다. 왜냐하면 각각의 언어들은 고유한 자기공간에서 인류에게 큰 공헌을 해왔기 때문이다. 만약 신앙의 언어가 없었다면, 이 세상의 많은 것들은 존재하지 못했을 것이다. 오히려 각각의 언어들을 발달시키고, 각각의 언어능력을 최대로 발달시키는 법을 배울 필요가 있다.[378]

시편에서 다윗은 성령의 임재 속에서 자신의 일상의 언어와 신앙의 언어를 넘나들며 온-오프 생각하기로 기도하는 모습을 쉽게 찾아 볼 수 있다. 다윗의 온-오프 생각하기는 탄원시에서 잘 드러난다. 여기서 시편에 대한 양식을 살펴보면, 헤르만 궁켈(Hermann Gunkel, 1862-1932)은 시편의 탄원시를 일인칭 단수유형(I-form)과 일인칭 복수유형(we-form)으로 구분하고, 전자를 개인 탄원시, 후자를 공동체 탄원시, 전자와 후자가 모두 혼용되는 유형은 복합 탄원시로 매우 독특하게 분류하였다.[379] 한편 양식비평가인 궁켈과 달리 구약학자인 월터 브루그만(Walter Bruggemann, 1933-)은 시편을 정위(orientation), 혼미(disorientation), 새로운 재정위(new orientation)의 시편으로 분류하였다.[380] 이 개념은 매우 독창적인 발상으로 정위-혼미-재정위 개념은 온-오프 생각하기와 매우 유사하다.

정위의 시편은 성령의 창조, 율법, 지혜, 인간에게 주어지는 보상, 축복 등으로에 대한 감사와 만족을 노래하는 시다. 혼미의 시편은 역경 속에서 탄식, 불평, 원망, 분노, 저항, 상실, 보복 등을 탄원하는 시다. 새로운 정위의 시편은 성령의 신원과 회복 등으로 감사와 기쁨, 찬양을 드리는 시다. 부루그만은 신앙생활이란 '정위'에서 '혼미'로, '혼미'에서 '새로운 정위'로의 이동이며, 이것은 곧 그리스도인이 삶 속에서 예수님의 십자가 고난 및 부활에 참여하는 것과 직결되는 것으로 설명한다.[381]

이처럼 탄원시는 잃어버린 삶의 방향을 회복하는 과정을 잘 보여준다. 그 과정은 첫째, 고난을 성령 앞에서 진솔하게 토로하는 것이다. 시편의 시인들은 기도조차 철저하게 무시당하는 것처럼 느껴지는 고난 속에서 자신들의 신체적, 정신적, 영적 고통을 성령께 토해내면서 신체적, 정신적, 영적 카타르시스를 경험하였다. 둘째, 고난을 영적 관점으로 해석하는 것이다. 시편의 시인들은 육체적 고난이든 사람과의 관계에서의 고난이든 모든 고난들을 성령의 주권과 섭리 속에서 해석함으로써 궁극적 구원에 대한 큰 관점을 얻었다. 셋째, 회개 가운데 성령에 대한 신뢰를 잃지 않는 것이다. 그들은 고난의 원인을 자신의 죄와 과오로 연결하여 해석하였기에 회개할 수 있었다. 때때로 시인들은 원인을 알 수 없는 고난을 당하면서 성령 부재를 경험하였다. 그럼에도 시인들은 성령의 선하심을 끝까지 신뢰하였기 때문에 삶의 방향을 새롭게 재정립하면서 인생의 어두운 밤을 지나갈 수 있었다.[382]

양가적 모성도 양육과정에서 여러 이유로 고난을 당한다. 양육의 고통(pains)과 고생(suffering)은 정상적 어머니 몸과 마음, 영적 상태까지 황폐하게 만들기도 한다. 지친 어머니는 성령의 부재를 경험하면서 삶의 방향을 잃어버리게 되는 혼미한 모성상태에 놓이게 된다. 이때 양가적 모성은 온-오프 생각하기를 하기 시작한다. 온-오프 생각하기는 앞서 언급한 어둡고 부정적 정서들이 주로 담긴 혼미의 시편에 속한다. 혼미의 시편처럼 온-오프 생각하기는 상처, 외로움, 고통, 분노, 혼란의 어두운 정서와 언어들로 채워져 있다. 혼미한 모성은 아이에게 자신의 후회, 분노, 증오 등을 공격성과 파괴성으로 표현하게 된다. 공격적이고 파괴적 모성이 활성화되는 경우, 모아관계에 미치는 악영향은 매우 크다.

양가적 모성이 균형감을 잃어서 위기에 처한 경우, 중요한 것은 그러한 상황에서 어떻게 대처하는가의 문제다. 정위-혼미-재정위의 탄원시는 방향을 상실한 혼미한 모성에게 좋은 대답이 된다.

04

성령(O) 안에서 믿음(F)으로 변형(T)하기

기독교상담과 일반상담의 공통분모는 '상담'이라는 개념일 것이다. 즉, 내담자가 겪고 있는 문제를 놓고 상담자와 내담자, 두 사람이 서로 대화한다는 점에서 그렇다. 그러나 이 둘 사이의 차별성은 신앙적 요소를 활용하여 내담자의 문제 해결, 치유와 회복, 변화 등을 이끈다는 기독교상담의 개념에서 뚜렷해진다. 기독교상담은 전통적으로 기독교 세계관을 바탕으로 내담자의 전인적인 치유와 성장을 위해서 치료수단으로 신앙적 요소를 사용해 왔다. 이것은 성령의 치료적 은혜를 맛보는 통로로 널리 믿어졌다. 특히 개혁교회 안에서도 첨예하게 대립되었던 성령에 관한 신학적 개념들이 정립되면서 기독교 상담에도 큰 변화가 일어났다.[383] 성령이 개입되지 않은 변화에 대해서는 궁극적 변화가 아닌 심리적 변화에 불과하다고 간주하게 되었다.[384] 그렇다고 해서 성령이 종교적 영역에서만 일하신다는 의미는 아니다. 성령은 개인의 신앙 안에서만 활동하시는 것이 아니라 세속적 사회, 세계, 우주 속에서도 활동하시고, 그것들을 유지, 변화(transform)시키는 일을 한다. 다시 말하면, 성령은 신앙인과 교회뿐만 아니라 사회와 세상까지도 변화시키는 영이라는 것이다.[385] 따라서 성령의 활동은 기독교상담에만 한정되지 않는다.

성령은 성령의 영 또한 아들의 영으로서 인격적 존재다. 그래서 성령은 인지적, 감성적, 의지적 성향을 가지고 있다. 인격적 존재로서 성령은 변화의 영이라고 말할 수 있다. 성령은 그 분의 존재 특성에 따라 인간 개인의 인지적, 감성적, 의지적 인격변화를 일으키시는 일을 하신다. 성경을 보면, 사람들이 성령의 임재와 역사를 경험하면 그들에게 전과 다른 큰 변화가 일어남을 확인할 수 있다.[386] 여기서 우리는 성령이 인격변화의 원동력임을 확인하게 된다. 성령을 통한 개인의 변형은 언제나 가시적인 것은 아니다. 변형은 오히려 내면에 새로운 결단과 시도, 정렬을 계속하면서 보이지 않는 변화를 이뤄내다가 일정 시간이 지나고서야 드러나기도 한다. 성령의 역사는 인간이 다 감지하지 못하고 다 알지도 못한다. 우리가 성령의 일을 전혀 인지하거나 자각하지 못할지라도, 성령은 여전히 당신의 일을 행하신다는 사실이다. 이것이 성도에게 안전감이 되고 소망이 된다.

전통적 프로이드 학파는 성령나 그 역할을 인정하지 않았다. 그러나 현대 정신분석은 고전적 정신분석과 달리 초월적이고 알지 못하는 것과 그 작용에 관심을 두고 연구하면서, 이제는 정신분석에도 초월적 요소 또는 신앙적 요소와 연결하여 적용 가능한 개념들이 등장하게 되었다. 그중 하나가 비온의 'O' 개념이다.[387] 비온은 상담 중 알지 못하는 정서적 실재 또는 알려지지 않은 궁극적 실재를 나타내는 기호로 'O'라는 기호를 사용한다. 'O'는 경탄이 되기도 하고, 근원(original)의 'O'가 되기도 하며, 개방성(open)과 숫자 영(0)으로 해석되기도 한다. 신앙인들은 이 'O'를 따라서 개인신앙의 신비로 입장할 수 있다. 확실히 'O'는 알려지지 않은, 무한하고 궁극적 실재다. 만약 상담 중 'O'를 알려지지 않은 정서적 실재를 나타내는 기호로 믿는다면, 겸손한 자리에서 우리 자신을 발견하게 될 것이다. 상담 회기 중 우리가 만나게 되는 것은 그것이 어떤 것이든 옳을 수도, 옳지 않을 수도 있다. 알 수 없는 'O'는 우리의 모든 것을 의심스럽게 만들고 동시에 필수적인 것으로 만든다.[388]

'O'는 상담자로 하여금 자신이 잘 모른다고 말하거나 자신이 완전히 놓친 것이 있을 수 있다고 고백하게 만든다. 'O'의 접근 불가능성이 스스로 'O'의 영향력에 관하여 다양한 수준에서 주고받을 수 있는 길을 제공한다. 비온에 따르면, T(transformation)는 우리가 설령 그것을 인식하지 못한다고 해도 'O'안에서 계속 변형되고 있는 것이다. 말 없는 변형은 사람에게 영향을 미치며, 창조하고 변형시키면서 현실에서 계속 진행된다.[389] 개인은 말 없는 변형에 대한 어떤 암시들을 경험하고, 때로 확신과 신념을 발달시킬 수 있지만, 무슨 일이 어떻게 일어나고 있는지는 구체적으로 알지 못한다. 이것은 마치 우주에서 알려지지 않은 무언가가 인간이 알지 못하는 어떤 일을 행하고 있다는 비유와 같다. 변형은 계속되지만, 우리 인간은 알지 못한다.[390] 알려지지 않은

'O'의 작업과 영향은 계속되고 있지만, 우리는 알지 못하고 다만 힌트들, 암시들, 직관들만을 가질 뿐이다. 예컨대, 기도 안에서 기도자는 무엇인가 느끼지만 'O'의 속도와 미묘함을 따라잡을 수 없는 순간들이 있다. 그 영향들이 분명 사람에게 영향을 미치지만 'O'가 어떻게 작용하고 있는지, 그것들이 무엇인지 알지 못한다. 다만 여기서 우리는 'O'가 자기 일을 하도록 허용하는 자세가 필요할 뿐이다. 중력이 우리 눈에 보이지 않지만 일상생활에 절대적 영향을 끼치고 있는 것처럼, 유사한 방식으로 'O'는 우리가 말하고 듣는 동안 우리를 변화시키는 일을 하고 있다.

'O'안에서의 변형은 현실에서 실제로 있으며, 때로는 빠른 속도로, 때로는 느린 속도로, 때로는 그 두 가지 속도가 동시에 일어나고 있다. 그러나 현실에서 계속 일어나는 변형의 정체가 무엇인지 우리는 잘 알 수 없다. 단지 추측하고 직관하고 암시를 발견할 뿐이다. 이것은 마치 머나먼 우주에서 발견되는 별빛이 사실은 수백 년, 수천 년 전에 빛을 발하였던 것이 지금 우리에게 지각되는 것과 비슷한 이치다. 오직 신만이 인간의 상황에 대한 전체 그림을 갖고 있다는 철학적 개념은 우리가 가진 어떤 이해도 부분적일 수밖에 없다는 사실을 겸허히 수용하게 한다. 비온은 우리가 우리 자신을 어디에서 발견하든, 우리가 무엇을 생각하고 느끼든, 그것은 훨씬 더 큰 저장소에서 선택된 것이라고 말한다. 환언하면, 신 또는 'O'가 더 넓은 공간, 'O'의 장에서 선택한 것이라는 것이다.[391]

이 신비한 'O'와 관련하여 비온은 'O'안에서의 신앙을 말하면서, 신앙을 나타내기 위해 대문자 F(faith)를 사용하였다. 이것은 정신분석가로서는 매우 급진적 표현이다. 왜냐하면 신앙은 우리가 알지 못하는 실재에 대해 갖는 마음으로, 그것이 유효한 것인지에 대한 의문이 있기 때문이다. 또 다른 이유로, 그 궁극적 실재인 'O'가 우리의 죽음과 관련이 있기 때문이다. 우리 모두는 오래지 않아 죽을 것이기에 우리에게 중요하고 필요한 것은 "나는 지금 살아있는가?"와 "지금 살아있다는 것이 무엇을 의미하는가?"라는 질문이다. 비온에게 신앙이라는 개념은 지금 살아있는 것과 연관 있다. 신앙이란 실재가 무엇이고, 그리고 그것이 무엇을 하든, 그 실재를 살아가는 것이다. 그 방식은 'O'안에서 신앙을 갖고 사는 것이다. 이는 매우 역설적이다. 우리는 전혀 알지 못하는 변형이 일어나고 있는 'O'안에서 변형되다가 그 과정에서 결국 죽을 것이다. 여기서 우리는 "왜 우리가 신앙을 가지고 신앙 안에서 살아가야 하는가?"라고 질문하게 된다. 마이클 아이건(Michael Eigen, 1936)은 비온의 'O'안에서의 F를 욥의 이야기로 설명한다. 욥은 한 날에 열 자식 모두를 잃게 되는 참척의 고통을 겪게 된다. 그럼에도 불구하고 욥이 성령을 예배하며 성령을 원망하지 않은 것(욥 1:20~22)은 성령에 대한 신뢰 때문이다. 아이건은 이러한 욥의 모습을 바로 'O'안에서의 F라고 말한다.

비온은 'O'안에서의 F를 정신분석적 태도로서, 기억, 기대, 욕망과 또는 이해가 없는 상태라고 말한다. 그것은 급진적으로 열려있는 상태고, 아무것도 붙잡지 않고 있는 상태다. 즉, 붙들 것이 전혀 없는 벌거벗은 상태다. 이러한 모습은 야곱의 삶에도 나타난다. 요셉을 잃었다고 생각했던 야곱이 베냐민을 애굽에 볼모로 보내야 하는 상황에서 "내가 자식을 잃게 되면 잃으리라"(창 43:14)고 말한 지점에서 우리는 야곱의 F를 만나볼 수 있다. 'O'안에서의 F는 사람의 겸손함을 의미하기도 한다. 모든 것을 아는 것처럼 생각하는 사람은 'O'안에서의 F가 없는 사람이다. F는 "나는 모든 것을 안다"라고 하는 독을 제거하는 일종의 해독제다. 모아관계에서 절대 의존기의 엄마는 모성적 몰두를 하게 되는데, 이때 엄마는 아기가 느끼는 것을 잘 안다고 생각한다. 하지만 엄마는 아이에 대해 다 알 수 없기 때문에 아기에게 크고 작은 실수를 하게 된다. 일반적으로 엄마는 자신의 실수를 자각하고 이를 바로 잡으려고 노력한다. 하지만 어떤 엄마는 자신이 모든 것을 안다고 확신하여 자신의 옳음을 끝까지 고수한다. 이러한 엄마의 태도는 아이에게 심각한 영향을 끼치게 된다. 만약 엄마가 아기에 대한 자신의 느낌이 항상 옳다고 생각한다면, 엄마는 아이의 감정과 인식을 위한 공간을 가질 수 없게 된다. 모든 것을 안다고 하는 엄마는 일종의 모성적 광증을 갖고 있는 사람일 수 있다. 이는 정상적 모성에서도 발견된다. 엄마의 전지성이 너무 완강하고 지속적일 때, 그것은 아기로 하여금 현실감각을 잃게 하고 심한 경우, 아기에게 정신적 장애를 불러일으킬 수도 있다. 전지한 엄마에게도 문제가 발생하는데, 스스로가 계속 옳아야 하기 때문에 완고하게 자신을 경화(self-hardening)시키게 된다.[392]

성령과의 관계에서도 이 현상은 동일하게 발생한다. 만약 어떤 사람이 성령에 대해서 모든 것을 안다고 할 때, 그 사람에게는 성령의 감정과 인식을 위한 공간이 존재하지 않게 되는 것이다. 이것은 우상 내지 교만이 된다. 반대로 개인이 F를 가지고 있다면, 그가 어떠한 난국에 빠져 있을지라도 성령이 그와 함께 할 것이라는 확신을 갖게 된다. 'O'안에서의 F는 종교 체계에서 영적 영역에서만이 아니라 내담자와 상담자의 상담현장과 일상적 삶의 자리에서도 발견될 수 있다. 이는 F가 많은 가능성을 내포한다고 말할 수 있다. 그 중에 대표적인 것이 'O'안에서 F와 T와의 연관성이다. 그것은 바로 'O'안에서 F는 'O'안에서 T를 위한 배경이라는 점이다. 이를 좀 더 설명하면, 'O'안에서 F가 작동할 때, 정신은 'O'안에서 T가 작동할 수 있도록 지원을 받는다. 비록 그 영향력이 무엇인지 알지 못한다 해도 사람들은 그것들을 감지한다. 반면 이를 감지하지 못하는 경우는 자신이 그 영향력을 차단해 버리기 때문이다. 우리는 흔히 이 영향력을 수용과 차단으로 번갈아 사용한다. 심리상담자는 내담자가 이 영향력과 접촉할 수 있도록 도와, 그 영향력이 내담자의 정신적 실재와 파트너가 되도록 해야 한다. 아이건은 'O'안에서 T가 일어나기 위해 먼저 상담자들이 'O'에 대해 계속 개방하기를 제안한다. 'O'에 대해 개방하는 시간과 정도만큼 T로 가는 길은 열리기 때문이다.[393]

'O'에 대한 개방을 성령에 대한 개방으로 연결해 생각해 보자. 성령은 상담 현장에서 상담자와 내담자 모두에게 거룩한 개입(divine intervention)을 시도한다. 상담 과정에서 상담자가 성령을 인정하고 성령에게 자신을 맡기는 자기개방은 내담자가 성령에게 자기를 개방하는 것보다 더 우선한다. 내담자가 처음부터 성령을 인정하고 자신을 맡기는 것은 불가능하다. 먼저 성령은 상담 현장에서 내담자의 문제를 잘 파악할 수 있도록 통찰력을 주고, 과거와 현재 상황과의 관계에 관하여 새롭게 조명한다. 또한 치유와 성장에 방해되는 장애물을 제거하거나 극복할 수 있도록 돕는다. 리차드 데이링거(Richard Dayringer)는 상담 현장에서 성령은 기억나게 하고 해석하게 하며 영감을 주는 일을 한다고 하였다.[394] 또한 데이빗 시멘즈(David Seamands)에 따르면, 성령은 재생시키는 은혜(recycling grace)가 있다고 한다. 성령은 그 은혜를 사용하여 우리의 연약함과 손상된 심령들, 그리고 우리 생애에 못쓰게 된 부분들을 재생시킨다. 즉, 상처 입은 사람들을 변화시켜 치유 받은 상담자들로 만드실 수 있다는 것이다.[395]

아이건은 'O'에 대한 개방을 말하면서 '쉼'에 대해서 언급한다. 그 이유는 간단하다. T는 개인의 정신과 몸을 지치게 만들기 때문이다. 성령이 천지를 창조하고 안식을 가졌다는 이야기는 T와 쉼의 관계를 시사한다. 쉼은 일종의 철수다. 쉼은 잠시 물러나 쉬고 다시 돌아오는 것이다.[396] 물러남과 쉼은 고독을 동반하며, 이는 변형의 용광로가 된다.[397] 'O'는 그 자체로서 경험되는 것도 아니고 경험의 대상도 아니다. 'O'는 마치 성령처럼 스스로 있는 주체며, 주체를 통해서만 공명할 수 있는 존재, 즉 되기(becoming)다. 환언하면, 우리는 실제로 성령 'O' 또는 성령을 경험하는 것이 아니라, 'O'인 것(being O)을 제한적으로 경험할 뿐이다. 그럼에도 불구하고 인간은 이 경외스러운 경험을 통해 치유되고 변형된다.[398]

상처입거나 병든 모성은 대부분 박탈적이고 침범적인 부모나 부모가 제공한 환경에서 비롯된다. 이러한 모성이 변형되기 위해서는 좋은 모성경험 뿐만 아니라 자애적 성령 경험을 통한 재양육이 필요하다. 성부와 성자와 성령과의 만남과 사귐은 과거 해로운 현실에서 형성된 양가적 심리와 정서를 치유하고 회복하는 기회를 제공한다. 성부와 성자, 그리고 성령의 각기 다른 독특한 자애적 모성은 유아초기 환경적, 신체적, 정서적으로 결핍되었던 여러 부분들을 회복하여, 어머니와 아이 사이에 긴밀한 접촉을 안내하고, 건강한 모아관계를 만드는 핵심요인이 된다.

양가적 모성의 재양육은 심리적 인식변화의 결과라기보다는 성령을 통해서 일어나는 치유와 성장에 대한 인식과 믿음을 필요로 한다. 양가적 모성을 재양육하는 본질적 힘은 성령의 자애(모성)에 대한 인간의 수용과 믿음 그리고 응답이다. 또한 양가적 모성을 재양육의 실천적 수단으로 기독교 전통에 내려오는 성례전, 기도, 말씀묵상 등을 활용할 수 있다.

CHAPTER 5

건강한 모성의 회복과 세대 전수

양가적 모성을 재양육한다는 것은 독화된 모성에 심리·정서적 독을 제거하고 양분을 흡수할 수 있는 내면의 자기구조를 형성하도록 돕는 일이다. 이 작업은 단순히 과거의 상처를 지우는 일이 아니라 독화된 모성에서 스며든 심리적·정서적 독을 제거하고 그 독 사이에 섞여있는 생명력의 파편들을 찾아내어 양분으로 삼는 치유의 과정이다.

인간이 공동체를 구성하고 유지하는 데 있어 모성은 매우 중요한 역할을 담당해 왔다. 인류가 오늘에 이르기까지 존속할 수 있었던 이유도 모성이라는 신비가 있었기 때문이다. 모성은 어머니로서 가지는 본성적 성질이지만, 분명 살리는 모성과 죽이는 모성처럼 양가적 성질과 모습으로 나타난다. 이러한 양가적 속성을 지닌 모성을 개인의 의식 수준에 맡겨 두어서는 안 된다. 모성장애가 있는 경우, 가정적, 사회적 문제, 나아가 교회 공동체에 악영향을 끼치기 때문이다. 서론에서 언급한 바와 같이, 사회적으로 큰 문제가 되고 있는 영유아 살해나 아동학대 뉴스들은 모성의 보편성에 의심을 갖기에 충분하다. 모성이 본래적으로 온화하고 자기희생적이라는 통념적 기대와 항상 부합하는 것은 아니다. 오히려 모성은 기괴하거나 파괴적 양태로 변화할 때도 많다.[399]

기괴적이고 파괴적 모성은 흔히 주 양육자의 잘못된 양육방식으로 형성된다. 내재화를 통해 아이에게 대물림된 반응양식은 어머니 자신도 모르게 자녀에게 악영향을 끼친다. 어린 시절 과잉자극 또는 과소자극의 경험이 많았다면, 아이는 어른이 되어서도 자신 안에 억압된 분노, 증오, 불안, 죄책감, 수치심, 피해의식 등을 무의식적으로 자녀에게 투사하여 대물림하게 된다. 즉, 가족 투사과정을 통해 자녀는 부모의 갈등에 휘말려 고통당하고, 그들이 성장하고 결혼한 후에 자신의 부모와 같은 방식으로 분노와 불안에 대처하게 된다.[400]

어머니가 아기와 함께한다는 것은 참 행복하고 기쁘고 보람된 일이다. 하지만 어떤 어머니에게 아기는 수많은 짜증을 불러일으키며 스트레스를 주는 강력한 요인이 되기도 한다. 분명 아이들의 살아있는 생기와 넘치는 에너지는 양육자의 돌봄에 영향을 줄 만큼 큰 압박이 되는 것이 사실이다. 아이는 어머니에게 귀찮은 존재가 될 수 있듯이 부모 또한 아이에게 귀찮은 대상이 될 수 있다. 아이건의 말처럼, 모아관계는 서로를 귀찮게 하며 인생을 시작하고, 그렇게 서로에게 벌레가 되어 인생을 살아가게 된다. 인생에는 감당해야 하는 수많은 벌레가 존재한다. 성가심이라는 벌레는 아이로 살아있음을 느끼게 해주는 생명이며, 행복과 함께 어우러지는 동반자다. 그런 의미에서 부모들이 어린 아기가 발산하는 압력에 직면해서 어떻게 감당하고 처리하는가는 이후 아이들의 삶의 질을 결정하는 중요한 요인이 된다.[401]

모성을 발휘하면서 아이를 키운다는 것은 녹초가 되듯 엄청난 피로를 가져오며 때로는 만성적 피로에 시달리게 된다. 그러다 보니 어머니는 아기가 하루라도 빨리 자라주기를 바라는 마음이 간절하다. 어떤 어머니는 아기에게 충분한 시간을 제공하지 않고, 오히려 아이를 자신의 삶의 침범자로 느끼며 힘들어하기도 한다. 많은 어머니들이 아이에게 헌신하는 것을 보람과 기쁨으로 경험하기도 하지만, 어떤 부모들은 자신의 삶이 희생당하였고, 나아가 자신의 삶을 빼앗긴 삶으로 경험하며, 아이 돌보는 것을 자기 인생의 좌절과 낭비로 여기기도 한다. 아이를 돌보는 일은 어머니에게 정신과 삶의 리듬을 잃게 만드는 매우 고단한 일이다.

예전에 나의 내담자인 한 아기 엄마는 "아이가 제 몸과 마음의 에너지를 다 빼앗아 가는 것 같아요."라며 육아의 어려움을 토로한 적이 있다. 그는 산후우울증으로 힘든 시간을 보내고 있었고 몸 또한 많이 지쳐 있었다. 게다가 젖몸살까지 겹쳐 아기가 젖을 물때마다 심한 통증을 느꼈고 그 순간마다 엄마는 견디기 힘든 시간을 보내야 했다. 이런 상황에서 아기는 젖을 빨며 어떤 경험을 하게 될까? 아기는 생존을 위해서 선택의 여지없이 젖을 빨 수밖에 없다. 그 순간 아기는 엄마가 전해주는 우울과 분노 같은 정서적 젖까지 함께 삼킬 수밖에 없다. 정신분석학자 아이건은 정서적 양분을 흡수할 때 그 안에 섞여 있는 독소도 함께 흡수될 수밖에 없다고 말한다. 다시 말해, 아기는 수유 과정에서 엄마가 가진 정서적 독소까지 함께 받아들이는 것이다. 흔히 수유과정에서 엄마의 감정은 젖과 함께 아기의 몸과 마음으로 스며들게 된다. 문제는 초기 수유과정에서 전달된 이 '정서적 독'이 아이 자신도 모르는 사이 평생의 정신과 인격 형성에 깊은 영향을 남긴다는 사실이다. 물론 아기는 성장하면서 심리적 양분 속에 있는 독을 제거하는 법을 조금씩 터득하기 시작한다. 그렇다고 양분 속에 섞여 있는 독을 완전히 제거할 수는 없다.[402]

안정된 돌봄을 충분히 경험하지 못하고 독으로 오염된 채로 살아온 모성은, 오랜 세월을 독에 적응하며 살아온 삶이기에 비록 좋은 양분을 흡수할 수 있는 기회가 주어져도 수용하지 못한다는 데 문제가 있다. 이미 독에 익숙하고 그것과 동화된 삶을 살아온 탓에, 독을 추구하는 방식이 몸에 밴 것이다. 반대로 좋은 양분은 낯설고 이물질로 인식되어 오히려 회피하게 되는 삶의 태도가 자리 잡는다. 그 결과 독이 없으면 도리어 삶이 비현실적으로 느껴지거나, 독이 섞여지지 않으면 양분을 흡수하지 못하는 문제가 발생하게 된다. 사람들은 행복하게 살기 위해, 양분을 흡수하기 위해, 독화된 세계로부터 벗어나기 위해 나름대로 몸부림 쳐보고 애써보지만 이미 형성된 내면세계의 구조와 체계는 독성이 있는 것을 추구하며, 결국 자신이 성장했던 정서적 환경 속에 갇혀 벗어나지 못하게 된다.[403]

독에 오염된 사람은 좋은 양분을 선별하여 흡수할 수도 없고, 이미 흡수한 독을 해독해 살아갈 수도 없는 딜레마에 빠진다. 이런 딜레마에 빠지면 정서적 굶주림과 공허, 광기 등에 사로잡히게 된다.[404] 기독교상담은 독화된 이들에게 감당할 수 있을 정도의 양분을 제공하고, 그 양분을 조금씩 흡수하며 적응하도록 돕는 영적 작업이다. 독에 오염되고 중독된 모성은 양분에 대해 매우 자아-이질적(ego-dystonic)이다. 따라서 기독교상담은 그들이 양분에 적응할 수 있도록 양분을 조금씩 제공하고, 양분을 흡수할 수 있는 능력을 기를 수 있도록 도울 필요가 있다. 만약 독으로 오염된 사람을 돕기 위해 누군가 그에게 다가가면, 그들은 자신의 내면에 형성된 잘못된 프로그램에 따라 방어와 저항을 하게 된다. 선한 뜻으로 그들에게 다가갈지라도, 독화된 사람은 이런 저런 핑계를 대면서 거절하거나 회피하게 된다. 모성장애를 가지고 있는 사람들에게서 이러한 반응을 흔히 찾아볼 수 있다.

양가적 모성을 재양육한다는 것은 독화된 모성에 심리·정서적 독을 제거하고 양분을 흡수할 수 있는 내면의 자기구조를 형성하도록 돕는 일이다. 이 작업은 단순히 과거의 상처를 지우는 일이 아니라 독화된 모성에서 스며든 심리적·정서적 독을 제거하고 그 독 사이에 섞여 있는 생명력의 파편들을 찾아내어 양분으로 삼는 치유의 과정이다. 다시 말해, 독이 든 모성으로 파괴되었지만 그 가운데 살아있는 생명력의 파편들을 모아 길러내어 그것들로 새로운 자기 구조와 자아의 기반을 형성하게 하는 작업이다. 그러나 이 과정은 결코 쉽지 않다. 파괴적 모성은 오랫동안 내면에 각인되어 독이 스며든 양분이 마치 자기의 일부인 양 느껴지기 때문이다. 그것은 익숙함이라는 이름으로 자아와 동일시(ego-syntonic)되며 사람으로 하여금 파괴적 모성에 계속 머무르게 한다. 그래서 재양육은 언제나 저항과 불안을 동반하며 자신을 다시 길러내는 여정은 결코 단순하지 않다.

그럼에도 불구하고 우리는 이 과업을 포기할 수 없다. 모성을 재양육한다는 것은 곧 자기 안의 상처 입은 내면아이를 다시 돌보는 과정이며 동시에 파괴적 모성을 넘어 창조적 모성의 가능성을 되찾는 길이다. 이 과정에서 우리는 모성의 어두운 그림자를 부인하지 않고 직면하게 된다. 그리고 곧 그 그림자 속에서 새롭게 태어날 수 있는 빛을 발견한다. 이는 단순히 개인 심리의 치유에 머물지 않는다. 왜냐하면 모성은 개인의 경험을 넘어 세대를 이어 흐르기 때문이다. 한 사람의 치유된 모성은 자녀와 이웃에게 전해지고 이는 곧 관계의 회복과 세대 간 치유로 확장된다. 나아가 사회 전체의 돌봄 체계, 공동체적 연대와 환대의 문화로 확산될 수 있다. 한 개인의 내면에서 시작된 재양육은 결국 사회적·역사적 변화를 이끌어내는 생명의 씨앗이 된다.

재양육의 길은 결코 순탄하지 않다. 고통스럽고 더디며 때로는 절망과 무력감에 가로막히기도 한다. 그러나 그 길 끝에서 우리는 양가적 모성의 얼굴 속에서도 새로운 가능성을 본다. 안식처와 감옥, 보호와 옥죄임이라는 두 얼굴 속에서도 독을 자양분으로 전환하는 초월적 힘을 만날 수 있다. 심리학적으로는 자기 구조의 재편(restructuring)을, 신학적으로는 은총의 변형(transformation)을 경험하며 문학적으로는 폐허에서 다시 피어나는 꽃과 같은 변혁을 목격한다. 그 초월적 힘은 단순히 외부에서 주어지는 것이 아니라 인간 내면의 깊은 무의식과 관계 그리고 궁극적 존재와의 만남 속에서 이뤄진다.

모성의 빛과 그림자가 교차하는 그 자리, 바로 거기에서 인간은 다시금 담겨지고 길러진다. 상처와 독을 경험한 바로 그 자리가 회복과 성숙의 토양으로 바뀐다. 결국 우리는 새로운 모성으로 나아갈 수 있다. 이 새로운 모성은 과거의 파괴를 반복하지 않고 돌봄과 환대, 지지와 자유를 함께 품는다. 그것은 완벽한 모성이 아니라, 충분히 좋은 모성, 그리고 상처를 딛고도 여전히 생명을 길러낼 수 있는 모성이다.

따라서 양가적 모성의 재양육은 개인과 사회, 과거와 미래, 인간과 신을 잇는 거대한 과제다. 그 길은 결코 쉽지 않지만 바로 그 과정을 통해 우리는 상처를 새로운 생명으로 바꾸는 힘, 독을 양분으로 전환하는 내면의 힘을 갖게 된다. 이 책이 말하고자 한 것도 결국은 그 가능성이다. 이 책이 전하고 싶은 것도 바로 그 희망이다. 모성의 양가성 속에 숨어 있는 치유의 가능성이 독자 한 사람 한 사람의 삶에 작은 빛이 되어 여러분 자신과 사랑하는 이들에게 다시 살아갈 용기와 힘을 주길 바란다.

파괴적 모성 전수를 끊어라!

그렇다면 이러한 파괴적 전수를 어떻게 끊어낼 수 있을까?

첫째, 심리치료적 개입이 필요하다. 내담자가 자신의 원가족 경험을 탐색하고, 내면화한 파괴적 대상을 직면하며, 충분히 좋은 모성을 내면에 재구성하도록 돕는 치료가 요구된다. 특히 '모성 재양육(re-parenting)'은 내담자가 결핍된 모성을 상담 장면 안에서 경험하고 이를 자신의 내적 세계로 통합하게 만드는 효과적인 방법이 된다.

둘째, 영성적 개입의 중요성이다. 빅터 프랭클(V. Frankl)이 말했듯 인간은 단순히 심리적 충동의 존재가 아니라 의미를 찾고 초월적 차원과 연결될 때 치유를 경험한다. 영성훈련 프로그램이나 공동체적 신앙 자원은 내담자가 파괴적 모성을 넘어 새로운 정체성을 경험하고 참 자기를 다시 길러낼 수 있도록 돕는다. 이는 단순한 증상 완화가 아니라 인간 존재 전체의 회복을 가능하게 한다는 점에서 심리치료와 상호 보완적이다.

셋째, 사회적 개입이다. 사회적 개입을 하지 않고는 파괴적 모성에서 파생되는 사회적 문제를 근본적으로 줄이기 어렵다. 아동 보호 정책, 가족 상담 지원, 취약 계층에 대한 경제적 안전망 확대는 파괴적 모성이 반복되는 토양을 줄이는 데 핵심적이다. 이러한 정책적·제도적 지원은 개인적 치유 경험을 사회적 차원으로 확산시키는 발판이 된다.

파괴적 모성의 전수 문제를 막을 수 있는 궁극적인 방법은 '전수의 방향'을 바꾸는 일이다. 지금까지는 상처, 학대, 결핍이 세대를 통해 이어져 왔다면, 이제는 치유, 회복, 돌봄이 전수되어야 한다. 위니캇(Winnicott)이 강조했듯, 충분히 좋은 모성은 아이가 참 자기를 발견하고 참 자기로 살아가도록 돕는다. 이처럼 재양육은 단순히 과거의 상처를 치유하는 것을 넘어 다음 세대가 건강한 삶을 살아갈 수 있도록 새로운 기반을 마련하는 과정이다. 따라서 모성의 재양육은 개인의 문제를 넘어 사회와 시대의 문제로 확장된다. 한 개인이 치유를 경험하면 그 회복은 자녀와 가족에게 전해지고 다시 사회 여러 공동체로 확산된다. 이 선순환의 고리를 만드는 것이 곧 '새로운 전수'이다. 이 책의 독자 모두가 양육자에게 받은 상처를 새롭게 바라보고 그것을 건강한 모성으로 전환시켜 다음 세대에 물려주는 일에 독자 모두가 동참하기를 바라며 글을 마치려 한다.

에필로그

모성은 단순한 생물학적 기능을 넘어, 인간 정신의 근본 구조를 떠받치는 토대다. 프로이트는 초기 관계에서의 '어머니-아이' 경험이 무의식의 심층을 결정한다고 말했고 비온은 이를 '컨테이너(container)-컨테인드(contained)'라는 개념으로 설명했다. 아이의 혼란스러운 정서가 어머니의 품 안에서 담기고 소화될 때 생각할 수 있는 사고(thinking)의 가능성이 생겨난다는 것이다. 다시 말해, 모성은 단순히 돌보는 행위를 넘어 사고와 존재 자체를 가능하게 하는 장(場)이다.

그러나 모성은 언제나 이중적이다. 크리스테바는 모성을 '코라(chora)'라는 개념으로 설명하며 모성이 한편으로는 생명을 품는 원천이지만 동시에 억압과 왜곡의 기제가 되기도 한다고 보았다. 라깡 또한 상징계로 진입하기 이전의 '실재적 모성'을 언급하며 그 절대적 힘이 아이에게 구원이 되기도 하고 위협이 되기도 한다고 지적했다. 이 양가성은 우리가 직면해야 하는 본질적 과제다.

따라서 모성을 재양육한다는 것은 단순히 과거의 상처를 지우는 일이 아니다. 그것은 비온의 표현을 빌리자면, '생각 없는 생각(thoughts without a thinker)' 상태에 머무른 정서적 파편들을 '생각하는 주체와 함께 있는 생각(thoughts with a thinker)'으로 변형시키는 과정이다. 상처 속에 얽힌 파편적 경험을 다시 의미화하고 그것을 새로운 관계 안에서 재구성함으로써 우리는 모성의 독을 해독하고 그 속에서 영양분을 길어 올릴 수 있다.

한나 아렌트(Hannah Arendt)는 인간의 조건을 '탄생성(natality)'으로 설명하며 새로운 시작을 가능하게 하는 힘(the capacity to begin anew)이 인간성의 핵심이라고 보았다. 모성의 재양육은 바로 이 탄생성을 자기 존재 안에서 회복하는 작업이다. 이것은 과거를 반복하는 운명이 아니라 새로운 서사를 써 내려가는 것이다. 이것은 독자에게 요구되는 것은 단순한 이해가 아니라 실천이다. 자기 안의 상처를 부정하지 않고 직면하며 그 상처를 양분으로 바꿔 다음 세대에게 전수하는 것이다. 이는 개인적 치유를 넘어 사회적·역사적 책무이기도 하다. 지그문트 바우만(Zygmunt Bauman)이 지적했듯 현대 사회는 유동성과 불안정성 속에서 개인을 고립시키지만 역설적으로 현대 사회는 '돌봄(care)'의 모성을 더욱 필요로 한다. 우리가 회복한 모성은 더 이상 개인적 체험에 갇히지 않고 공동체를 다시 엮어내는 힘으로 작용할 수 있다. 바로 이 지점에서 모성은 파괴적 기억이 아니라 생성적 기억이 된다.

레비나스에 따르면, 환대란 타자를 있는 그대로 받아들이는 근본 윤리적 행위다. 타자의 얼굴은 나에게 의무를 부과하며 나는 타자를 '내 집 안으로' 맞아들일 책임을 지닌다. 이 사유를 모성의 차원으로 가져오면 상처란 단순히 제거해야 할 불청객이 아니라 오히려 환대해야 할 타자임을 알게 된다. 나의 내면에 여전히 남아 있는 상처는 타자의 흔적이며 내가 그 상처를 배척하지 않고 맞아들일 때 비로소 새로운 모성적 공간이 열린다. '상처의 환대'는 곧 '환대의 모성'이다. 모성은 원래부터 타자를 위한 공간, 즉 내가 아닌 다른 존재가 머물 수 있는 자리를 만들어낸다. 그러나 이 자리는 도움이 필요한 타자뿐만 아니라 나 자신의 상처에게도 주어져야 한다. 상처를 부정하지 않고 그 상처를 있는 그대로 환대할 때 상처는 더 이상 독으로 작용하지 않고 새로운 의미로 변형되어 우리의 정신과 내면을 자라나게 한다.

이제 우리에게 남은 과제는 분명하다. 받은 모성을 새로운 해석으로 전환하고 건강한 모성으로 다시 살아내며 그것을 다음 세대에 전수하는 것이다. 이 순환은 단순히 한 개인이나 가정의 문제가 아니라 인류 전체의 지속성을 지탱하는 과제이다. 프로이트가 인간의 발달을 본능과 문화의 긴장으로 설명했다면 오늘날 우리는 건강한 모성의 전수를 통해 그 긴장을 창조적으로 해결해야 한다. 마지막으로, 나는 이 책을 통해 독자들이 자기 안의 양가적 모성을 성찰하고 그 양가성을 껴안아 자신과 타자를 함께 치유하는 양육적 모성으로 회복되기를 바란다.

1. 민담에서 마녀는 여성으로 그려지고, 그 마녀는 주로 사악한 의도를 갖고 남성을 해치려 시도한다. 분석심리학에서 마녀는 남성의 모성적 아니마의 피괴적 측면을 의미하기도 한다. Sibylle Birkhäuser-Oeri and Marie-Louise von Franz, The Mother: Archetypal Image in Fairy Tales, 이유경 역, 『민담의 모성상』 (서울: 분석심리학연구소, 2012), 207.
2. Sibylle Birkhäuser-Oeri, The Mother: Archetypal Image in Fairy Tales, 이유경 역, 『민담의 모성상』, 54.
3. 대검찰청에 따르면 대표적 비속 대상 범죄인 아동학대 관련 사건은 급증세를 보이고 있다. 지난해 대검찰청이 접수한 사건은 8801건으로 통계를 작성한 2014년 이래 최고치를 기록했다. 올 상반기는 이미 7205건이 접수돼 작년 한 해의 82.9%에 도달했다. 경찰 관계자는 "지난해 6월 천안의 '가방 학대 사망사건', 같은 해 10월의 '정인이 학대 사망사건' 등으로 경각심이 커져 사건 접수·신고가 늘었다"고 분석했다. 아동학대는 '정인이 학대 사망사건'을 계기로 '정인이법'으로 불리는 아동학대범죄처벌특례법(아동학대·살해 신설)이 개정됐지만, 최근에도 관련 범죄가 연이어 발생하고 있다. 이진한, 김금이, 박홍주, "잠 안자고 운다고 2세 딸 살해…올해 아동학대 벌써 7205건", 매일경제, 2021. 8. 6.
4. 모성은 '어머니다움'(motherhood)과 '어머니노릇'(mothering)으로 구분할 수 있다. 어머니다움은 인내, 포용, 헌신 같은 성격을 규정하는 것이라면 어머니노릇은 실제 아이를 기르고 입히는 역할을 의미한다. 한국사회에서 여성의 임신, 출산, 어머니노릇은 굉장히 오랫동안 신성시되었다. 특히 한국사회에서 생물학적 엄마(maternity)와 어머니노릇(mothering)이 미분리된 상태였기 때문에 어머니의 희생은 여성의 의무로, 엄마는 무욕망의 존재로 규정되어왔다. 최은영, "한국여성의 모성기획과 균열에 관한 질적 연구" (박사학위논문, 서울대학교, 2014), 19.
5. Barbara Almond, The Monster within: The Hidden Side of Motherhood, 김진, 김윤창 역, 『어머니는 아이를 사랑하고 미워한다』 (서울: 간장, 2013), 6.
6. 권영희, "모성, 그 심원한 어둠에 관하여: 재클린 로즈 『숭배와 혐오』", 「창작과 비평」 48/4 (2020): 438.
7. 이상서, "코로나19 사태 이후 전 세계 아동학대 두 배 증가", 연합뉴스, 2020-09-10.
8. Betty Friedan, The Feminine Mystique (New York: W. W. Norton, 2001), 10-14.

9. Nancy Chodorow, The Reproduction of Mothering (California: University of California Press, 1999), 11-39.
10. Daphne De Marneffe, Maternal Desire: On Children, Love, and the Inner Life (New York: Scribner, 2019), 103-126.
11. "사랑과 미움 사이의 갈등은 사실상 어머니들이 자신의 아이를 이해하고 알아가는 데 힘쓰도록 박차를 가한다. 달리 말해, 양가감정의 고통은 생각을 촉진할 수 있다. 그리고 갓난아이와 어린 아이에 관해 생각할 수 있는 능력은, 주장컨대 어머니노릇의 독보적으로 중요한 측면이라고 할 수 있다." Rozsika Parker, Mother Love/Mother Hate: The Power of Maternal Ambivalence (New York: Basic Books, 1996), 6-7.
12. Daphne de Marneffe, Maternal Desire: On Children, Love, and the Inner Life (New York: Scribner, 2019), 108, 113.
13. Barbara Almond, The monster within: the Hidden Side of Motherhood, 김진, 김윤창 역, 『어머니는 아이를 사랑하고 미워한다』, 291.
14. Cheryl L. Meyer, Michelle Oberman, Mothers Who Kill Their Children (New York: New York University Press, 2001), 2.
15. Barbara Almond, The monster within: the Hidden Side of Motherhood, 김진, 김윤창 역, 『어머니는 아이를 사랑하고 미워한다』, 324.
16. Barbara Almond, The monster within: the Hidden Side of Motherhood, 김진, 김윤창 역, 『어머니는 아이를 사랑하고 미워한다』, 24-25.
17. Adreinne Rich, Of Woman Born-Motherhood as Experience and Institution, 김인성 역, 『더 이상 어머니는 없다』 (서울: 평민사, 2018), 9-10.
18. Erich Neumann, 박선화 역, Die Grosse mutter, 『위대한 어머니 여신』 (서울: 살림출판사, 2009), 44-60.
19. Adreinne Rich, Of Woman Born-Motherhood as Experience and Institution, 김인성 역, 『더 이상 어머니는 없다』, 133, 318.
20. Adreinne Rich, Of Woman Born-Motherhood as Experience and Institution, 김인성 역, 『더 이상 어머니는 없다』, 316.
21. 조현숙, "줄리아 크리스테바의 아브젝트(abject)에 대한 목회상담학적 연구: 기괴한 모성과 주체구성을 중심으로", (이화여자대학교 대학원 박사학위 논문, 2012), 38.
22. 안혜련, 『페미니즘의 거울』 (서울: 인간사랑, 2001), 138. 기호분석(semi-analysis)은 의미(sem)와 분석(analysis)의 결합으로, 언어학과 정신분석의 경계를 무너뜨리며 이들을 연결시키는 개념이다. 즉, 의미하는 주체는 의미를 생산하며, 동시에 왜곡시키는 욕망하는 주체인 것이다. 정혜경, "줄리아 크리스테바의 페미니즘 이론", 「현상과 인식」 1988, 겨울호.
23. 최영민, 『쉽게 쓴 정신분석이론』 (서울: 학지사, 2010), 284.

24. Joan Symington, The Clinical Thinking of Wilfred Bion, 임말희 역, 『윌프레드 비온 입문』 (서울: NUN, 2015), 17, 21.
25. 대상관계에서 대상이란 사랑이나 미움과 같은 감정을 받는 사람, 장소, 사물, 혹은 환상을 뜻한다. Gregory Hamilton, Self and Others: Object Relations Theory in Practice, 김창대, 이지연, 김진숙 역, 『대상관계 이론과 실제: 자기와 타자』 (서울: 학지사, 2007), 22.
26. Sheldon Cashdan, Object Relations Therapy: Using the Relationship, 이영희, 고향자, 김해란, 김수형 역 『대상관계치료』 (서울: 학지사, 2005), 25.
27. Julia Segal, Melanie Klein, 김정욱 역, 『멜라니 클라인』 (서울: 학지사, 2009), 81.
28. Lavinia Gomez, An Introduction to Object Relations, 김창대, 김진숙, 이지연, 유성경 역, 『대상관계이론 입문』 (서울: 학지사, 2019), 65-66.
29. 임종렬, 『대상중심이론 가족상담』 (서울: 한국가족복지연구소, 2001), 67.
30. Lavinia Gomez, An Introduction to Object Relations, 김창대, 김진숙, 이지연, 유성경 역, 『대상관계이론 입문』 (서울: 학지사, 2008), 65.
31. 클라인이 설명한 이 두 자리 외에 옥덴은 자폐-접촉자리(autistic-contiguous position)를 편집-분열자리 앞에 두었다. 자폐-접촉자리는 영아가 자신의 양육자와 명확히 분리된 육체적 경계에 의한 근접성을 활용하여 자신의 육체적 자기와 내부의 심리적 윤곽을 그리게 된다고 한다. Thomas Ogden, Primitive Edge of Experience (New York: Jason Aronson, 1991), 59-69.
32. 임종렬, 『대상중심이론 가족상담』, 66.
33. 최영민, 『쉽게 쓴 정신분석이론』, 475.
34. Donald Winnicott, The Maturational Processes and the Facilitating Environment (London: Routledge, 1984), 73-74.
35. Lavinia Gomez, An Introduction to Object Relations, 김창대, 김진숙, 이지연, 유성경 역, 『대상관계이론 입문』, 148.
36. Gregory Hamilton, Self and Others: Object Relations Theory in Practice, 김진숙, 김창대, 이지연, 윤숙경 역, 『대상관계와 자아기능』 (서울: 학지사, 2008), 107-108.
37. 내적 작동모델이란 사람들과 관계 속에서 자기와 타인 및 이들과의 연결을 중재하는 관계에 대한 인지적, 감정적, 행동적 표상을 포함한 세상에 대한 작동모델을 뜻한다. Lavinia Gomez, 김창대, 김진숙, 이지연, 유성경 역, 『대상관계이론 입문』, 247.
38. Lavinia Gomez, An Introduction to Object Relations, 김창대, 김진숙, 이지연, 유성경 역, 『대상관계이론 입문』, 245-146.
39. Lavinia Gomez, An Introduction to Object Relations, 김창대, 김진숙, 이지연, 유성경 역, 『대상관계이론 입문』, 248.

40. John Bowlby, A Secure Base: Clinical Applications of Attachement Theory (London: Routledge, 1988), 125.
41. John Bowlby and Mary D. Salter Ainsworth, Child Care and the Growth of Love (New York: Penguin Books, 1965), 192.
42. Noelle McAfee, Julia Kristeva, 이부선 역, 『경계에 선 줄리아 크리스테바』 (서울: 앨피, 2007), 146-147.
43. Julia Kristeva, "Motherhood according to Giovanni Belini" in Desire in Language: A Semiotic Approach to Literature and Art (New York: Columbia UP, 1980), 237.
44. Toril Moi, Sexual/Textual Politics, 임옥희 외 역, 『성과 텍스트의 정치학』 (서울: 한신문화사, 1997), 180-183.
45. Julia Kristeva, 김열규 외 역, "정신분석과 폴리스", in 『페미니즘과 문학』 (서울: 문예출판사, 1988), 238-260.
46. 안혜련, 『페미니즘의 거울』 (서울: 인간사랑, 2001), 141.
47. 안혜련, 『페미니즘의 거울』, 141.
48. 비어있다는 의미는 남성중심 논리에서 어머니가 주변화되는 것을 뜻하며 부재한다는 의미는 동화나 소설에서 어머니는 죽거나, 나쁜 계모거나 딸의 앞길을 가로막거나 불행하게 만드는 모성담론을 가리킨다.
49. Jean-Jacques Rousseau, Emile: Or On Education, 정봉구 역, 『에밀』 (서울: 범우, 2006), 670. 루소는 에밀 5장에서 여성은 남성의 내조자로서 위로하며 조언하고, 어머니로서 남자아이를 보살피며 양육하는 동시에 여자아이는 남성에게 도움이 되는 여성이 되도록 아주 어릴 때부터 배워야 한다고 주장했다.
50. Sigmund Freud, Three Essays on the Theory of Sexuality, 김정일 역, 『성욕에 관한 세편의 에세이』 (서울: 열린책들, 2007), 269-278.
51. Sigmund Freud, Three Essays on the Theory of Sexuality, 김정일 역, 『성욕에 관한 세편의 에세이』, 308-310.
52. Sigmund Freud, Three Essays on the Theory of Sexuality, 김정일 역, 『성욕에 관한 세편의 에세이』, 356-357.
53. Janine Chasseguet-Smirgel, "Feminine Guilt and the Oedipus Complex," in Female Sexuality. New Scientist 61 (1974): 742-746.
54. Melanie Klein, "Mourning and Its Relation to Manic-Depressive States," International Journal of Psychoanalysis, 21 (1940): 125-153.
55. Melanie Klein, Envy and Gratitude and Other Works 1946-1963 (New York: Vintage,1997), 176.
56. Maureen Murdock, Heroine's Hourney, 고연수 역, 『여성 영웅의 탄생』 (서울: 교양

인, 2014), 19-21.

57. Letty Pogrebin, Family Politics: Love and Power on an Intimate Frontier (New York: McGraw-Hill, 1983), 40-41.
58. Judy Wajcman, Feminism Confronts Technology, 조주현 역, 『페미니즘과 기술』(서울: 당대, 2001), 156.
59. Sharon Hays, The Cultural Contradictions of Motherhood (New Heaven: Yale University Press, 1996), 8.
60. Linda Jarosch and Anselm Grün, Königin und wilde Frau, 한충식 역, 『여왕과 야성녀』(서울: 분도출판사, 2018), 17.
61. Thomas Ogden, "Reading Winnicott," Psychoanalytic Quarterly 70 (2001), 299-300.
62. Donald Winnicott, 이재훈 역, The Maturational Processes and the Facilitating Environment-Studies in the Theory Emotional Development, 『성숙과정과 촉진적 환경』(서울: 한국심리치료연구소, 2000), 54.
63. Donald Winnicott, The Maturational Processes and the Facilitating Environment-Studies in the Theory Emotional Development, 이재훈 역, 『성숙과정과 촉진적 환경』, 58-59.
64. 절대적 의존기는 유아가 알 수 없는 의존의 단계로 생후 6개월 무렵까지의 시기로, 이 시기 유아는 자기감각이나 현실감각이 없고 대상경험도 없는 마술적 전능세계의 단계라 할 수 있다. Donald Winnicott, The Maturational Processes and the Facilitating Environment-Studies in the Theory Emotional Development, 이재훈 역, 『성숙과정과 촉진적 환경』, 70.
65. Donald Winnicott, The Maturational Processes and the Facilitating Environment-Studies in the Theory Emotional Development, 이재훈 역, 『성숙과정과 촉진적 환경』, 53, 55.
66. Donald Winnicott, Playing and Reality, 이재훈 역, 『놀이와 현실』, 27.
67. Donald Winnicott, The Maturational Processes and the Facilitating Environment-Studies in the Theory Emotional Development, 이재훈 역, 『성숙과정과 촉진적 환경』, 80.
68. Donald Winnicott, The Maturational Processes and the Facilitating Environment-Studies in the Theory Emotional Development, 이재훈 역, 『성숙과정과 촉진적 환경』, 210-211.
69. Donald Winnicott, Therapeutic Consultations in Child Psychiatry, 이재훈 역, 『그림놀이를 통한 어린이 심리치료』(서울: 한국심리치료연구소, 1998), 69-70.
70. Madeleine Davis and David Wallbridge, 이재훈 역, 『울타리와 공간』, 157.

71. Madeleine Davis and David Wallbridge, 이재훈 역, 『울타리와 공간』, 160-161
72. Madeleine Davis and David Wallbridge, Boundary and Space: An Introduction to the Work of D. W. Winnicott, 이재훈 역, 『울타리와 공간』, 114.
73. Donald Winnicott, The Maturational Processes and the Facilitating Environment-Studies in the Theory Emotional Development, 이지훈 역, 『성숙과정과 촉진적 환경』, 74-75.
74. Madeleine Davis and David Wallbridge, Boundary and Space: An Introduction to the Work of D. W. Winnicott, 이재훈 역, 『울타리와 공간』, 121.
75. Madeleine Davis and David Wallbridge, Boundary and Space: An Introduction to the Work of D. W. Winnicott, 이재훈 역, 『울타리와 공간』, 122-123.
76. Madeleine Davis and David Wallbridge, Boundary and Space: An Introduction to the Work of D. W. Winnicott, 이재훈 역, 『울타리와 공간』, 124.
77. Thomas Ogden, "On Holding and Containing, Being and Dream," International Journal of Psychoanalysis 85(2004), 1350.
78. Donald Winnicott, Through Paediatrics to Psycho-Analysis, 이재훈 역, 『소아의학을 거쳐 정신분석학으로』 (서울: 한국심리치료연구소, 2011), 342.
79. Madeleine Davis and David Wallbridge, Boundary and Space: An Introduction to the Work of D. W. Winnicott, 이재훈 역, 『울타리와 공간』, 128-130.
80. Frank Summers, Object Relations Theories and Psychopathology: A Comprehensive Text, 이재훈 역, 『대상관계이론과 정신병리학』 (서울: 한국심리치료연구소, 2004), 205.
81. Donald Winnicott, "The Capacity to Be Alone", 420. Donald Winnicott, Through Paediatrics to Psycho-Analysis, 이재훈 역, 『소아의학을 거쳐 정신분석학으로』, 338-347.
82. Donald Winnicott, Through Paediatrics to Psycho-Analysis, 『소아의학을 거쳐 정신분석학으로』, 355-357.
83. 방해하지 않는 존재(unobstructive presence)는 비온의 방해하는 대상(obstructive object)의 반대되는 개념으로 볼 수 있다. 방해하는 대상은 비온이 엄마의 적극적 담기로 파생하는 부정적 담기를 설명할 때 아기가 부정적 담기를 내재화할 때 두 가지 현상이 발생한다고 주장했다. 하나는 방해하는 대상이고 다른 하나는 투사적 동일시를 통해 의사소통하는 것이다. James S. Grotstein, 이재훈 역, 『흑암의 빛줄기: 윌프레드 비온의 정신분석학』 (서울: 한국심리치료연구소, 2012), 233-234.
84. Donald Winnicott, The Maturational Processes and the Facilitating Environment-Studies in the Theory Emotional Development, 이재훈 역, 『성숙과정과 촉진적 환경』, 67-68.

85. Donald Winnicott, The Maturational Processes and the Facilitating Environment-Studies in the Theory Emotional Development, 이재훈 역, 『성숙과정과 촉진적 환경』, 60.
86. Donald Winnicott, The Maturational Processes and the Facilitating Environment-Studies in the Theory Emotional Development, 이재훈 역, 『성숙과정과 촉진적 환경』, 68.
87. Donald Winnicott, The Maturational Processes and the Facilitating Environment-Studies in the Theory Emotional Development, 이재훈 역, 『성숙과정과 촉진적 환경』, 69.
88. D. W. Winnicott, Through Paediatrics to Psycho-Analysis, 이재훈 역, 『소아의학을 거쳐 정신분석학으로』, 50-54.
89. 위니컷은 그의 전체 연구 성과물에 비해 중간대상과 그 현상에 대해 많은 이야기를 하지 않았다. 그는 시골지역에서 자란 아이들이 도시에서 자란 아이들보다 중간대상을 더 적은 빈도로 사용한다고 주장하는 논문과 중간대상을 사용한 영아가 보다 일찍 젖을 뗀다는 또 다른 논문에서 언급할 정도다. 중간대상이 어머니의 대체물이라는 개념이나 유아가 지녀야하고 함께 있어야하고 유아가 가는 어느 곳이든 가야하고 심지어 중간대상의 상실은 심한 고통과 때로는 공황상태까지 일으킬 수 있다는 개념은 위니컷을 연구한 다른 학자들에 의해 한 참 뒤에 나온 개념이다. Michael Jacobs, D. W. Winnicott, 김은정 역, 『도널드 위니컷』 (서울: 학지사, 2014), 238-239.
90. Madeleine Davis and David Wallbridge, Boundary and Space: An Introduction to the Work of D. W. Winnicott, 이재훈 역, 『울타리와 공간』 (서울: 한국심리치료연구소, 1997), 78.
91. Madeleine Davis and David Wallbridge, Boundary and Space: An Introduction to the Work of D. W. Winnicott, 이재훈 역, 『울타리와 공간』, 71.
92. Madeleine Davis and David Wallbridge, Boundary and Space: An Introduction to the Work of D. W. Winnicott, 이재훈 역, 『울타리와 공간』, 92.
93. Madeleine Davis and David Wallbridge, Boundary and Space: An Introduction to the Work of D. W. Winnicott, 이재훈 역, 『울타리와 공간』, 89-90.
94. Madeleine Davis and David Wallbridge, Boundary and Space: An Introduction to the Work of D. W. Winnicott, 이재훈 역, 『울타리와 공간』, 144.
95. Frank Summers, Object Relations Theories and Psychopathology: A Comprehensive Text, 이재훈 역, 『대상관계이론과 정신병리학』 (서울: 한국심리치료연구소, 2004), 211, 225.
96. Donald Winnicott, 이재훈 역, 『성숙과정과 촉진적 환경』, 211-212.
97. 여기서 박탈은 유아가 모성적 돌봄에 대해 알지 못하는 가장 초기단계의 실패인 절

대박탈(privation)이 아니라 충분히 좋은 환경에서 호강을 하다가 그 다음에 일이 뜻대로 진행되지 않는 박탈(deprivation)을 의미한다. Madeleine Davis and David Wallbridge, Boundary and Space: An Introduction to the Work of D. W. Winnicott, 이재훈 역, 『울타리와 공간』, 98.

98. Madeleine Davis and David Wallbridge, Boundary and Space: An Introduction to the Work of D. W. Winnicott, 이재훈 역, 『울타리와 공간』, 128-129.

99. Madeleine Davis and David Wallbridge, Boundary and Space: An Introduction to the Work of D. W. Winnicott, 이재훈 역, 『울타리와 공간』, 131.

100. Juan-David Nasio, Instroduction aux oevres de Freud, Ferenczi, Groddeck, Klein, Winnicott, Dolto, Lacan, 이유섭 역, 『프로이트에서 라깡까지 위대한 7인의 정신분석가』 (서울: 백의출판사, 1999), 224.

101. 이해리, "안아주기: 정신분석적 사랑의 기술", 「목회와 상담」 32 (2019): 229.

102. Donald Woods Winnicott, "Psychosis and Child Care," British Journal Medical Psychology 26/1 (1953): 68-74.

103. Madeleine Davis and David Wallbridge, Boundary and Space: An Introduction to the Work of D. W. Winnicott, 이재훈 역, 『울타리와 공간』, 152.

104. Donald Woods Winnicott, "Mirror-role of Mother and Family in Child Development" in The Collected Works of D. W. Winnicott: Volume 8 (New York: 1967), 211.

105. Frank L. Summers, Object Relations Theories and Psychopathology: A Comprehensive Text, 이재훈 역, 『대상관계 이론과 정신병리학』, 225-226.

106. Donald Winnicott, The Maturational Processes and the Facilitating Environment-Studies in the Theory Emotional Development, 이재훈 역, 『성숙과정과 촉진적 환경』, 37-40.

107. Donald Winnicott, The Maturational Processes and the Facilitating Environment-Studies in the Theory Emotional Development, 이재훈 역, 『성숙과정과 촉진적 환경』, 42.

108. Donald Winnicott, The Maturational Processes and the Facilitating Environment-Studies in the Theory Emotional Development, 이재훈 역, 『성숙과정과 촉진적 환경』, 43.

109. Donald Winnicott, The Maturational Processes and the Facilitating Environment-Studies in the Theory Emotional Development, 이재훈 역, 『성숙과정과 촉진적 환경』, 44.

110. Donald Winnicott, The Maturational Processes and the Facilitating

Environment-Studies in the Theory Emotional Development, 이재훈 역, 『성숙과정과 촉진적 환경』, 45-56.

111. Michael Eigen, Flames from the Unconscious: Trauma, Madness, and Faith, 이재훈 역, 『심연의 화염』 (서울: 한국심리치료연구소, 2013), 27.

112. 위니컷은 "흥분된 경험들은 고요함을 배경으로 발생한다. 그 고요한 배경 안에서는 아기와 엄마 사이의 또 다른 종류의 관계가 존재한다. 우리는 고도로 의존상태에 있으면서도 그런 의존을 전혀 알지 못하는 유아아게 관심을 갖는다." 그리고 "흥분된 사람에 의해 방해받기 이전의 흥분되지 않은 상태가 있다. 그리고 그 상태는 그 자체로서 연구할 가치가 있다"고 언급했다. Donald Woods Winnicott, Human Nature (London: Free Association, 1988), 101-102, 114.

113. Michael Eigen, Flames from the Unconscious: Trauma, Madness, and Faith, 이재훈 역, 『심연의 화염』, 29-30.

114. Sibylle Birkhäuser-Oeri, The Mother Archetypal Image in Fairy Tales, 이유경 역, 『민담의 모성상』 (서울: 분석심리학연구소, 2012), 205, 213.

115. Elizabeth Wright, Speaking Desires Can Be Dangerous, 김종주 외 역, 『무의식의 시학』 (서울: 인간사랑, 2002), 43-44.

116. "something repressed which recurs. This class of frightening things would then constitute the uncanny; and it must be matter of indifference whether what is uncanny was itself originally frightening or whether it carried some other affect." Sigmund Freud "the Uncanny," SE 17 (1919): 241.

117. Unheimlich is the name for everything that ought to have remained...... secret and hidden but has come to light. (은밀하게 감추어져 있어야 하지만 드러나 버린 모든 것은 기괴함이다) Sigmund Freud "The Uncanny," SE 17 (1919): 225.

118. Jean Laplanche and Jean-Bertrand Pontalis, Vocabulaire de la psychanalyse, 임진수 역, 『정신분석사전』 (서울: 열린책들, 2005), 48.

119. Jean-Francois Lyotard, "The Sublime and the Avant-Garde," in The Lyotard Reader, ed. Andrew Benjamin (Oxford: Blackwell, 1989), 304-206.

120. Luce Irigaray, Speculum of the Woman (New York: Cornell UP, 1985), 47-48.

121. Gaston Bachelard, The Poetics of Space, 곽광수 역, 『공간의 시학』 (서울: 동문선, 2003), 75.

122. Julia Kristeva, Strangers to Ourselves (New York: Columbia University Press, 1991), 46.

123. 임옥희, "기괴함", in 『페미니즘과 정신분석』, 여성문화이론연구소 정신분석세미나팀 편 (서울: 여이연, 2003), 153.

124. Julia Segal, Melanie Klein, 김정욱 역, 『멜라니 클라인』 (서울: 학지사, 2009), 79~124.
125. Kelly Oliver, Reading Kristeva: Unraveling the Double-Bind, 박재열 역, 『크리스테바 읽기: 이중 묶음 풀기』, 108.
126. Julia Kristeva, Powers of Horror: An Essay on Abjection, 서민원 역, 『공포의 권력』 (서울: 동문선, 2001), 25.
127. Julia Kristeva, Powers of Horror: An Essay on Abjection, 서민원 역, 『공포의 권력』, 31.
128. 백소영, "후기-근대 '전문엄마'의 자리에서 읽는 크리스테바의 '아브젝트' 모성" 「신학과 사회」 34/2 2020: 162.
129. Noelle McAfee, Julia Kristeva, 이부순 역, 『경계에 선 줄리아 크리스테바』 (서울: 앨피, 2007), 47.
130. Kelly Oliver, Reading Kristeva: Unraveling the Double-Bind, 박재열 역, 『크리스테바 읽기: 이중 묶음 풀기』, 65.
131. Hanna Segal, Melanie Klein, 김정욱 역, 『멜라니 클라인』, 227.
132. Noelle McAfee, Julia Kristeva, 이부순 역, 『경계에 선 줄리아 크리스테바』, 46. 코라(chora)는 플라톤의 티마이오스에 등장하는 용어다. 코라는 생명을 잉태하고 자라게 하는 자궁과 유모의 이중적 의미를 지닌다. 크리스테바는 이 단어를 차용해 유모의 의미로 강조했다. 특히 의미화 과정을 활성화하는 에너지요 의미 생성의 공간으로서의 역동성을 주목했다. Noelle McAfee, 이부순 역, 『경계에 선 줄리아 크리스테바』, 49-50.
133. Julia Kristeva, Le Génie Féminin, Tome II. Melanie Klein, 박선영 역, 『정신병, 모친살해, 그리고 창조성: 멜라니 클라인』 (서울: 아난케, 2006), 56.
134. Julia Kristeva, Le Génie Féminin, Tome II. Melanie Klein, 박선영 역, 『정신병, 모친살해, 그리고 창조성: 멜라니 클라인』, 238.
135. Julia Kristeva, Le Génie Féminin, Tome II. Melanie Klein, 박선영 역, 『정신병, 모친살해, 그리고 창조성: 멜라니 클라인』 (서울: 아난케, 2006), 238.
136. 가부장적 언어, 새로운 언어에서 언어란 꼭 문어만을 의미하지 않는다. 언어는 문학, 예술을 모두 포함하는 의미다. 아브젝트한 문학, 아브젝트한 그림, 아브젝트한 조각, 아브젝트한 생각, 아브젝트한 행동 등을 모두 포함한다. 조현숙, "모성의 반전, 괴물엄마의 살해와 영혼의 어둔 밤에서 주체 탄생-줄리아 크리스테바의 'abject'를 중심으로" 「목회와 상담」 19 (2012): 77.
137. Kelly Oliver, Reading Kristeva: Unraveling the Double-Bind, 이부순 역, 『크리스테바 읽기: 이중 묶음 풀기』, 173.
138. Julia Kristeva, "About Chinese women," Toril Moi ed., The Kristeva Reader (New York: Columbia Press, 1986), 157-158.

139. 백소영, "후기-근대 전문엄마의 자리에서 읽는 크리스테바의 아브젝트 모성", 169.
140. Julia Kristeva, Powers of Horror: An Essay on Abjection (New York: Columbia University Press, 1982), 1-2.
141. 크리스테바는 어머니와의 접촉과 금지가 규정되고 집행되는 전 세계적 불결제의를 어머니와 연결하였다. 특히 크리스테바는 여성의 월경이 부계적 공포를 억누르려고 한 무서운 힘이며 번식을 오염으로 간주하게끔 하는 부권의 의식화 속에서 모계성향에 대항하는 정화행위를 통해 자신의 지지기반을 찾는 공포라고 주장한다. Julia Kristeva, 서민원 역, 『공포의 권력』 (서울: 동문선, 2001), 124.
142. Julia Kristeva, Powers of Horror: An Essay on Abjection, 서민원 역, 『공포의 권력』, 35.
143. Kelly Oliver, Reading Kristeva: Unraveling the Double-Bind, 이부순 역, 『크리스테바 읽기: 이중 묶음 풀기』, 99.
144. Kelly Oliver, Reading Kristeva: Unraveling the Double-Bind, 이부순 역, 『크리스테바 읽기: 이중 묶음 풀기』, 103.
145. Noelle McAfee, Julia Kristeva, 이부선 역, 『경계에 선 줄리아 크리스테바』, 147, 155. 크리스테바는 모성과 여성을 분리하여 그 동안 여성의 기능이라고 생각했던 것보다 더 높은 차원의 모성성을 모색하여 의무를 넘어 타자뿐만 아니라 모든 인류를 품을 수 있는 원대한 사랑으로 정의하였다. 이 모성은 아이의 독립된 주체를 위해서 자신을 기꺼이 비천시하며 그 아이를 세상에 보내는 사랑을 말한다.
146. 뤼스 이리가라이(Luce Irigaray)는 언어학과 정신분석의 해박한 지식을 바탕으로 플라톤을 위시한 기존의 서구 철학담론에서 여성이 얼마나 체계적으로 제외되고 있는지를 보여줌으로써 남성담론, 남성의 텍스트를 해체하고 여성의 재현을 가능하게 하는 상징적 재분배를 역설한 학자이다. 안혜련, 『페미니즘의 거울』 (서울: 인간사랑, 2001), 133.
147. 안혜련, 『페미니즘의 거울』 (서울: 인간사랑, 2001), 134-135.
148. 안혜련, 『페미니즘의 거울』, 136.
149. Julia Kristeva, Le Génie Féminin, Tome II. Melanie Klein, 박선영 역, 『정신병, 모친살해, 그리고 창조성: 멜라니 클라인』 (서울: 아난케, 2006), 238.
150. Julia Kristeva, Le Génie Féminin, Tome II. Melanie Klein, 박선영 역, 『정신병, 모친살해, 그리고 창조성: 멜라니 클라인』, 238-239.
151. Julia Kristeva, Le Génie Féminin, Tome II. Melanie Klein, 박선영 역, 『정신병, 모친살해, 그리고 창조성: 멜라니 클라인』, 240.
152. Sibylle Birkhauser-Orei, The Mother Archetypal Image in Fairy Tales, 이유경 역, 『민담의 모성상』 (서울: 분석심리연구소, 2012), 25.
153. Sibylle Birkhauser-Orei, The Mother Archetypal Image in Fairy Tales, 이유경

역, 『민담의 모성상』, 26-27.

154. 융은 생물학적 어머니보다 원형적 어머니로부터 더 큰 영향을 받는다고 주장했다. 그 말을 옮기면 다음과 같다. "우리는 일방적 모성을 인간적 크기로 축소하고 어떤 정도로 정리하는 것으로 모성 콤플렉스를 무효화할 수 없다. 오히려 그렇게 함으로써 모성 체험을 원자로 분해하고 가장 고귀한 가치를 손상시켜서 우리에게 도움을 줄 천사가 요람에 놓아두었던 황금열쇠를 내다버리는 위험에 이른다." "Die Psychologischen Aspekte des Mutterarchetypus," GW 9/ I , Par. 172.

155. Daniel A. Hughes, Attachment-Focused Family Therapy, 노경선 역, 『애착 중심 가족치료』 (서울: 눈출판, 2017), 25.

156. Daniel A. Hughes, Attachment-Focused Family Therapy, 노경선 역, 『애착 중심 가족치료』, 26-27.

157. Daniel A. Hughes, Attachment-Focused Family Therapy, 노경선 역, 『애착 중심 가족치료』, 38-39.

158. Daniel A. Hughes, Attachment-Focused Family Therapy, 노경선 역, 『애착 중심 가족치료』, 41.

159. Daniel A. Hughes, Attachment-Focused Family Therapy,노경선 역, 『애착 중심 가족치료』, 42.

160. Daniel Stern, The Interpersonal World of the Infant (New York: Basic Books, 2000), 141.

161. Daniel A. Hughes, Attachment-Focused Family Therapy, 노경선 역, 『애착 중심 가족치료』, 43.

162. Daniel A. Hughes, Attachment-Focused Family Therapy, 노경선 역, 『애착 중심 가족치료』, 44.

163. John Bowlby, Maternal Care and Mental Health (New York: J. Aronson, 1995), 67.

164. Nancy Chodorow, The Reproduction of Mothering: Psychoanalysis and the Sociology of Gender, 김민예숙, 강문순 역, 『모성의 재생산』, 123-124.

165. Babara Almond, The Monster within: The Hidden Side of Motherhood, 김진, 김윤창 역, 『어머니는 아이를 사랑하고 미워한다』 (서울: 간장, 2013) 79, 96.

166. Babara Almond, The Monster within: The Hidden Side of Motherhood, 김진, 김윤창 역, 『어머니는 아이를 사랑하고 미워한다』, 174.

167. Babara Almond, The Monster within: The Hidden Side of Motherhood, 김진, 김윤창 역, 『어머니는 아이를 사랑하고 미워한다』, 178.

168. Babara Almond, The Monster within: The Hidden Side of Motherhood, 김진, 김윤창 역, 『어머니는 아이를 사랑하고 미워한다』, 179.

169. Babara Almond, The Monster within: The Hidden Side of Motherhood, 김진, 김윤창 역, 『어머니는 아이를 사랑하고 미워한다』, 333.
170. Babara Almond, The Monster within: The Hidden Side of Motherhood, 김진, 김윤창 역, 『어머니는 아이를 사랑하고 미워한다』, 314.
171. 김석, 『프로이트 & 라깡 무의식의 초대』 (서울: 김영사, 2014), 136.
172. 김석, 『프로이트 & 라깡 무의식의 초대』, 137.
173. 김석, 『프로이트 & 라깡 무의식의 초대』 138.
174. 이창재, 『프로이트와의 대화』 (서울: 학지사, 2020), 218.
175. 김석, 『프로이트 & 라깡 무의식의 초대』, 139.
176. 김석, 『프로이트 & 라깡 무의식의 초대』, 139-140.
177. 김석, 『프로이트 & 라깡 무의식의 초대』, 63.
178. Julia Kristeva, 「정신분석과 폴리스」, 김열규 외 역, 『페미니즘과 문학』 (서울: 한신문화사, 1994), 238-260.
179. 안혜련, 『페미니즘의 거울』, 140.
180. Judith Mitrani, Framework for the Imaginary, 이재훈 역, 『상상을 위한 틀』 (서울: 한국심리치료연구소, 2015), 228.
181. Wilfred Bion, Learning from Experience, 34-37.
182. Michael Eigen, Flames from the Unknown, 이준호 역, 『무의식으로부터의 불꽃』 (서울: 한국심리치료연구소, 2009), 64-65.
183. Sigmund Freud, "The Dynamics of Transference," in SE (1912): 12.
184. 헤겔은 자신의 사상을 자기의식으로 설명한다. 의식에는 두 가지 의식이 있다. 바로 상의식과 자기의식이다. 상의식은 주체가 객체를 향해 갖는 의식이다. 자기의식은 상을 향하고 있는 자신을 의식하는 것이다. 모든 인간은 자기 자신을 의식할 수 있는 자기의식이 있다. 자기의식은 다른 존재를 부정하고자 하는 욕구다. 따라서 모든 인간은 타자의 존재를 지우고자하는 욕구를 갖고 있다. 인간은 자기 자신으로서만 인정받고 싶어 한다. 외부 존재의 타자성을 부정하고 그것을 자기 자신과 통일시키려 한다. 이것이 자기의식의 본질이다. 사람들은 누구나 타인을 인정하기보다 타인으로부터 인정받기를 원한다. 남을 자기의식으로서 섬기기보다 남의 자기의식을 부정하고 남이 자신의 자기의식을 존중하며 섬겨주기를 바란다. 서로의 인정받고자 하는 욕망이 충돌하여 싸움이 벌어지는데 이 싸움은 인간으로 대우 받느냐, 인간으로서 대우받기를 포기하느냐는 문제가 걸렸기에 생사를 걸고 투쟁한다. 여기서 생명보다 자기의식을 중요하게 여겨 죽음을 두려워하지 않는 쪽이 승리해 타인으로부터 인정을 획득하고 주인의식이 된다. 다른 한 쪽은 죽음을 두려워해 생명에 집착한 결과 주인의 허락을 받아 사물로 안주하고 노예의식이 된다. 그런데 주인은 노예의 노동을 통해 주인일 수 있기 때문에 노예에 예속돼 있다. 반면 노예는 자연을 직접 가공하여 자신의 독자성을 경험한다. 그리하여 주인

이 노예고 노예가 주인인 변증법적 반전이 일어난다.

185. Jacques Lacan, Trans. Alan Sheridan, The Seminar. Book XI. (London: Hogarth Press and Institute of Psycho-Analysis, 1977), 232-233.

186. Jacques Lacan, Trans. John Forrester, The Seminar. Book I. (New York: Cambridge University Press, 1988), 142.

187. 임옥희, "전이와 역전이; 그대와 나의 경로바꾸기", 여성문화이론연구소 정신분석세미나팀 편, 『페미니즘과 정신분석』 (서울: 여이연, 2003), 167-168.

188. Melanie Klein, "Notes on Some Schizoid Mechanisms," International Journal of Psychoanalysis 27 (1946): 99-110.

189. Stephen A. Mitchell & Margaret J. Black, Freud and Beyond: A History of Modern Psychoanalytic Thought, 이재훈· 이해리 역, 『프로이트 이후』 (서울: 심리치료연구소, 2002), 170-171.

190. Trevor Lubbe, "Projective Identification Fifty Years on: A Personal View," 372-373.

191. 강혜정, "무의식적으로 소통하는 투사적 동일시에 대한 목회상담학적 고찰", (박사학위논문, 이화여자대학교 대학원, 2010), 18-19.

192. Glen Gabbard, Long-Term Psychodynamic Psychotherapy: A Basic Text, 노경선, 김창기 역, 『장기 역동정신치료의 이해』, 211.

193. Thomas Ogden, Projective Identification and Psychotherapeutic Technique, 12.

194. Melanie Klein, On Identification in New Directions in Psycho-Analysis (New York: Routledge, 2018), 37. "어머니를 공격하는 환상은 크게 두 가지로 나타난다. 하나는 빨아서 말려 버리고, 깨물고, 퍼내어 어머니 몸에서 좋은 내용물을 제거하는 구강기적 충동이 지배적이다. 다른 하나의 공격은 항문기적, 요도기적 충동에서 유래하며 자기로부터 위험한 물질들(배설물들)을 어머니 안으로 방출하는 것을 의미한다. 해로운 배설물들과 함께, 증오로 축출된, 자아의 분열된 부분들은 어머니에게(on to) 투사된다. 혹은 어머니 안으로(into)라고 하는 게 나을 것이다. 이러한 배설물들과 자기의 나쁜 부분들은 대상을 손상시킬 뿐만 아니라 대상을 통제하고 소유하려고 한다. 어머니가 자기의 나쁜 부분들을 담게 되는 한, 어머니는 분리된 개인이 아니라 나쁜 자기로 느껴지게 된다. 자기의 부분들에 대한 많은 증오를 이제 어머니에게로 돌리게 된다. 이것은 공격적 대상관계의 원형이 되는 특정 동일시의 형태를 띠게 된다. 나는 이러한 과정에 대하여 '투사적 동일시'라는 용어를 제안한다." Melanie Klein, "Notes on Some Schizoid Mechanisms," in Juliet Mitchell ed., The Selected Melanie Klein (Harmondsworth: Penguin, 1986), 183.

195. Robert D. Hinshelwood, Clinical Klein: From Theory to Practice, 이재훈 역, 『임

상적 클라인』 (서울: 한국심리치료연구소, 2006), 185.

196. Stephen A. Mitchell and Jay R. Greenberg, Object Relations in Psychoanalytic Theory, 이재훈 역, 『정신분석학적 대상관계이론』 (서울: 한국심리치료연구소, 1999), 200.
197. David E. Scharff and Jill Savege Scharff, Object Relations Couple Therapy, 이재훈, 임영철 역, 『대상관계 부부치료』 (서울: 한국심리치료연구소, 2003), 32.
198. Herbert Rosenfeld, "Contribution to the Psychopathology of Psychotic States," in John Steiner, Rosenfeld in Retrospect (New York: Routledge, 2008), 117.
199. Robert D. Hinshelwood, Clinical Klein: From Theory to Practice, 이재훈 역, 『임상적 클라인: 이론과 실제』 (서울: 한국심리치료연구소, 2006), 168.
200. Herbert Rosenfeld, Psychotic States: A Psycho-Analytical Approach (New York: Routledge, 2018), 1.
201. Thomas H. Ogden, Projective Identification and Psychotherapeutic Technique, (New York Jason and Aronson Book, 2004), 26-27.
202. Thomas H. Ogden, Projective Identification and Psychotherapeutic Technique, 34-35.
203. Thomas H. Ogden, Projective Identification and Psychotherapeutic Technique, 25-26.
204. Wilfred Bion, "The Psycho-Analytic Study of Thinking," International Journal of Psychoanalysis 43 (1962): 306-310.
205. James S. Grostein, A Beam of Intense Darkness: Wilfred Bion's Legacy to Psychoanalysis, 이재훈 역, 『흑암의 빛줄기: W. 비온의 정신분석학』 (서울: 한국심리치료연구소, 2012), 67, 101.
206. James S. Grostein, A Beam of Intense Darkness: Wilfred Bion's Legacy to Psychoanalysis, 이재훈 역, 『흑암의 빛줄기: W. 비온의 정신분석학』, 142.
207. James S. Grostein, A Beam of Intense Darkness: Wilfred Bion's Legacy to Psychoanalysis, 이재훈 역, 『흑암의 빛줄기: W. 비온의 정신분석학』, 258.
208. 비온은 몽상과 알파기능을 명료하게 구분하지 않았다. 그는 몽상과 알파기능을 동일한 것, 겹치는 것, 또는 알파기능이 몽상의 구성요소인 것으로 보는 경향이 있다. Lawrence J. Brown, Intersubjective Processes and the Unconscious, 이재훈, 김유진 역, 『상호주관적 과정과 무의식』 (서울: 한국심리치료연구소, 2018), 125.
209. Lawrence J. Brown, Intersubjective Processes and the Unconscious, 이재훈, 김유진 역, 『상호주관적 과정과 무의식』, 149.
210. Joan Symington and Neville Symington, The Clinical Thinking of Wilfred

Bion, 임말희 역, 『윌프레드 비온 입문』 (서울: NUN, 2015), 168.

211. Wilfred Bion, Experiences in Groups, and Other Papers, 현준 역, 『집단에서의 경험』 (서울: NUN, 2015), 52-72.

212. Wilfred Bion, Experiences in Groups, and Other Papers, 현준 역, 『집단에서의 경험』, 82.

213. Joan Symington and Neville Symington, The Clinical Thinking of Wilfred Bion, 임말희 역, 『윌프레드 비온 입문』, 150.

214. Gregory Hamilton, Self and Others: Object Relations Theory in Practice, 김진숙, 김창대, 이지연 역, 『대상관계 이론과 실제』, 132.

215. William W. Meissner, "A Note on Projective Identification," Journal of the American Psychoanalytic Association 28 (1980): 55.

216. N. Gregory Hamilton, Self and Others: Object Relations Theory in Practice, 김진숙, 김창대, 이지연 역, 『심리치료에서 대상관계와 자아기능』, 87.

217. Patrick Casement, Learning from the Patient, 김석도 역, 『환자에게서 배우기』 (서울: 한국심리치료연구소, 2003), 136.

218. 강혜정, "무의식적으로 소통하는 투사적 동일시에 대한 목회상담학적 고찰", 57.

219. Patrick Casement, Learning from the Patient, 김석도 역, 『환자에게서 배우기』 (서울: 한국심리치료연구소, 2003), 136-137.

220. 비온은 알파기능을 다음과 같이 표현한다. 인간은 모르는 것에 직면했을 때 그것을 파괴하려고 할 것이다. 어떤 시각적 이미지를 언어화시켜보면, 그것은 마치 이런 반응과 같다. '여기 내가 이해할 수 없는 것이 있어. 난 이걸 없애버릴 거야.' 하지만 어떤 사람들은 이렇게 말할 수 있다. '여기 무언가 내가 이해할 수 없는 것이 있어. 뭔지 알아내야겠어... 여기 뭔가 무서운 것이 있어. 숨어서 지켜보자.' 하지만 좀 더 용기를 낸다면 '좀 더 가까이 가서 냄새를 맡아보자'가 될 수 있다. 이러한 알파기능은 베타요소들을 해석하고 상징화 하며, 명명하여 의미화할 수 있도록 만들어주는 것이다. 그럼으로써 베타요소들은 알파기능을 통해서 '알파요소'로 넘어갈 수 있게 된다. 그것은 단지 지성적 해석학적 과정이 아니라, 반드시 어떤 감정적 요소들과 함께 넘어가야만 한다. Joan Symington and Neville Symington, The Clinical Thinking of Wilfred Bion, 임말희 역, 『윌프레드 비온 입문』 (서울: NUN, 2015), 102.

221. Judith L. Mitrani, Framework for the Imaginary, 이재훈 역, 『상상을 위한 틀』, 155.

222. 'O'는 융의 이론으로 보면 집단무의식으로 유비될 수 있다. 집단무의식은 원형의 무한한 용기가 되기 때문이다. Barbara Stevens Sullivan, The Mystery of Analytical Work: Weavings from Jung and Bion, 박종수 역, 『융과 비온의 만남: 정신분석 작업의 신비』 (서울: NUN, 2014), 68.

223. Wilfred Bion, 허자영 역, 『주의와 해석』 (서울: NUN, 2011), 4, 26.
224. Wilfred Bion, Attention and Interpretation, 허자영 역, 『주의와 해석』 (서울: NUN, 2015), 49.
225. Wilfred Bion, Attention and Interpretation, 허자영 역, 『주의와 해석』, 54.
226. Judith L. Mitrani, Framework for the Imaginary, 이재현 역, 『상상을 위한 틀』 (서울: 한국심리치료연구소, 2015), 268.
227. 안아주기와 담아주기는 유사점도 있지만 다음과 같은 차이점도 존재한다. 특히 어머니의 역할과 아기의 능력에 관해서 서로 차이가 있다. 위니컷의 안아주기는 투사와 내사 그리고 충동 발달의 과정은 초기 모아관계가 구축된 이후에 시작되지만 비온의 담아주기는 아기의 견딜 수 없는 투사적 동일시를 받아들여 이를 감당할 만한 것으로 만들어 아기에게 되돌려 주는 것이다. 그 결과 아기는 엄마의 담아주기 기능을 획득하게 된다. 이러한 경험이 반복되면 아기는 자신의 마음속에 일종의 정신구조를 형성하게 된다. 안아주기에서 아기는 젖가슴을 찾는 능동적 유아(active infant)와 안아주는 양육자와 관계 맺는 존재하는 유아(being infant), 두 가지 원형으로 나타난다. 이 때 모성은 아기의 욕구를 직관적으로 감지하고 반응하며 채워주는 배경적 대상으로 기능한다. 반면에 담아주기는 아기의 정서적 상태를 흡수하고 변형시켜주며 유아에게 해석해주는 엄마에 가깝다. 그롯슈타인, 『흑암의 빛줄기』, 248-249.
228. David E. Scharff and Jill Savege Scharff, Object Relations Family Therapy, 이재훈 역, 『대상관계 가족치료 I』 (서울: 한국심리치료연구소,2006), 113-114.
229. James S. Grotstein, But at the Same Time and on Another Level, 이재훈 역, 『그러나 동시에 또 다른 수준에서II』, 70.
230. Lesley Caldwell and Angela Joyce, Reading Winnicott, 한성희 외 7 역, 『리딩 위니코트』, (서울: 눈, 2015), 35.
231. Michael Eigen, Flames from the Unknown, 이준호 역, 『무의식으로부터의 불꽃』 (서울: 한국심리치료연구소, 2009), 54.
232. Barbara Stevens Sullivan, Mystery of Analytical Work, 박종수 역, 『융과 비온의 만남: 정신분석작업의 신비』 (서울: NUN), 131-132.
233. Barbara Stevens Sullivan, Mystery of Analytical Work, 박종수 역, 『융과 비온의 만남』, 256.
234. Barbara Stevens Sullivan, Mystery of Analytical Work, 박종수 역, 『융과 비온의 만남』, 131.
235. Barbara Stevens Sullivan, Mystery of Analytical Work, 박종수 역, 『융과 비온의 만남』, 134-135.
236. 비온은 몽상과 투사적 동일시를 환자와 치료사 사이의 가장 중요한 상호작용의 형태로 보았다. 비온은 이 둘이 단순히 판타지가 아니라 한 사람과 다른 사람 사이의 상호작

용이라고 보았다. 임상에서 몽상과 투사적 동일시는 개인으로 하여금 자기 생각이 아닌 다른 사람의 생각을 품게 만들어 두 사람을 연결시킨다. 모아관계에서 이 둘은 유아와 어머니 젖가슴 사이를 서로 연결시키는 기능을 한다. Thomas Ogden, Projective Identification and Psychotherapeutic Technique, 김도애, 류가미 역, 『투사적 동일시와 심리치료 기법』, 52-53.

237. 플라톤은 생성(becoming)과 존재(being)의 세계라는 이층적(二層的) 관점을 발전시켰다. 되기의 세계는 우리가 감각(sensation)을 통해 인식하는 물리적 세계다. 이 세상은 항상 움직이고, 항상 변한다. 존재의 세계는 형태, 혹은 아이디어의 세계다. 그것은 절대적이고, 독립적이며, 초월적이다. 그것은 결코 변하지 않으나 우리가 생각하는 'becoming'의 세계에서 인식하는 사물의 본질적 특성을 일으킨다. 플라톤은 때때로 두 세계 사이의 정확한 관계에 대해 모호했지만, 그는 그들이 상호작용할 수 있는 두 가지 방법을 제안했다. 물질세계의 사물들은 단지 이상적 복제나 모방일 수 있으며, 사물들은 그들이 표상하는 형태에 참여할 수 있다는 것이다.

238. James Grotstein, A Beam of Intense Darkness: Wilfred Bion's Legacy to Psychoanalysis, 이재훈 역, 『흑암의 빛줄기』, 460-461.

239. James Grotstein, A Beam of Intense Darkness: Wilfred Bion's Legacy to Psychoanalysis, 이재훈 역, 『흑암의 빛줄기』, 463.

240. 공감과 달리 하인즈 코헛이 말한 동정심은 치료자가 자신의 상황을 환자에게 두고 치료자 자신의 반응을 상상하는 것이다. 이는 흔히 환자 상황에 대한 연민으로 나타난다. David Bienenfeld, 유성경, 이은진, 서은경 역, 『상담 및 임상 실무자를 위한 정신역동이론』, (서울: 학지사, 2018), 229.

241. David Bienenfeld, Psychodynamic Theory for Clinicians, 유성경, 이은진, 서은경 역, 『상담 및 임상실무자를 위한 정신역동이론』 (서울: 학지사, 2009), 229-230.

242. Robert D. Stolorow, Bernard Brandchaft, George E. Atwood, Psychoanalytic Treatment: An Intersubjective Approach (New York: Routledge, 1995), 1~4.

243. Ciril of Jerusalem, Catechetical Lectures, in Nicene and Post-Nicene Fathers, Second Series, Trans. Edward Hamilton Gifford, ed. Philip Schaff and Henry Ware (Peabody MAss: Hendricson, 1994), 7, 89.

244. Reinhard Hütter, "Hospitality and Truth: The Disclosure of Practices in Worship and Doctrine," in Practicing Theology: Beliefs and Practices in Christian Life, ed. Miroslav Volf and Dorothy C. Bass (Grand Rapids: Eerdmans, 2002), 219.

245. Henri J. Nouwen, Return of the Prodigal Son, 최종훈 역, 『탕자의 귀향』 (서울: 포에이마, 2009), 95.

246. Timothy Keller, The Prodigal God, 윤종석 역, 『팀 켈러의 탕부 하나님』 (서울: 두

란노, 2016), 20-21.

247. Jacqueline Rose, Mothers: An Essay on Love and Cruelty, 김영아 역, 『숭배와 혐오』 (서울: 창비, 2020), 101.
248. 홍성민, 『취향의 정치학』 (서울: 현암사, 2012), 195.
249. 이미영, "다름에 대한 거부감", 「목회와 상담」 24 (2015): 123.
250. Miroslav Volf, Exclusion and Embrace, 박세혁 역, 『배제와 포용』 (서울: IVP, 2021), 85.
251. Geoffrey Peterson, Tormenting yet Transforming Shame, 천사무엘, 이미영, 『부끄럽지 않은 수치심』 (서울: 동연, 2013), 38-40.
252. Pierre Bourdieu, Distinction, 최종철 역, 『구별짓기: 문화와 취향의 사회학』 (서울: 새물결, 2006), 851.
253. 이미영, "다름에 대한 거부감", 124-125.
254. Christine D. Pohl, Making Room: Recovering Hospitality as a Christian Tradition (Grand Rapid: Eerdmans Publishing, 1999), 6, 62.
255. Letty M. Russell, Just Hospitality: God's Welcome in a World of Difference (Louisville: Westminster John Knox Press, 2009), 82.
256. Marjorie Thompson, Soul Feast: An Invitation to the Christian Spiritual Life, 고진옥 역, 『영성훈련의 이론과 실제』 (서울: 은성, 2000), 195.
257. Christine D. Pohl, Making Room: Recovering Hospitality as a Christian Tradition, 65, 70-71.
258. 윤대선, 『레비나스의 타자철학』 (서울: 문예출판사, 2017), 15.
259. 윤대선, 『레비나스의 타자철학』, 18.
260. Emmanuel Levinas, Temps et L'autre, 강영안 역 『시간과 타자』 (서울: 문예출판사, 2020), 101.
261. Emmanuel Levinas, Totalite et Infini (Boston: Martinus Nijhoff, 1984), 232.
262. Elizabeth Newman, Untamed Hospitality: Welcoming God and Other Strangers (Michigan: Brazos Press, 2007), 13-15.
263. 김애령, "이방인과 환대의 윤리", 「철학과 현상학 연구」 39 (2008): 19.
264. 정경호, "환대의 밥상, 환대의 신학 삶", 「신학과 목회」 34 (2010): 181.
265. Jacques Derrida, "Hostipitality: Angelaki," Journal of the Heoretical Humanities 5/3 (2000): 3-18.
266. 김애령, 『듣기의 윤리』 (서울: 봄날의 박씨, 2020), 180-182.
267. Emmanuel Levinas, Ethique et Infini, 양명수 역, 『윤리와 무한』 (서울: 다산글방, 2000), 109-111.
268. Giovanna Borradori, Philosophy in a Time of Terror, 손철성 역외, 『테러 시대의

철학』 (서울: 문학과 지성사, 2004), 235.

269. Ian Bukitt, "복합적 감정: 감정 경험의 관계, 느낌, 이미지", Jack Barbalet, 박형식 역, 『감정과 사회학』 (서울:이학사, 2010), 287.
270. Richard Kearney, Strangers, Gods, and Monsters: Interpreting Otherness, 이지영 역, 『이방인, 신, 괴물: 타자성 개념에 대한 도전적 고찰』 (서울: 개마고원 2004), 127-129.
271. 김애령, 『듣기의 윤리』, 189.
272. Miroslav Volf, Exclusion and Embrace, 박세혁 역, 『배제와 포용』, 107-108.
273. 김애령, 『듣기의 윤리』 (서울: 봄날의 박씨, 2020), 144, 147.
274. Jacques Derrida, Points, 199.
275. Jacques Derrida, Deconstruction, 140-151.
276. James K. Smith, The Fall of Interpretation (New York: Baker Academic, 2012), 126.
277. Jacques Derrida, Hospitality, 남수인 역, 『환대에 대하여』, 104.
278. 창조는 인간을 위한 환대였지만 창조 안에는 죄와 심판이라는 폭력이 수반되었다. 돌봄과 양육도 아이를 위한 환대이지만 부득이하게 폭력이 수반된다. 그러나 전자가 마지막 부활로, 후자가 성숙한 존재로 수렴된다는 점에서 환대는 계속 유효하다. Jacques Derrida, Deconstruction, 138-140 참조
279. 서윤호, "이주사회에서의 환대의 권리", 「비교문화연구」 56 (2019): 79-80.
280. Jacques Derrida, Of Hospitality, 남수인 역, 『환대에 대하여』, 18, 69-70, 84, 90, 106.
281. Jacques Derrida, Autoimmunity: Real and Symbolic Suicide, 129.
282. Jacques Derrida, Community without Community, 111-112.
283. 아포리아의 사전적 의미로는 어떤 문제 속에서 출구 없는 미로, 퇴로가 막힌 막다른 골목(a-poria)에 빠져드는 상황을 의미한다. Jacques Derrida, Adieu à Emmanuel Lévinas, 문성원 역, 『아듀 레비나스』, 74.
284. 구자광, "벤야민의 「폭력의 비판을 위하여」에 대한 데리다와 아감벤의 해석 비교연구" 「비평과 이론」 20/1 (2015): 35.
285. Jacques Derrida, Negotiation, (Stanford University Press, 2001), 361
286. François Raffoul, "Derrida and the Ethics of the Impossible," Research in Phenomenology, 38 (2008): 283-284.
287. 구자광, "벤야민의 「폭력의 비판을 위하여」에 대한 데리다와 아감벤의 해석 비교연구", 24-25.
288. Jacques Derrida, "The Principle of Hospitality," Parallax, 11/1 (2005): 6.
289. 자애(caritas)는 아가페의 라틴어 역어로서, charis(은혜)가 아니라 cārus(높은 가격)에

서 유래된 어휘로 일반적으로 기독교에 있어서 신의 초자연적 사랑, 이웃에 대한 사랑을 뜻한다. 자애(caritas)는 무상의 선물로, 그 선물을 받을 만한 자격의 유무를 떠나서 하나님 쪽에서의 철회를 두려워할 필요 없이, 사랑받는다는 것이 그 자격과 무관하게 보장되어 있다는 의미다. Julia Kristeva, Histoires D'amour, 김인환 역, 『사랑의 역사』 (서울: 민음사, 2016), 190.

290. Jacques Derrida, Of Hospitality, 남수인 역, 『환대에 대하여』, 65.
291. 손영창, "데리다의 환대론에서 절대적 타자와 외재성과 제삼자의 위상에 관하여" 「범한철학」 83 (2016): 204-205.
292. Richard Bauckham, "The Scrupulous Priest and the Good Samaritan: Jesus' Parabolic Interpretation of the Law of Moses," NTS 44/4 (1985): 475-489.
293. Kennrth E. Bailey, Through Peasant Eyes (Greand Rapiads: Eerdmans, 1980), 44-46.
294. Joshua W. Jipp, Saved by Faith and Hospitality, 송일 역, 『환대와 구원』 (서울: 새물결플러스, 2020), 278-280.
295. Hans Boersma, 윤성현 역, 『십자가, 폭력인가 환대인가』, 75.
296. Hans Boersma, 윤성현 역, 『십자가, 폭력인가 환대인가』, 89, 82.
297. Joshua W. Jipp, 송일 역, 『환대와 구원』, 303.
298. Leonardo Boff, Trinity and Society, 이세형 역, 『삼위일체와 사회』, 142.
299. Patricia Wilson-Kastner, Faith, Feminism and the Christ (Philadelphia: Westminster Press, 1983), 127.
300. Leonardo Boff, Trinity and Society, 이세형 역, 『삼위일체와 사회』, 142-143.
301. 윤철호, 『삼위일체 하나님과 세계』 (서울: 장로회신학대학교출판부, 2011), 90.
302. 홍영택, "부모-자녀 관계와 용서", 「목회와 상담」 7 (2005): 124.
303. 이문균, 『신앙과 삶 속에서 삼위일체 하나님 알아보기』, 193-195.
304. 이정기, 『상담신학』 (서울: 예영미디어, 2002), 198-199, 200-201.
305. Daniel L. Migliore, Faith Seeking Understanding: An Introduction to Christian Theology, 신옥수, 백충현 역, 『기독교 조직신학 개론』 (서울: 새물결플러스, 2012), 145.
306. 이문균, 『신앙과 삶속에서 삼위일체 하나님 알아보기』, 203.
307. Jurgen Moltmann, In der Geschichte des Dreieinigen Gottes, 이신건 역, 『삼위일체와 하나님의 역사』 (서울: 대한기독교서회, 2017), 70.
308. Leonardo Boff, Holy Trinity, Perfect Community, 김옥주, 김영선 역, 『성삼위일체 공동체』 (서울: 대한기독교서회, 2018), 120-121.
309. 허경숙, "목회상담적 돌봄을 위한 엄마됨에 관한 현상학적 연구", 「목회와 상담」 24 (2015): 211-212.

310. Pope John Paul II, Dives in Misericordia, 4n. 52.
311. Leonardo Boff, Holy Trinity, Perfect Community, 김옥주, 김영선 역, 『성삼위일체 공동체』, 269.
312. 위니컷은 유아의 공격성이 지닌 건설적 면을 주장한다. 그는 유아의 공격성이 유아의 현실감을 발달시키는 요소라고 보았다. 그에 따르면 유아의 공격성은 대상을 전능영역에서 축출하는데 힘으로 사용한다는 것이다. 상대적 의존기 이전에 대상은 파괴되어야 대상을 외적 대상으로 재발견하고 비로소 유아가 대상을 사용할 수 있기 때문이다. Frank Summers, Object Relations Theories and Psychopathology: A Comprehensive Text, 이재훈 역, 『대상관계 이론과 정신병리학』, 208-209.
313. Frank Summers, Object Relations Theories and Psychopathology: A Comprehensive Text, 이재훈 역, 『대상관계 이론과 정신병리학』, 209-211.
314. Frank Summers, Object Relations Theories and Psychopathology: A Comprehensive Text, 이재훈 역, 『대상관계 이론과 정신병리학』, 226-227.
315. Wilfred Bion, Learning from Experience, 윤순임 역, 『경험에서 배우기』 (서울: NUN, 2015), 72, 108.
316. James Grotstein, But at the Same Time and on Another Level, 이재훈, 박동원 역, 『그러나 동시에 또 다른 수준에서』 (서울: 한국심리치료연구소, 2015), 69.
317. Michel Jacobs, D. W. Winnicott, 김은정 역, 『도널드 위니컷』 (서울: 학지사, 2014), 121-122.
318. Frank Summers, Object Relations Theories and Psychopathology: A Comprehensive Text, 이재훈 역, 『대상관계 이론과 정신병리학』, 214.
319. 이해리, "안아주기: 정신분석적 사랑의 기술", 「목회와 상담」 32 (2019): 229.
320. Miroslav Volf, Exclusion and Embrace, 박세혁 역, 『배제와 포용』 (서울: IVP, 2018), 222-223.
321. Miroslav Volf, Exclusion and Embrace, 박세혁 역, 『배제와 포용』, 223-224.
322. Zali D. Gurevitch, "The Embrace: On the Element of Non-Distance in Human Relations," Sociological Quarterly 31/2 (1990): 194.
323. Georg Wilhelm Friedrich Hegel, Phänomenologie Des Geistes, 임석진 역, 『정신현상학1』 (서울: 한길사, 2005), 112.
324. Z. D. Gurevitch, "The Embrace: On the Element of Non-Distance in Human Relations," Sociological Quarterly 31/2 (1990): 194.
325. Georg Wilhelm Friedrich Hegel, Phänomenologie Des Geistes, 임석진 역, 『정신현상학1』, 110.
326. Miroslav Volf, Exclusion and Embrace, 박세혁 역, 『배제와 포용』, 229.
327. 이해리, "안아주기: 사랑의 기술", 240.

328. Jay R. Greenberg and Stephen A. Mitchell, 이재훈 역, 『정신분석적 대상관계이론』 (서울: 한국심리치료연구소, 1999),

329. 위니컷은 절대적 의존기에 기본적 욕구가 충족되지 않는 것을 절대박탈(privation)이라고 불렀고, 주어졌던 것을 도로 빼앗기는 것을 의미하는 박탈(deprivation)은 상대적 의존기에 사용하였다. Frank Summers, Object Relations Theories and Psychopathology: A Comprehensive Text, 이재훈 역, 『대상관계 이론과 정신병리학』, 229.

330. 프로이트는 종교만이 아니라 인간의 문화와 관련된 모든 자산들이 '환상'이 될 수 있다고 보았다. 프로이트에게 환상은 망상과 달리 부정적 개념이 아니다. 망상은 현실과 모순되거나 실현가능성이 매우 낮지만 환상은 실현될 수도 있는 것이다. Sigmund Freud, 김석희 역 『문명 속의 불만』 (서울: 열린책들 2020), 2009-211. James J. DiCenso, The Other Freud: Religion, Culture and Psychoanalysis (London: Routledge, 1999), 33.

331. Gary R. Collins, The Christian Psychology of Paul Tournier, 정동섭 역, 『폴 투르니에의 기독교 심리학』 (서울: IVP, 2003), 176.

332. Merle R. Jordan, Taking on the Gods: The Task of the Pastoral Counselor, 권수영 역, 『신들과 씨름하다』, 20, 26.

333. M. Davis & D. Wallbridge, Boundary and Space, 이재훈 역, 『울타리와 공간』 (서울: 한국심리치료연구소, 1997), 89, 92.

334. Henri J. M. Nouwen, Reaching out: The Three Movements of the Spiritual Life, 이상미 역, 『영적 발돋움』 (서울: 두란노, 2007), 151.

335. Sigmund Freud, Gesammelte Werke, 이윤기 역, 『종교의 기원』 (서울: 열린책들, 2020), 63, 152.

336. "우리의 씨름은 혈과 육에 대한 것이 아니요 정사와 권세와 이 어두움의 세상 주관자들과 하늘에 있는 악의 영들에게 대함이라." (엡 6:12)

337. Ann Ulanov, Spirituality & Psychotherapy, 이재훈 역, 『영성과 심리치료』 (서울: 한국심리치료연구소, 2005), 54-55.

338. Henri J. M. Nouwen, Intimacy, 윤종석, 『친밀함』 (서울: 온누리, 2010), 27-29.

339. Donald W. Winnicott, The Maturational Processes and the Facilitating Environment-Studies in the Theory Emotional Development. 이재훈 역, 『성숙과정과 촉진적 환경』, 95, 126.

340. 김세윤, 『복음이란 무엇인가?』 (서울: 두란노, 2006), 74-75.

341. 이해리, "안아주기: 사랑의 기술", 255.

342. Henri J. M. Nouwen, 『예수님의 이름으로』 (서울: 두란노서원, 2008), 28-29.

343. 이해리, "안아주기: 사랑의 기술", 259.

344. "그대는 우리가 두 가지 종류만을 구분했지만, 이번에는 다른 셋째 종류를 명시해야만 하기 때문이다. …… 이는 일체 생성(genesis)의 수용자인 것으로, 이를 테면 유모와 같은 것으로 이해해야만 한다." (Platon, Timaios, 박종현, 김연균 역 『티마이오스』 (서울: 서광사, 2000), 48-49.
345. 김영균, "플라톤에 있어서 생성과 공간(Khora)", 「한국철학회」 62 (2000): 57.
346. Platon, Timaios, 박종현, 김연균 역, 『티마이오스』, 52.
347. Platon, Timaios, 박종현, 김연균 역, 『티마이오스』, 50.
348. "코라는 흙이거나 공기라고도, 또는 불이나 물이라고도, 또한 이것들의 복합물들이라거나 이것들을 생기게 한 요소적 것들이라고 말하지 말자" Platon, Timaios, 박종현, 김영균 역, 『티마이오스』 (서울: 서광사, 2000), 51.
349. 아난케는 코라 이전에 존재했던 필연(ananke)으로 지성이 개입하기 이전의 물질상태를 지칭한다. 지성에 독립해 작용하는 이 힘은 우주가 질서를 갖기 이전부터 존재하는 힘들로써 방황하는 원인의 종류다. Platon, Timaios, 박종현, 김영균 역, 『티마이오스』, 48.
350. 이현재, "플라톤의 코라 공간에 대한 포스트구조주의적 접근", 「공간과 사회」 26/3 (2016): 178.
351. Julia Kristeva, Au Commencement Etait L'amour, 김인환 역, 『사랑의 정신분석』 (서울: 민음사, 1999), 18.
352. Julia Kristeva, La Révolution du Langage Poétique, 김인환 역, 『시적 언어의 혁명』 (서울: 동문선, 2000), 47, 27.
353. Julia Kristeva, Alice Jardine, Harry Blake, "Women's Time," Journal of Women in Culture and Society 7/1 (1981): 13-35.
354. Michael Payne, Reading Theory: An Introduction to Lacan, Derrida, and Kristeva, 장경렬, 이소영, 고갑희 역, 『읽기이론, 이론읽기』 (서울: 한신문화사, 1999), 250.
355. Oliver Kelly는 크리스테바의 기호계를 상상계를 거쳐 상징계로 진입하는 실재계라고 주장했다. Oliver Kelly, Reading Kristeva: Unraveling the Double-Bind, 박재열 역, 『크리스테바 읽기』 (서울: 시와 반시사, 1997), 65.
356. Julia Kristeva, La Révolution du Langage Poétique, 김인환 역, 『시적 언어의 혁명』, 26.
357. Julia Kristeva, La Révolution du Langage Poétique, 김인환 역, 『시적 언어의 혁명』, 27.
358. Julia Kristeva, La Révolution du Langage Poétique, 김인환 역, 『시적 언어의 혁명』, 167.
359. Kristeva, Trans by Leon S. Roudiez, Powers of Horror: An Essay on Abjection

(New York: Columbia UP, 1982), 14.

360. Julia Kristeva, La Révolution du Langage Poétique, 김인환 역, 『시적 언어의 혁명』, 27-28.

361. Julia Kristeva, La Révolution du Langage Poétique, 김인환 역, 『시적 언어의 혁명』, 24.

362. Julia Kristeva, La Révolution du Langage Poétique, 김인환 역, 『시적 언어의 혁명』, 63.

363. Julia Kristeva, Au Commencement Etait l'Amour, 『사랑의 정신분석』, 23.

364. Julia Kristeva, La Révolution du Langage Poétique, 김인환 역, 『시적 언어의 혁명』, 25.

365. 임현주, "코라", 『페미니즘과 정신분석』(서울: 여이연, 2003), 206.

366. Julia Kristeva, La Révolution du Langage Poétique, 김인환 역, 『시적 언어의 혁명』, 187-188.

367. Julia Kristeva, La Révolution du Langage Poétique, 김인환 역, 『시적 언어의 혁명』, 239.

368. Julia Kristeva, La Révolution du Langage Poétique, 김인환 역, 『사랑의 정신분석』, 18.

369. Julia Kristeva, La Révolution du Langage Poétique, 김인환 역, 『시적 언어의 혁명』, 240.

370. Toril Moi, Sexual/Textual Politics, 임옥희 역, 『성과 텍스트의 정치학』(서울: 한신문화사, 1997), 150.

371. Julia Kristeva, Au Commencement Etait l'Amour, 『태초에 사랑이 있었다』(서울: 작가세계 1991), 430.

372. Noelle McAfee, Julia Kristeva, 이부순 역, 『경계에 선 줄리아 크리스테바』, 51.

373. Julia Kristeva, Au Commencement Etait l'Amour, 『태초에 사랑이 있었다』, 430.

374. James S. Grotstein, A Beam of Intense Darkness: Wilfred Bion's Legacy to Psychoanalysis, 이재훈 역, 『흑암의 빛줄기』, 82.

375. Michael Eigen, Faith & Transformation, 이재훈 역, 『신앙과 변형』, 26.

376. Michael Eigen, Faith & Transformation, 이재훈 역, 『신앙과 변형』, 27.

377. Michael Eigen, Faith & Transformation, 이재훈 역, 『신앙과 변형』, 32.

378. Michael Eigen, Faith & Transformation, 이재훈 역, 『신앙과 변형』, 28.

379. Hermann Gunkel, Joachim Begrich, Introduction to Psalms: The Genres of the Religious Lyric of Israel (New York: Mercer University Press, 1998), 2.

380. Walter Bruggemann, The Message of the Psalms: A Theological Commentary, 조호진 역, 『시편 사색』(서울: 솔로몬, 2007), 8-9.

381. Walter Brueggemann, The Praise of God in the Psalms: A Theological Commentary (Minneapolis: Augsburg Publishing House, 1984), 10-20.
382. 김수천, "시편에 나타난 삶의 세 주기의 영성 고찰", 「한국기독교신학노총」 103 (2017): 272-273.
383. 성령의 다양한 호칭 가운데 요한복음 14장 16절에 묘사된 'παράκλητον' 보혜사는 상담적 역할에 대해서 가장 잘 설명된 이름이다. *Παρακλητος*는 '도와주는 자', '변호자', '중재자', '상담자', '위로자'라고 이해되기도 한다.
384. 전요섭, "변화의 주체로서 성령의 사역에 대한 기독교상담적 이해" 「복음과 상담」, 3/3 (2004): 14.
385. 최윤배, 『성령론 입문』 (서울: 장로회신학대학교 출판부, 2010), 95.
386. Jay Adams, Competent to Counsel, 정정숙 역, 『목회상담학』 (서울: 총신대학교, 2007), 117.
387. 전요섭, "변화의 주체로서 성령의 사역에 대한 기독교상담적 이해", 8-9.
388. Michael Eigen, Faith & Transformation, 이재훈 역, 『신앙과 변형』, 111.
389. Wilfred Bion, Attention and Interpretation (New York: Jason Aronson Book, 2004), 46.
390. Michael Eigen, Faith & Transformation, 이재훈 역, 『신앙과 변형』, 112-113.
391. Michael Eigen, Faith & Transformation, 이재훈 역, 『신앙과 변형』, 117.
392. Michael Eigen, Faith & Transformation, 이재훈 역, 『신앙과 변형』, 121.
393. Michael Eigen, Faith & Transformation, 이재훈 역, 『신앙과 변형』, 122-123.
394. Richard Dayringer, The Heart of Pastoral Counseling; Healing through Relationship (New York: Haworth, 1998), 20.
395. David Seamands, Healing for Damaged Emotions Workbook, 송헌복 역, 『상한 감정의 치유』 (서울: 두란노, 2011), 202-203.
396. Michael Eigen, Faith & Transformation, 이재훈 역, 『신앙과 변형』, 124.
397. Henri Nowen, The Way of the Heart, 윤종석 역, 『마음의 길』 (서울: 두란노, 2015), 27-29.
398. James Grotstein, A Beam of Intense Darkness, 이재훈 역, 『흑암의 빛줄기』, 204.
399. Sarah Blaffer Hrdy, Mother Nature: A History of Mothers, Infants, and Natural Selection, 황희선 역, 『어머니의 탄생』 (서울: 사이언스북, 2017), 30.
400. 최광현, 『가족의 발견』 (서울: 부키, 2019), 97.
401. Michael Eigen, Toxic Nourishment, 이재훈 역, 『독이 든 양분』, 126.
402. Michael Eigen, Toxic Nourishment, 이재훈 역, 『독이 든 양분』, 10.
403. Michael Eigen, Toxic Nourishment, 이재훈 역, 『독이 든 양분』, 10, 12.
404. Michael Eigen, Toxic Nourishment, 이재훈 역, 『독이 든 양분』, 16-17.

참고문헌

〈국문서적〉

- 강혜정. "무의식적으로 소통하는 투사적 동일시에 대한 목회상담학적 고찰". 박사학위 논문, 이화여자대학교 대학원, 2010.
- ______. "투사적 동일시로 풀어보는 불뱀과 구리뱀 이야기". 「목회와 상담」 19 (2012): 7-37.
- 구자광. "벤야민의 「폭력의 비판을 위하여」에 대한 데리다와 아감벤의 해석 비교연구". 「비평과 이론」 20/1 (2015): 35-65.
- 권영희. "모성, 그 심원한 어둠에 관하여: 재클린 로즈 『숭배와 혐오』". 「창작과 비평」 48/4 (2020): 438.
- 김석. 『프로이트 & 라깡 무의식의 초대』. 서울: 김영사, 2014.
- 김세윤. 『복음이란 무엇인가?』. 서울: 두란노, 2006.
- 김수천. "시편에 나타난 삶의 세 주기의 영성 고찰". 「한국기독교신학노총」 103 (2017): 257-282.
- 김애령. 『듣기의 윤리』. 서울: 봄날의 박씨, 2020.
- 김애령. "이방인과 환대의 윤리". 「철학과 현상학 연구」 39 (2008): 175-205.
- 김영균. "플라톤에 있어서 생성과 공간(Khora)". 「한국철학회」 62 (2000): 55-81.
- 백소영. "후기-근대 '전문엄마'의 자리에서 읽는 크리스테바의 '아브젝트' 모성". 「신학과 사회」 34/2 2020: 149–179.
- 서윤호. "이주사회에서의 환대의 권리". 「비교문화연구」 56 (2019): 65-86.
- 손영창. "데리다의 환대론에서 절대적 타자와 외재성과 제삼자의 위상에 관하여". 「범한철학」 83/4 (2016): 197-230.
- 안혜련. 『페미니즘의 거울』. 서울: 인간사랑, 2001.
- 윤대선. 『레비나스의 타자철학』. 서울: 문예출판사, 2017.
- 윤철호. 『삼위일체 하나님과 세계』. 서울: 장로회신학대학교출판부, 2011.
- 이문균. 『신앙과 삶 속에서 삼위일체 하나님 알아보기』. 서울: 한국장로교출판사,2005.
- 이미영. "다름에 대한 거부감". 「목회와 상담」 24 (2015): 109-137.
- 이정기. 『상담신학』. 서울: 예영미디어, 2002.
- 이진한, 김금이, 박홍주. "잠 안자고 운다고 2세 딸 살해…올해 아동학대 벌써 720건".

매일경제, 2021. 8. 6.

- 이창재. 『프로이트와의 대화』. 서울: 학지사, 2020.
- 이해리. “안아주기: 정신분석적 사랑의 기술”. 「목회와 상담」 32 (2019): 229-262.
- 이현재. “플라톤의 코라 공간에 대한 포스트구조주의적 접근”. 「공간과 사회」 26/3 (2016): 155-182.
- 임옥희, “전이와 역전이; 그대와 나의 경로 바꾸기”. 『페미니즘과 정신분석』. 서울: 여이연, 2003.
- 임종렬. 『대상중심이론 가족상담』. 서울: 한국가족복지연구소, 2001.
- 임현주. “코라”. 『페미니즘과 정신분석』. 서울: 여이연 2003.
- 전요섭. “변화의 주체로서 하나님의 사역에 대한 기독교상담적 이해”. 「복음과 상담」. 3/3 (2004): 8-33.
- 정경호. “환대의 밥상, 환대의 신학 삶”. 「신학과 목회」 34 (2010): 177-209.
- 정혜경. “줄리아 크리스테바의 페미니즘 이론”. 「현상과 인식」 1988, 겨울호.
- 조현숙. “모성의 반전, 괴물엄마의 살해와 영혼의 어둔 밤에서 주체 탄생-줄리아 크리스테바의 ‘abject’를 중심으로”. 「목회와 상담」 19 (2012): 157-187.
- ______. “모성의 반전, 괴물엄마의 살해와 영혼의 어둔 밤에서의 주제탄생: 줄리아 크리스테바의 ‘abject’를 증심으로”. 「목회와 상담」 19 (2012): 157-187.
- ______. “줄리아 크리스테바의 아브젝트(abject)에 대한 목회상담학적 연구: 기괴한모성과 주체구성을 중심으로”. 이화여자대학교 대학원 박사학위 논문, 2012.
- 최광현. 『가족의 발견』. 서울: 부키, 2019.
- 최영민. 『쉽게 쓴 정신분석이론』. 서울: 학지사, 2010.
- 최윤배. 『하나님으론 입문』. 서울: 장로회신학대학교 출판부, 2010.
- 최은영. “한국여성의 모성기획과 균열에 관한 질적 연구”. 박사학위논문, 서울대학교, 2014.
- 허경숙. “목회상담적 돌봄을 위한 엄마됨에 관한 현상학적 연구”. 「목회와 상담」 24 (2015): 197-230.
- 홍성민. 『취향의 정치학』. 서울: 현암사, 2014.
- 홍영택. “부모-자녀 관계와 용서”. 「목회와 상담」 7 (2005): 121-148.

〈번역서적〉

- Adams, Jay. Competent to Counsel. 정정숙 역. 『목회상담학』. 서울: 총신대학교, 2007.
- Almond, Babara. The monster within: The Hidden Side of Motherhood. 김진, 김윤창 역. 『어머니는 아이를 사랑하고 미워한다』. 서울: 간장, 2013.

- Barbalet, Jack. Emotions and Sociology. 박형식 역. 『감정과 사회학』. 서울: 이학사, 2010.
- Bienenfeld, David. Psychodynamic Theory for Clinicians. 유성경, 이은진, 서은경 역. 『상담 및 임상 실무자를 위한 정신역동이론』. 서울: 학지사, 2018.
- Bion, Wilfred. Learning from Experience. 윤순임 역. 『경험에서 배우기』. 서울: NUN, 2015.
- _____. Attention and Interpretation. 허자영 역. 『주의와 해석』 서울: NUN, 2015.
- Birkhauser-Oeri, Sibylle. The Mother Archetypal Image in Fairy Tales. 이유경 역. 『민담의 모성상』. 서울: 분석심리학연구소, 2012.
- Boersma, Hans. Violence, Hospitality, and the Cross. 윤성현 역. 『십자가, 폭력인가 환대인가』, 75.
- Boff, Leonardo. Trinity and Society. 이세형 역. 『삼위일체와 사회』. 서울: 대한기독교서회, 2011.
- _____. Holy Trinity, Perfect Community. 김옥주, 김영선 역, 『성삼위일체 공동체』. 서울: 대한기독교서회, 2018.
- Borradori, Giovanna. Philosophy in a Time of Terror: Dialogues with Jurgen Habermas and Jacques Derrida. 손철성 외 역. 『테러시대의 철학』. 서울: 문학과 지성사, 2004.
- Bourdieu, Pierre. Distinction. 최종철 역. 『구별짓기: 문화와 취향의 사회학』. 서울: 새물결, 2006.
- Browning, Don. Practical Theory. 이기춘 역. 『실천신학』. 서울: 한국기독교출판사, 1986.
- Bruggemann, Walter. The Message of the Psalms: A Theological Commentary. 조호진 역. 『시편 사색』. 서울: 솔로몬, 2007.
- Caldwell, Lesley and Joyce, Angela. Reading Winnicott. 한성희 외 7 역. 『리딩위니코트』. 서울: NUN, 2015.
- Casement, Patrick. Learning from the Patient. 김석도 역. 『환자에게서 배우기』.서울: 한국심리치료연구소, 2003.
- Cashdan, Sheldon. Object Relations Therapy: Using the Relationship. 이영희, 고향자, 김해란, 김수형 역. 『대상관계치료』. 서울: 학지사, 2005.
- Collins, Gary R. The Christian Psychology of Paul Tournier. 정동섭 역. 『폴투르니에의 기독교 심리학』. 서울: IVP, 2003.
- Davis, Madeleine & Wallbridge, D. Boundary and Space: An Introduction to the Work of D. W. Winnicott. 이재훈 역. 『울타리와 공간』. (서울: 한국심리치료연

구소, 1997.

- Derrida, Jacques. Adieu à Emmanuel Lévinas. 문성원 역. 『아듀 레비나스』. 서울: 문학과 지성사, 2016.
- _____. Of Hospitality. 남수인 역. 『환대에 대하여』. 서울: 동문선, 2004.
- _____. Violence and Metaphysics. 남수인 역. 『폭력과 형이상학』. 서울: 동문선, 2001.
- Eigen, Michael. Faith & transformation. 이재훈 역. 『신앙과 변형』. 서울: 한국심리치료연구소, 2014.
- _____. Flames from the Unconscious: Trauma, Madness, and Faith. 이재훈역, 『심연의 화염』. 서울: 한국심리치료연구소, 2013.
- _____. Flames from the Unknown. 이준호 역. 『무의식으로부터의 불꽃』. 서울: 한국심리치료연구소, 2009.
- Freud, Sigmund. Unbehagen in der Kultur. 김석희 역. 『문명 속의 불만』. 서울:열린책들 2020.
- _____. Gesammelte Werke. 이윤기 역. 『종교의 기원』. 서울: 열린책들, 2020.
- _____. Three Essays on the Theory of Sexuality. 김정일 역. 『성욕에 관한 세편의 에세이』. 서울: 열린책들, 2007.
- Gabbard, Glen. Long-Term Psychodynamic Psychotherapy: A Basic Text. 노경선, 김창기 역. 『장기 역동정신치료의 이해』. 서울: 2007.
- Gomez, Lavinia. An Introduction to Object Relations. 김창대, 김진숙, 이지연, 유성경 역. 『대상관계이론 입문』. 서울: 학지사, 2008.
- Greenberg, Jay and Mitchell, Stephen. Object Relations in Psychoanalytic Theory. 이재훈 역. 『정신분석학적 대상관계 이론』. 서울: 한국심리치료연구소, 1999.
- Grotstein, James. But at the Same Time and on Another Level 2. 이재훈 역. 『그러나 동시에 또 다른 수준에서II』. 서울: 한국심리치료연구소, 2016.
- _____. 이재훈, But at the Same Time and on Another Level. 박동원 역. 『그러나 동시에 또 다른 수준에서』. 서울: 한국심리치료연구소, 2015.
- _____. A Beam of Intense Darkness. 이재훈 역. 『흑암의 빛줄기: 윌프레드 비온의 정신분석학』. 서울: 한국심리치료연구소, 2012.
- Hamilton, N. Gregory. The Self and the Ego in Psychotherapy. 김진숙, 김창대, 이지연, 윤숙경 역. 『심리치료에서 대상관계와 자아기능』. 서울: 학지사, 2008.
- Hamilton, N. Gregory. Self and Others: Object Relations Theory in Practice. 김창대, 이지연, 김진숙 역. 『대상관계 이론과 실제: 자기와 타자』. 서울: 학지사, 2007.
- Hardy, Sarah Blaffer. Mother Nature: A History of Mothers, Infants, and Natural Selection. 황희선 역. 『어머니의 탄생: 모성, 여성, 그리고 가족의 기원과 진

화』. 서울: 사이언스북, 2017.

- Hegel, Georg Wilhelm Friedrich. Phänomenologie des Geistes. 임석진 역. 『정신현상학1』. 서울: 한길사, 2005.
- Hughes, Daniel A. Attachment-Focused Family Therapy. 노경선 역. 『애착중심 가족치료』. 서울: NUN, 2017.
- Jacobs, Michael. D. W. Winnicott. 김은정 역. 『도널드 위니컷: 아동정신분석의 거장』, 서울: 학지사, 2014.
- Jarosch, Linda and Grün, Anselm. Königin und wilde Frau. 한충식 역. 『여왕과 야성녀』. 서울: 분도출판사, 2018.
- Jipp, Joshua W. Saved by Faith and Hospitality. 송일 역. 『환대와 구원』. 서울: 새물결플러스, 2020.
- Jordan, Merle R. Taking on the Gods: The Task of the Pastoral Counselor. 권수영 역. 『신들과 씨름하다: 목회상담사의 지상과제』. 서울: 학지사, 2011.
- Kearney, Richard. Strangers, Gods, and Monsters: Interpreting Otherness. 이지영 역. 『이방인, 신, 괴물: 타자성 개념에 대한 도전적 고찰』. 서울: 개마고원 2004.
- Kearney, Robert D. Hinshelwood. Clinical Klein: From Theory to Practice. 이재훈 역. 『임상적 클라인: 이론과 실제』. 서울: 한국심리치료연구소, 2006.
- Keller, Timothy. The Prodigal God. 윤종석 역. 『팀 켈러의 탕부 하나님』. 서울: 두란노, 2016.
- Kelly, Oliver. Reading Kristeva: Unraveling the Double-Bind. 박재열 역. 『크리스테바 읽기: 이중 묶음 풀기』. 서울: 시와 반시사, 1997.
- Kristeva, Julia. Histoires D'amour. 김인환 역. 『사랑의 역사』. 서울: 민음사, 2016.
- _____. Le Génie Féminin, Tome II. Melanie Klein. 박선영 역. 『정신병, 모친살해, 그리고 창조성: 멜라니 클라인』. 서울: 아난케, 2006.
- _____. Powers of Horror: An Essay on Abjection. 서민원 역. 『공포의 권력』.서울: 동문선, 2001.
- _____. La Révolution du Langage Poétique. 김인환 역. 『시적 언어의 혁명』. 서울: 동문선, 2000.
- _____. Au Commencement Etait l'Amour. 김인환 역. 『사랑의 정신분석』. 서울: 민음사, 1999.
- _____. 김열규 외 역 「정신분석과 폴리스」, 『페미니즘과 문학』. 서울: 한신문화사,1994.
- _____. Au Commencement Etait L'amour. "태초에 사랑이 있었다". 작가세계 (1991): 430.
- Lévinas, Emmanuel. Temps et L'autre. 강영안 역. 『시간과 타자』. 서울: 문예출 판

사, 2020.

- _____. Emmanuel Lévinas. 양명수 역. 『윤리와 무한』. 서울: 다산글방, 2000.
- McAfee, Noelle. Julia Kristeva. 이부순 역. 『경계에 선 줄리아 크리스테바』. 서울: 엘피. 2007.
- Migliore, Daniel L. Faith Seeking Understanding: An Introduction to Christian Theology. 신옥수, 백충현 역. 『기독교 조직신학 개론』. 서울: 새물결플러스, 2012.
- Migliore, Daniel L. Flames from the Unknown. 이재훈 역. 『무의식으로부터의 불꽃』. 서울: 한국심리치료연구소, 2009.
- Mitchell Stepghen A. & Black, Margaret J. Freud and Beyond. 이재훈, 이해리역. 『프로이트 이후』. 서울: 심리치료연구소, 2002.
- Mitchell, Stephen A. and Greenberg, Jay R. Object Relations in Psychoanalytic Theory. 이재훈 역. 『정신분석학적 대상관계이론』. 서울: 한국심리치료연구소, 1999.
- Mitrani, Judith L. Framework for the Imaginary. 이재훈 역. 『상상을 위한 틀』. 서울: 한국심리치료연구소, 2015.
- Moi, Toril. Sexual/Textual Politics. 임옥희 역. 『성과 텍스트의 정치학』. 서울: 한신문화사, 1997.
- Moltmann, Jurgen. In der Geschichte des Dreieinigen Gottes. 이신건 역. 『삼위일체와 하나님의 역사』. 서울: 대한기독교서회, 2017.
- Nazio, Jang. Introduction aux Oeuvres de Freud, Ferenczi, Groddeck, Klein, Winnicott, Dolto, Lacan. 이유섭 외 6. 『위대한 7인의 정신분석가: 프로이트에서 라깡까지』. 서울: 백의, 1999.
- Neumann, Erich. Die Grosse Mutter. 박선화 역. 『위대한 어머니 여신』. 서울: 살림출판사, 2009.
- Nouwen, Henri J. M. 윤종석 역, 『마음의 길』. 서울: 두란노, 2015.
- _____. Intimacy. 윤종석 역. 『친밀함』. 서울: 두란노서원, 2011.
- _____. Return of the Prodigal Son. 최종훈 역. 『탕자의 귀향』. 서울: 포에이마, 2009.
- _____. In the Name of Jesus. 송기태. 『예수님의 이름으로』. 서울: 두란노서원, 2008.
- _____. Reaching Out: The Three Movements of the Spiritual Life. 이상미 역. 『영적 발돋음』. 서울: 두란노서원, 2007.
- Ogden, Thomas. Projective Identification and Psychotherapeutic Technique. 김도애, 류가미 역. 『투사적 동일시와 심리치료 기법』. 경남: 경남가족상담연구소, 2015.

- _____. Primitive Edge of Experience. 김도애, 류가미 역. 『경험의 원시적 경계: 대상관계와 정신분석학파들 사이의 쟁점들』. 경남: 경남가족상담연구소, 2015.
- _____. Matrix of the Mind. 김도애, 류가미 역. 『마음이 태어나는 모체』. 경남: 경남가족상담연구소, 2013.
- Oliver, Kelly. Reading Kristeva: Unraveling the Double-Bind. 박재열 역. 『크리스테바 읽기: 이중 묶음 풀기』. 서울: 시와 반시, 1997.
- Payne, Michael. Reading Theory: An Introduction to Lacan, Derrida, and Kristeva. 장경렬, 이소영, 고갑희. 『읽기이론, 이론읽기: 라깡, 데리다, 크리스떼바』. 서울: 한신문화사, 1999.
- Peterson, Geoffrey. Tormenting yet Transforming Shame. 천사무엘, 이미영 역. 『부끄럽지 않은 수치심』. 서울: 동연, 2013.
- Platon. Timaios. 박종현, 김연균 역. 『티마이오스』. 서울: 서광사, 2000.
- Rousseau, Jean-Jacques. Emile: Or On Education. 정봉구 역. 『에밀』. 서울: 범우, 2006.
- Scharff, David E and Scharff, Jill Savege. Object Relations Couple Therapy.이재훈, 임영철 역. 『대상관계 부부치료』. 서울: 한국심리치료연구소, 2003.
- _____. Object Relations Family Therapy. 이재훈 역. 『대상관계 가족치료 I 』. 서울: 한국심리치료연구소, 2006.
- Seamands, David. Healing for Damaged Emotions Workbook. 송헌복 역. 『상한 감정의 치유』. 서울: 두란노, 2011.
- Segal, Julia. Melanie Klein. 김정욱 역. 『멜라니 클라인』. 서울: 학지사, 2009.
- Sullivan, Barbara Stevens. Mystery of Analytical Work. 박종수 역. 『융과 비온의 만남: 정신분석 작업의 신비』. 서울: 눈, 2014.
- Summers, Frank. Object Relations Theories and Psychopathology: A Compre hensive Text. 이재훈 역. 『대상관계이론과 정신병리학』. 서울: 한국심리치료연구소, 2004.
- Symington, Joan & Symington, Neville. The Clinical Thinking of Wilfred Bion 임말희 역. 『윌프레드 비온 입문』. 서울: NUN, 2015.
- Thompson, Marjorie. Soul Feast: An Invitation to the Christian Spiritual Life 고진옥 역. 『영성형성 훈련의 이론과 실제』. 서울: 은성, 2000.
- Ulanov, Ann Belford. Spirituality & psychotherapy. 이재훈 역. 『영성과 심리치료』. 서울: 한국심리치료연구소, 2005.
- Volf, Miroslav. Exclusion and Embrace. 박세혁 역. 『배제와 포용』. 서울: IVP, 2018.
- Winnicott, Donald Woods. Through Paediatrics to Psycho-Analysis. 이재훈역.

『소아의학을 거쳐 정신분석학으로』. 서울: 한국심리치료연구소, 2011.

- _____. The Maturational Processes and the Facilitating Environment-Studies in the Theory Emotional Development. 이재훈 역. 『성숙과정과 촉진적환경』. 서울: 한국심리치료연구소, 2000.
- _____. Therapeutic Consultations in Child Psychiatry. 이재훈 역. 『그림놀이를 통한 어린이 심리치료』 (서울: 한국심리치료연구소, 1998.
- _____. Playing and Reality. 이재훈 역. 『놀이와 현실』. 서울: 한국심리치료연구소, 1997.
- Wright, Elizabeth. Speaking Desires can be Dangerous. 김종주, 김아영 역. 『무의식의 시학』. 서울: 인간사랑, 2002.

〈영문서적〉

- Bauckham, Richard. "The Scrupulous Priest and the Good Samaritan: Jesus' Parabolic Interpretation of the Law of Moses," NTS 44/4 (1985): 475-489.
- Bion, Wilfred. Transformations: Change from Learning to Growth. New York: Elsevier, 2013.
- _____. Attention and Interpretation. New York: A Jason Aronson Book, 2004.
- Bion, Wilfred. "The Psycho-Analytic Study of Thinking." International Journal of Psychoanalysis 43 (1962): 306-310.
- Boersma, Hans. Violence, Hospitality, and the Cross: Reappropriating the Atonement Tradition. Baker Academic, 2004.
- Bowlby, John. A Secure Base: Clinical Applications of Attachment Theory. London: Routledge, 1988.
- _____. Maternal Care and Mental Health. New York: J. Aronson, 1995.
- Bowlby, John and Ainsworth, Mary D. Salter. Child Care and the Growth of Love. New York: Penguin Books, 1965.
- Brueggemann, Walter. The Praise of God in the Psalms: A Theological Commentary. Minneapolis: Augsburg Publishing House, 1984.
- Chasseguet-Smirgel, Janine. "Feminine Guilt and the Oedipus Complex." in Female Sexuality. New Scientist 61 (1974): 742-746.
- Ciril of Jerusalem, Catechetical Lectures, in Nicene and Post-Nicene Fathers, Second Series, Trans. Edward Hamilton Gifford, ed. Philip Schaff and Henry Ware. Peabody MA: Hendrickson, 1994.
- David Bienenfeld, Psychodynamic Theory for Clinicians. New York:

Lippincott Williams & Wilkins. 2006.
- Dayringer, Richard. The Heart of Pastoral Counseling; Healing through Relationship. New York: Haworth, 1998.
- Derrida, Jacques. Deconstruction in a Nutshell, New York: Fordham University, 2021.
- _____. "The Principle of Hospitality." Parallax, 11/1 (2005): 6-9.
- _____. Negotiation. New York: Stanford University Press, 2001.
- _____. "Hostipitality: Angelaki," Journal of the Theoretical Humanities 5/3(2000): 3-18.
- _____. Points. New York: Stanford University Press, 1995.
- DiCenso, James. The Other Freud: Religion, Culture, and Psychoanalysis. London: Routledge, 1999.
- Emmanuel, Levinas. Totalite et Infini. Boston: Martinus Nijhoff, 1984.
- Freud, Sigmund. "The Dynamics of Transference," in SE (1912): 12.
- Grotstein, James S. But at the Same Time and on Another Level. New York: Taylor & Francis Group, 2019.
- _____. A Beam of Intense Darkness: Wilfred Bion's Legacy to Psychoanalysis. New York: Routledg, 2018.
- Gunkel, Hermann and Begrich, Joachim. Introduction to Psalms: The Genresof the Religious Lyric of Israel. New York: Mercer University Press, 1998.
- Gurevitch, Z. D. "The Embrace: On the element of Non-distance in Human Relations" Sociological Quarterly 31/2 (1990): 194.
- Hughes, Daniel A. Attachment-Focused Parenting: Effective Strategies to Care for Children. New York: W. W. Norton & Company, 2007.
- _____. Attachment-Focused Family Therapy. New York: W. W. Norton & Company, 2007.
- Hütter, Reinhard. "Hospitality and Truth: The Disclosure of Practices in Worship and Doctrine," in Practicing Theology: Beliefs and Practices in Christian Life, ed. Miroslav Volf and Dorothy C. Bass. Grand Rapids: Eerdmans, 2002.
- Klein, Melanie. "Notes on Some Schizoid Mechanisms." in Juliet Mitchell ed. The Selected Melanie Klein. Harmondsworth: Penguin, 1986.
- _____. "Notes on Some Schizoid Mechanisms." International Journal of Psychoanalysis 27 (1946): 99-110.

- _____. "Mourning and Its Relation to Manic-Depressive States." International Journal of Psychoanalysis, 21 (1940): 125-153.
- Kristeva, Julia. "About Chinese women." Toril Moi ed., The Kristeva Reader New York: Columbia Press, 1986.
- _____. Envy and Gratitude and Otheer Works 1946-1963. New York: 1984.
- _____. Powers of Horror: An Essay on Abjection. New York: Columbia University Press, 1982.
- _____. "Motherhood According to Giovanni Bellini." Desire in Language: A Semiotic Approach to Literature and Art. New York: Columbia UP, 1980.
- Lacan, Jacques Trans. Forrester, John. The Seminar. Book I. New York: Cambridge University Press, 1988.
- _____. Trans. Sheridan, Alan. The Seminar. Book XI. London: Hogarth Press and Institute of Psycho-Analysis, 1977.
- Lubbe, Trevor. "Projective Identification Fifty Years on: A Personal View." Journal of Child Psychotherapy 24 (1998): 367-392.
- Lyotard, Jean-Francois. "The Sublime and the Avant-garde." in The Lyotard Reader, ed. Andrew Benjamin. Oxford: Blackwell, 1989.
- Meissner, William W. "A Note on Projective Identification." Journal of the American Psychoanalytic Association 28 (1980): 43-66.
- Meyer, Cheryl L. and Oberman, Michelle. Mothers who kill their Children. New York: New York University Press, 2001.
- Newman, Elizabeth. Untamed Hospitality: Welcoming God and Other Strangers. Michigan: Brazos Press, 2007.
- Ogden, Thomas H. Projective Identification and Psychotherapeutic Technique. New York Jason and Aronson Book, 2004.
- _____. "On Holding and Containing, Being and Dream," International Journal of Psychoanalysis 85(2004), 1350.
- _____. "Reading Winnicott," Psychoanalytic Quarterly 70 (2001): 299-323.
- _____. Primitive Edge of Experience. New York: Jason Aronson, 1991.
- Parker, Rozsika. Mother Love/mother Hate: The Power Of Maternal Ambivalence. New York: Basic Books, 1995.
- Pohl, Christine D. Making Room: Recovering Hospitality as a Christian Tradition. New York: Wm. B. Eerdmans Publishing, 1999.
- Pohl, Christine D. Making Room: Recovering Hospitality as a Christian Tradition. Grand Rapid: Eerdmans Publishing, 1999.

- Raffoul, François. "Derrida and the Ethics of the Impossible," Research in Phenomenology, 38 (2008): 270-290.
- Rosenfeld, Herbert. "Contribution to the Psychopathology of Psychotic States." in John Steiner, Rosenfeld in Retrospect. New York: Routledge, 2008.
- Russell, Letty M. Just Hospitality: God's Welcome in a World of Difference. Louisville: Westminster John Knox Press, 2009.
- Smith, James K. The Fall of Interpretation. New York: Baker Academic, 2012.
- Stern, Daniel. The Interpersonal World of the Infant. New York: Basic Books, 2000.
- Stolorow, Robert D., Brandchaft, Bernard and Atwood, George E. Psychoanalytic Treatment: An Intersubjective Approach. New York: Routledge, 1995.
- Symington, Joan and Symington, Neville. The Clinical Thinking of Wilfred Bion. New York: Routledge, 2015.
- Wilson-Kastner, P. Faith, Feminism and the Christ. Philadelphia: Westminster Pope John Paul II, Dives in Misericordia, 4n. 52. Press, 1983.
- Winnicott, Donald Woods. Human Nature. London: Winnicott Trust, 1988.
- _____. The Maturational Processes and the Facilitating Environment.
- London: Routledge, 1984.
- _____. Playing and Reality. London: Tavistock, 1971.
- _____. "Mirror-role of Mother and Family in Child Development." in The Collected Works of D. W. Winnicott: Volume 8. New York: 1967.
- _____. The Child, the Family and the Outside World. London: Pelican Books, 1964.
- _____. The Family and Individual Development. London: Tavistock, 1965.
- _____. "Psychoses and Child Care." Br J Med Psychol 26/1 (1953): 68-74.